Dr. Fred E. Jandt ist anerkannter Experte für Konfliktmanagement und Unternehmenskommunikation. Nach dem Studium an der Universität von Wisconsin war er Lehrer für Kommunikation und Direktor der Berufsschule am Brockfort Campus der State University of New York. Als Gründer und Präsident der Professional Development Group, Inc., leitete er sein Seminar »Managing Conflict Productively« an über 70 Orten in den USA mit Tausenden von Teilnehmern.

H0229492

Dieses Buch wurde auf chlor- und säurefreiem Papier gedruckt.

Vollständige Taschenbuchausgabe Februar 1994
Droemersche Verlagsanstalt Th. Knaur Nachf., München
© 1988 für die deutschsprachige Ausgabe
Müller Rüschlikon Verlags AG, CH-6330 Cham
Aus dem Amerikanischen von Monika Laarmann
Titel der Originalausgabe »Win-Win-Negotiating«
Originalverlag John Wiley & Sons, Inc., New York
© 1985 The Professional Development Group, Inc.
Umschlaggestaltung Agentur ZERO, München
Umschlagfoto Mauritius/M. Sigmund, Mittenwald
Druck und Bindung Elsnerdruck, Berlin
Printed in Germany
ISBN 3-426-83000-0

2 4 5 3 1

Fred Jandt/Paul Gilette

Konfliktmanagement

Wie beide Seiten gewinnen können

Inhalt

1 Meine Wünsche, deine Wünsche   9
2 Wie gehen Sie mit Konflikten um? 14
3 Jenseits von Schlechtem und Krankem 26
4 Warum sind Konflikte in Organisationen unvermeidbar? 30
5 Eine ist zuwenig 54
6 Eskalationen 63
7 Destruktive und produktive Konsequenzen von Konflikten 80
8 «Ja» ist nicht genug 92
9 Aus einer starken Position heraus verhandeln 109
10 Verhandlungsprofis über die Schulter geschaut 127
11 Die Mini-Max-Strategie 143
12 Wie bestimme ich die Grenzen meines Gegners? 151
13 Auspacken 161
14 Beseitigung, Symbolvergabe, Trostpflaster,
   Ersatz von Streitpunkten 176
15 Es ist nicht immer leicht 182

Vorwort

Im Jahre 1980 entwickelte ich ein Fortbildungsseminar mit dem Titel «Produktive Konfliktbewältigung». Dieses Seminar beruht auf meinem wissenschaftlichen Interesse an Kommunikation und Konflikt und auf meinen Erfahrungen aus meiner Beratertätigkeit bei den verschiedensten Organisationen. Inzwischen haben Tausende von Männern und Frauen aus der Geschäftswelt und dem öffentlichen Dienst von Anchorage bis San Juan an meinem Seminar teilgenommen. In diesem Seminar zeige ich auf, wie Konflikte innerhalb von Organisationen kontrolliert und eingesetzt werden können und wie Manager innerhalb und außerhalb ihres Unternehmens erfolgreichere Verhandlungspartner sein können.

Dieses Buch stellt eine Zusammenfassung aller bisher gemachten Erfahrungen mit dem Seminar unter Berücksichtigung zahlreicher Anregungen der Teilnehmer dar. Darüber hinaus habe ich neues Material und eine Vielzahl von Beispielen mitaufgenommen, für die im Rahmen einer Fortbildungsveranstaltung die Zeit einfach nicht reicht.

Mein lieber Kollege Paul Gillette hat bei diesem Buch mitgewirkt, indem er mir nicht nur neues Material zur Verfügung stellte, sondern auch wertvolle Hilfe dabei geleistet hat, das gesamte Material zu bearbeiten und in eine leicht lesbare Form zu bringen.

Die angeführten Beispiele entsprechen der Wirklichkeit. Wir haben sie nur gelegentlich etwas verändert, um bestimmte Dinge, auf die es uns besonders ankam, herauszuarbeiten. In diesen Fällen ist eine Ähnlichkeit der Namen mit denen von tatsächlich existierenden Personen oder Unternehmen rein zufällig.

Fred Edmund Jandt

San Francisco im Januar 1985

7

1

Meine Wünsche, deine Wünsche
Oder: Sizilianisches Patt
und wie es vermieden werden kann

Beginnen wir mit einem einfachen Beispiel.

Sie sitzen in der Halle eines Flughafens. Ein ungehobelt aussehender Bursche setzt sich neben Sie. Er zündet sich eine Zigarette an, und aus seinem Kofferradio dröhnt laute Rockmusik.

Sofort kommt es zu einer Konfliktsituation. Zigarettenrauch stört Sie fast genau so wie Rockmusik (tatsächlich ist für Sie der Ausdruck «Rockmusik» schon ein Widerspruch in sich). Und da kommt dieser blöde Kerl einfach daher und setzt Sie beidem aus. Gut, es gibt nirgendwo auf dem Flughafen Schilder, die das Rauchen oder Radiohören verbieten. Von seinem Standpunkt aus gesehen nimmt Ihr Widersacher lediglich seine Rechte wahr.

Sie könnten natürlich sagen, daß das Fehlen von Verbotsschildern nicht automatisch bestimmte Handlungen legitimiert. So gibt es schließlich auch keine Verbotsschilder, die das Belästigen von Kindern, das Inhalieren von Kokain oder das Zünden einer Atombombe verbieten. Diese Handlungen sind per Gesetz untersagt. Auf unserem Flughafen, in unserer Wartehalle gibt es also keine Schilder oder Verbotstafeln, die das Rauchen und Radiohören verbieten.

Jetzt könnten Sie natürlich behaupten, daß es gewisse, ungeschriebene Gesetze über zivilisiertes Benehmen gibt. So kann nicht einfach ein jeder das tun, was ihm gerade gefällt.

Halt. Die Frage ist hier nicht, ob ein bestimmtes Verhalten gesetzlich zulässig oder gesellschaftlich akzeptabel ist. Unser Konflikt ist weitreichender als die Frage von Legalität und Anstand.

Tatsache ist, daß Ihr Nachbar rauchen und Radio hören möchte, während Sie Ruhe und unverqualmte Luft wollen. Die Wünsche des einen können daher nur erfüllt werden, wenn die des anderen unberücksichtigt bleiben. Wenn Sie also Ihren Quälgeist auf irgendeine Art und Weise überreden oder einschüchtern, das Rauchen ein- und das Radio abzustellen, wird er das Gefühl haben, daß ihm etwas vorenthalten wird und wahrscheinlich verärgert reagieren. Und wenn man Ihnen plausibel macht, daß das Verhalten Ihres Nachbarn sowohl sozial als auch gesetzlich gesehen einwandfrei ist, würden Sie trotzdem auch weiterhin durch den Rauch und die Musik gestört.

Wie also können wir diesen Konflikt lösen? Ich habe Ihnen ein einfaches Beispiel versprochen. Also bitte:

Die Halle, in der Sie sich befinden, ist sehr groß, und mit Ihnen warten nur noch ein paar andere Leute. Sie sind daher nicht darauf angewiesen, in unmittelbarer Nachbarschaft unseres rauchenden Rockfans zu bleiben. Sie können also aufstehen und in der gegenüberliegenden Ecke der Halle in aller Ruhe auf Ihren Flug warten.

Vielleicht möchten Sie nicht gerne den Platz wechseln. Doch das wäre ein kleiner Preis, den Sie für Ruhe und Ungestörtheit zu zahlen hätten, oder? (Wenn nicht viel auf dem Spiel steht, suchen die meisten von uns die bequemste Lösung eines Problems.)

Jetzt wollen wir die Situation etwas erschweren. Es sind viele Menschen in der Halle, und der Bursche hat den einzig freien Platz (nämlich genau neben Ihnen) eingenommen. Sie stört Zigarettenrauch nicht nur, sondern Sie sind erkältet, und der Rauch verschlimmert Ihren Zustand, ganz besonders, wenn Sie ihm über längere Zeit ausgesetzt sind. Und es herrscht Nebel, so daß keine Flugzeuge starten können. Die Wartezeit beträgt mindestens ein bis eineinhalb Stunden.

Je schlechter Ihre Ausgangslage ist, desto mehr werden Sie bemüht sein, eine Lösung für diesen Konflikt zu finden. Sie könnten aufstehen und weggehen. Dann müßten Sie aber die ganze Zeit bis zum Abflug stehend zubringen. Und was würden Sie tun, wenn sich dieser Bursche im Nichtraucherteil des Flugzeuges neben Sie setzen und sich eine Zigarette anzünden würde?

Wenn Sie das für sich selbst noch in Kauf nehmen könnten, wie würden Sie jedoch reagieren, wenn die vom Rauch betroffene Person Ihr kleiner Sohn oder Ihre Tochter wäre? Was würden Sie tun, wenn Ihr Nachbar Ihrer Bitte, das Rauchen einzustellen, nicht nachkommen würde? Wie würden Sie reagieren, wenn Ihnen der zu Hilfe gerufene Flugbegleiter sagen würde, daß da bedauerlicherweise nichts zu machen wäre? Sie werden sicherlich mit mir darin übereinstimmen, daß selbst bei aller Toleranz einmal der Punkt erreicht sein wird, an dem Sie Stellung beziehen müssen. Auch wenn Sie mir recht geben, daß, obwohl die Vorstellung verlockend ist, sämtliche Konflikte zu vermeiden, jeder von uns früher oder später einmal in eine solche Situation gerät.

Wenn Sie etwas möchten und ich ebenfalls, sind wir bereits miteinander in einem Konflikt. Dabei kann es sich um eine Stelle handeln, die wir beide haben möchten, um einen Sitzplatz im Bus oder um einen der vielen Millionen anderer Wünsche, über die wir in eine Konkurrenzsituation geraten können. Selbst wenn Sie etwas möchten, an dem ich überhaupt nicht interessiert bin, kann trotzdem ein Konflikt zwischen uns entstehen. Wenn Sie nämlich etwas möchten, wie beispielsweise mehr Polizisten und erhöhten

Brandschutz, das mit meinen Wünschen, niedrigeren Steuern, nicht zu vereinbaren ist.

Der Konflikt muß nicht zwischenmenschlicher Art sein. Die Psychologen kennen schon seit langem Konfliktarten, die jeder von uns an sich selbst feststellen kann.

So muß sich beispielsweise bei einem sogenannten «Annäherungs-Annäherungs-Konflikt» eine Person zwischen zwei attraktiven Alternativen entscheiden. Soll ich heute meine schöne rote oder lieber meine tolle blaue Krawatte tragen?

Bei einem «Vermeidungs-Vermeidungs-Konflikt» muß sich die Person zwischen zwei unattraktiven Möglichkeiten entscheiden. Ich möchte die Rechnung der Stadtwerke zwar nicht bezahlen. Ich möchte aber auch nicht, daß mir der Strom abgedreht wird.

Bei einem «Annäherungs-Vermeidungs-Konflikt» enthält ein und dieselbe Handlung wünschenswerte und unerwünschte Aspekte. So möchte beispielsweise ein junger Mann, der auf einem Sprungbrett steht, einem anderen, der am Beckenrand sitzt, imponieren. Er glaubt nun, daß ihm dies gelingen wird (Annäherung), wenn er seinen schwierigsten Sprung ausführt, den dreifachen Auerbach. Auf der anderen Seite weiß er aber genau, daß, wenn er den Sprung unsauber ausführt (Vermeidung), er sich nicht nur blamiert, sondern sich auch noch verletzen kann. Jeder von uns ist fast täglich mit solchen inneren Konfliktsituationen konfrontiert. Aus diesem Grund haben wir schon vor langem wirkungsvolle Techniken entwickelt, um diese Konfliktsituationen für uns zu lösen.

Wir brauchen viel eher Hilfe auf dem zwischenmenschlichen Bereich, und insbesondere bei Konflikten, die sich am Arbeitsplatz ergeben: Arbeitgeber gegen Arbeitnehmer, Verkäufer gegen Käufer, Pressesprecher gegen Journalisten und so weiter.

Die größte Gefahr bei Situationen dieser Art liegt darin, daß wir in eine Situation geraten, in der wir bereit sind, alles aufzugeben oder doch viel mehr, als wir aufgeben sollten. Und das nur, weil wir nie gelernt haben, uns konstruktiv mit einem Konflikt auseinanderzusetzen.

Nicht wenige Angestellte haben ihren Arbeitsplatz aufgegeben, weil sie einen relativ unbedeutenden Konflikt mit ihren Vorgesetzten nicht lösen konnten. Auf der anderen Seite hat schon so mancher Arbeitgeber einen guten Mann oder eine gute Frau gehen lassen, weil er nicht wußte, wie eine unbedeutende Differenz beizulegen war.

Wie viele Verkäufer haben schon gute Kunden verloren, nur weil sie sich außerstande sahen, ganz persönliche Konflikte mit dem Kunden beizulegen? Wie viele Angestellte in leitenden Positionen haben sich und ihr Unternehmen in eine schwierige Situation gebracht, weil sie sich von einem Journalisten dazu haben verleiten lassen, unvorsichtige Erklärungen abzugeben?

Der letzte Konflikt ist natürlich der Krieg, egal ob auf internationaler oder auf persönlicher Ebene. Wer sich auf diese Form der Auseinandersetzung einläßt, gesteht damit seine Unfähigkeit ein, mit Widersprüchen fertig zu werden. Trotzdem geraten die einzelnen Länder im Verlaufe eines Jahrhunderts immer wieder in bewaffnete Auseinandersetzungen mit anderen Nationen. Die meisten von uns kommen im Verlaufe ihres Lebens ebenfalls in Situationen, die sie entweder ihre Stellung kostet oder in der sie einen Freund verlieren oder eine Beziehung innerhalb der Familie.

Unsere Unfähigkeit, Konflikte zu lösen, sowohl als Individuen als auch als Gruppe, läßt sich sehr gut durch eine Karikatur verdeutlichen, die in Sizilien, einer Gegend Italiens, die nicht gerade berühmt ist für ihre höflichen Autofahrer, sehr populär ist. Diese Karikatur heißt «Sizilianisches Patt» und zeigt vier Autos, die alle zur gleichen Zeit an eine Kreuzung kommen, an der die Ampeln ausgefallen sind. Die Situation ist im wahrsten Sinne des Wortes verfahren:

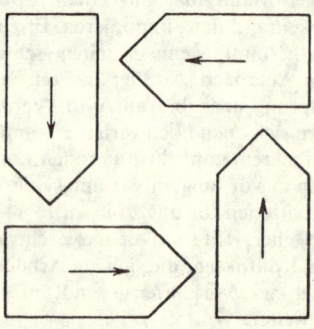

Es wäre natürlich einfach, wenn eines der Autos zurücksetzen würde, um die anderen vorbeizulassen. Die Aussage, die hinter dieser Karikatur steht, ist selbstverständlich die, daß wir manchmal auf eine wichtige Sache verzichten, nur weil wir nicht bereit sind, dafür in einem kleinen Teilbereich einmal nachzugeben. Und genau diese fehlende Bereitschaft macht vielen von uns bei Konflikten im Privat- wie auch im Geschäftsleben zu schaffen.

Als professioneller Verhandlungsführer und Berater der Regierung und großer Unternehmen habe ich mich die meiste Zeit meines Lebens mit Konflikten befaßt. So wurde ich gerufen, um mit Terroristen zu verhandeln, die Geiseln genommen hatten, oder ich mußte zwischen verschiedenen Abteilungen einer Behörde schlichten, die sich scheinbar nicht über die Verteilung des Haushalts einigen konnten.

Ich habe Seminare über Konfliktbewältigung für leitende Mitarbeiter bei General Instruments, GTE Sylvania, Shell Oil Company, dem Human Resource Department des Bundesstaates Georgia, dem Blue Cross of California, dem Seaside Hospital und der California Association of Scholl Business Officials abgehalten, um nur ein paar zu nennen.

Mit diesem Buch möchte ich erreichen, daß Sie die gleichen Techniken und Fähigkeiten lernen, die Diplomaten und Spitzenmanager der Wirtschaft beherrschen, wenn sie sich mit Konflikten auseinandersetzen müssen.

Die zentrale These meines Buches besteht darin, daß Konflikte zwar unvermeidlich sind, jedoch nicht unbedingt nachteilig sein müssen. Konflikte, die schlecht angegangen werden, können Beziehungen, Familien, Unternehmen und Länder zerstören. Wenn sie jedoch geschickt und kreativ gehandhabt werden, kann jeder der Beteiligten daraus seinen Nutzen ziehen.

Darüber hinaus können große, unkontrollierte Konflikte hohe Kosten (finanzieller und emotioneller Art) sowohl für uns einzelne wie auch für Firmen verursachen. Das gleiche gilt ebenso, wenn gesunde Konflikte fehlen. Tatsächlich werden Unternehmen oft produktiver, wenn sie bestimmte Konfliktsituationen fördern und gleichzeitig ihren Mitarbeitern sagen, wie sie damit fertig werden.

Dieses Buch konzentriert sich überwiegend auf Konflikte am Arbeitsplatz. Die einzelnen, hier vorgestellten Techniken der Konfliktbewältigung können aber ebensogut auch auf andere Bereiche übertragen werden. Es sind die gleichen Fähigkeiten, die ein Polizeipsychologe besitzen muß, um einen Lebensmüden zu überreden, vom Fenstersims zu steigen, oder die gleichen Techniken, die ein Vermittler anwendet, der zwischen Arbeitnehmerseite und Gewerkschaften schlichten muß, die Sie dann anwenden können, um Ihren Kaufmann zu überzeugen, daß er Ihnen zu viel berechnet hat, oder um Ihrem Chef zu beweisen, daß Sie eine Gehaltserhöhung verdient haben, oder um einen Streit zwischen Ihrem Sohn und Ihrer Tochter im Teenageralter zu schlichten.

Wir werden später noch auf die einzelnen Techniken genauer eingehen und die Arten überprüfen, auf die sie angewandt werden können. Zunächst jedoch wollen wir uns einmal ansehen, wie Sie bisher mit Konflikten umgegangen sind.

2

Wie gehen Sie mit Konflikten um?

Ich werde Sie jetzt mit sieben hypothetischen Situationen konfrontieren, wobei es für jede Situation sechs verschiedene Reaktionsmöglichkeiten gibt. Sie müssen sich für eine – und bitte wirklich nur eine – Reaktion entscheiden, die Ihrer ersten Reaktion in einer dieser Situationen am ehesten entsprochen hätte.

Es ist ganz wichtig, daß Sie sich nur für eine Reaktion entscheiden. Wenn Ihnen mehrere Lösungen möglich erscheinen, so wählen Sie bitte diejenige, die Ihrer Reaktion am nächsten käme.

Vielleicht sind Sie aber der Meinung, daß keine der Alternativen für Sie zutrifft oder daß mehr als eine Variante vernünftig erscheint oder daß Sie völlig anders als hier aufgezeigt reagiert hätten. Doch das wollen wir für die folgende Übung alles außer acht lassen, und ich möchte Sie bitten, sich für eine der hier aufgezeigten sechs Lösungsmöglichkeiten zu entscheiden.

Oder es erscheint Ihnen die eine oder andere Lösung oder gar das gesamte Beispiel unrealistisch. Doch lassen Sie auch bitte diese Überlegungen beiseite und antworten Sie auf jedes Thema. Ich werde Ihnen dann später erklären, warum Ihre Reaktionen, egal, wie unangebracht Ihnen die Lösungsmöglichkeiten erscheinen mögen, nützlich sind.

1. Sie haben wichtige Geschäftsfreunde zum Essen eingeladen und in einem Restaurant einen Tisch reserviert. Bei Ihrer Ankunft jedoch teilt Ihnen der Oberkellner mit, daß er Ihre Reservierung vergessen hat und leider auch kein Tisch mehr frei ist. Wie verhalten Sie sich in dieser Situation?
   a) Sie warten, bis ein Tisch frei wird.
   b) Sie ärgern sich über sich selbst, weil Sie in einem solchen Restaurant einen Tisch reserviert haben.
   c) Sie verlangen den Geschäftsführer zu sprechen und bestehen darauf, daß ein Tisch gefunden wird.
   d) Sie verzeihen dem Oberkellner, denn jeder kann einmal etwas vergessen.
   e) Sie rügen den Oberkellner in scharfem Ton wegen seiner Vergeßlichkeit.

f) Sie gehen in ein anderes Restaurant, in dem keine Reservierungen nötig sind.

2. Sie müssen ein dringendes Telefongespräch führen. In der nächsten Telefonzelle steht jedoch ein älterer Herr, der offensichtlich viel Zeit zum Telefonieren hat. Was tun Sie in dieser Situation?
   a) Sie gehen vor der Zelle nervös auf und ab und erwarten, daß der ältere Herr erkennt, wie eilig Sie es haben, und daraufhin sein Telefongespräch rücksichtsvollerweise rasch beendet.
   b) Sie suchen eine andere Telefonzelle.
   c) Sie wünschen, Sie wären nicht auf ein Telefon angewiesen.
   d) Sie klopfen ungeduldig an die Tür.
   e) Sie fassen sich in Geduld, denn irgendwann einmal wird der Herr sein Gespräch ja wohl beenden.
   f) Sie haben wegen Ihrer unfreundlichen Gedanken dem alten Mann gegenüber ein schlechtes Gewissen, denn schließlich kann sein Telefongespräch ebenso wichtig sein wie Ihres.

3. Einer Ihrer Gäste legt ganz in Gedanken seine brennende Zigarette auf die Tischdecke, und es entsteht ein Loch. Was tun Sie?
   a) Sie sagen ihm, daß er sich außerordentlich ungeschickt verhalten hat.
   b) Sie fordern ihn auf, die Decke auf seine Kosten kunststopfen zu lassen.
   c) Sie ärgern sich über sich selbst, weil Sie die brennende Zigarette nicht rechtzeitig genug bemerkt haben.
   d) Sie lassen die Decke kunststopfen und verlieren Ihrem Freund gegenüber kein Wort darüber.
   e) Sie trösten Ihren Freund, indem Sie ihm sagen, daß dieses Mißgeschick doch jedem hätte passieren können.
   f) Sie sagen gar nichts. Es ist nun einmal geschehen, und es führt ja doch zu nichts, wenn Sie jetzt etwas sagen.

4. Vor dem Supermarkt, in dem Sie häufig einkaufen, sind Streikposten aufgestellt, die Sie auffordern, das Geschäft zu boykottieren, weil in dem Supermarkt Gemüse verkauft wird, das von Arbeitskräften geerntet wurde, die nicht Mitglieder einer Gewerkschaft sind. Wie reagieren Sie?
   a) Sie hören sich die Argumente an und entscheiden dann, ob Sie woanders einkaufen.
   b) Sie fordern die Streikposten auf, Sie in Ruhe zu lassen.
   c) Sie hören sich zwar die Argumente an, wollen sich aber in Ihrer Entscheidung nicht beeinflussen lassen. Allerdings haben die Streikposten durchaus das Recht, ihre Meinung zu äußern.

d) Sie lassen sich nicht auf diese Sache ein, da es Sie persönlich gar nichts angeht. Arbeitsstreitigkeiten werden schließlich doch alle beigelegt, egal, wie kontrovers die Standpunkte am Anfang waren.

e) Sie entschuldigen sich bei den Streikposten, da Sie nichts von der gewerkschaftsfeindlichen Einstellung des Geschäftes gewußt haben.

f) Sie sagen den Streikposten, daß Sie persönlich die ganze Sache gar nichts angeht, sondern daß sie zwischen der Gewerkschaft und der Leitung des Supermarktes gelöst werden muß.

5. Die japanische Regierung hat die USA aufgefordert, einige Militärstützpunkte in ihrem Land aufzugeben. Wie sollten die Vereinigten Staaten darauf reagieren?

a) Gar nicht, denn mit der Zeit wird sich die Angelegenheit selbst lösen.

b) Sie bieten Verhandlungen an.

c) Sie fordern Japan auf darzulegen, wie es sich künftig verteidigen will.

d) Sie überlegen, ob die japanische Regierung mit dieser Forderung eventuell internationalem politischem Druck nachgegeben hat.

e) Sie sagen Japan, daß die Forderung unbegründet sei.

f) Sie überlegen, wodurch die USA eventuell diese Forderung Japans provoziert haben.

6. Chile gibt bekannt, daß der Preis für Kupfer, der an die USA verkauft wird, um 200 Prozent angehoben wird. Wie sollten die USA reagieren?

a) Sie sollten Chile mitteilen, daß sämtliche Kupferimporte storniert werden, wenn die Preiserhöhung tatsächlich in Kraft tritt.

b) Sie erkennen an, daß die Rohstoffpreise von Angebot und Nachfrage bestimmt werden. Sicherlich wird es auch wieder zu einer Preissenkung kommen.

c) Sie berufen ein Treffen aller amerikanischen Importeure von chilenischem Kupfer ein, um herauszufinden, wie es zu dieser Abhängigkeit gekommen ist.

d) Sie fordern Chile auf, die Preiserhöhung zu begründen. Darüber hinaus versuchen die USA festzustellen, ob diese Preiserhöhung auch für andere Länder gültig ist.

e) Sie versuchen, andere Lieferanten für Kupfer zu finden, durch die die amerikanische Nachfrage gedeckt werden kann.

f) Sie teilen den amerikanischen Importeuren von Kupfer mit, daß alle Preise gestiegen sind und daß Chile das Recht hat, diese Erhöhungen festzulegen.

7. Südafrika beschwert sich bei den USA darüber, daß die Polizei in Washington bei Protestkundgebungen vor der südafrikanischen Botschaft gegen

deren Apartheidpolitik nicht energisch genug gegen die Demonstranten vorgegangen ist. Wie sollten sich die Vereinigten Staaten verhalten?

a) Der Polizeichef wird wegen seiner Laxheit offiziell gerügt, und es werden ihm Sanktionen angedroht.

b) Die USA verhalten sich zunächst passiv, denn die Lage kann schon bald von selbst besser werden.

c) Es wird ein Treffen zwischen dem zuständigen Polizeichef und einem Vertreter der südafrikanischen Botschaft arrangiert, um die Situation zu klären.

d) Sie bestätigen den Eingang der Beschwerde. Die Besorgnis von Südafrika über die Demonstration ist verständlich.

e) Die USA teilen der Regierung von Südafrika mit, daß ihre Politik der Rassentrennung die Ursache des Problems ist.

f) Die USA fordern die südafrikanische Regierung auf, Beweise für ihre Beschwerde vorzubringen.

Gut, ich gebe Ihnen recht, wenn Sie jetzt sagen, daß die Beispiele etliche Mängel haben. Einige Reaktionen sind außerordentlich naiv, andere sind ganz eindeutig kontraproduktiv, und wieder andere sind nur Teillösungen.

Trotzdem möchte ich Sie bitten weiterzumachen. Doch bevor ich Ihnen sage, warum Ihre Antworten nützlich sind, sehen Sie sich bitte Ihre Antworten noch einmal an und überprüfen Sie, ob Sie:

1. Für *jede* Situation eine Lösung gewählt haben,

2. Für jede Situation wirklich auch nur *eine* Lösung gewählt haben, und

3. Entspricht die von Ihnen gewählte Lösung auch tatsächlich Ihrer *ersten* Reaktion?

Erfüllen Ihre Antworten diese Kriterien? Sehr gut, fahren wir also fort.

Die Beispiele weisen zahlreiche Mängel auf. So könnten Sie beispielsweise behaupten, daß in der ersten Situation keine der Lösungen angemessen erscheint, daß Sie wichtige Kunden auf keinen Fall in ein Restaurant bringen würden, wenn Sie nicht zuvor sichergestellt hätten, daß die Reservierung auch wirklich in Ordnung gegangen ist.

Da stimmte ich Ihnen zu, obwohl es selbst in den besten Restaurants einmal zu Versehen dieser Art kommen kann. Doch mir ist so etwas eben noch nie passiert, weil ich mich immer vorher noch einmal vergewissere, ob auch wirklich alles in Ordnung ist.

Und selbst wenn wir uns rein hypothetisch in diese Situation hineinversetzen müßten, würden wir wahrscheinlich nicht nur auf eine der aufgezeigten Arten reagieren. So wären wir wahrscheinlich (Lösung b) über uns selbst verärgert, dieses Restaurant überhaupt gewählt zu haben und dann (Lösung d) den Geschäftsführer auffordern, uns einen Tisch zu besorgen, und sollte das erfolglos sein, (f) das Lokal wechseln.

Ganz ähnlich würde es uns in Situation drei ergehen. Dabei ist es sicherlich entscheidend, wie wichtig uns der Freund ist, der das Loch in die Tischdecke gebrannt hat. Wenn Sie sich von der Person geschäftlich viel versprechen, werden Sie sich mit Ihrem Ärger sicherlich mehr zurückhalten, als wenn es nur um eine Pflichteinladung gegangen wäre, die für Sie letztlich völlig uninteressant war. Wie schon in dem vorherigen Beispiel, würden wir sicherlich auch auf mehrere Arten reagieren. So wären wir (c) über uns selbst verärgert, weil wir die Zigarette nicht früher bemerkt haben, würden (f) bei einem Freund gar nichts sagen und (d) die Kosten für das Kunststopfen lieber selbst tragen, als den Verursacher um Rückerstattung zu bitten.

Wenn wir uns jetzt von den zwischenmenschlichen den internationalen Schwierigkeiten zuwenden, kommen wir zu ähnlichen Schlüssen. Auch hier ist mehr als eine Reaktion oder Lösung zutreffend. So können wir bei Situation 5 durchaus anerkennen, (d) daß die japanische Regierung sich dem internationalen Druck gebeugt hat und (f) überlegen, durch welche Handlung der USA Japan zu der Forderung veranlaßt wurde, und (c) gleichzeitig Japan fragen, wie es sich verteidigen will, wenn die USA ihre Stützpunkte aufgeben, und (b) gleichzeitig noch Verhandlungen anbieten.

Und in Situation 6 schließlich werden Sie mit mir übereinstimmen, daß die USA, lange bevor es zu der Krise kam, bereits gewußt haben, (c) warum sie so abhängig von den Kupferimporten aus Chile geworden sind und (e) ob sie ihren Bedarf woanders decken können.

Ungeachtet der Mängel unserer Beispiele glaube ich dennoch, daß Ihre Antworten bedeutsam und aussagekräftig sind. Bevor wir uns überlegen, warum das so ist, möchte ich Sie bitten, Ihre Antworten in das nachstehende Schema zu übertragen. In der Tabelle sind zunächst links die einzelnen Situationen mit den dazugehörigen Nummern aufgeführt. Kreisen Sie nun bei jeder Situation den Buchstaben ein, der Ihrer Antwort entspricht. Wenn Sie sich beispielsweise in Situation 1 für (a) entschlossen haben «Sie warten, bis ein Tisch frei wird», markieren Sie den Buchstaben a unter der römischen Ziffer VI. Oder wenn Sie in Situation 6 (a) gewählt haben «Sie teilen Chile mit, daß sämtliche Kupferimporte storniert werden, wenn die Preiserhöhung in Kraft tritt», müssen Sie den Buchstaben a unter der römischen Ziffer I markieren.

Bitte übertragen Sie Ihre Antworten in dieses Schema

Situation	I	II	III	IV	V	VI
1	e	c	b	f	d	a
2	d	a	c	b	f	e
3	a	b	c	d	e	f
4	b	f	e	a	c	d
5	e	c	f	b	d	a
6	a	d	c	e	f	b
7	e	f	a	c	d	b
Summe						

Zählen Sie jetzt bitte die einzelnen Spalten zusammen, und übertragen Sie die Zahlen in nachfolgende Tabelle:

I	II
III	**IV**
V	**VI**

Haben Sie das erledigt? Gut, dann können wir fortfahren.

Bei unseren sieben Beispielen handelt es sich nur um einen Auszug aus einem ganzen Modell, das von dem norwegischen Soziologen Bjorn Christiansen entwickelt und unter dem Titel «Attitudes toward Foreign Affairs as Function of Personality» (Oslo, Oslo University Press, 1959) veröffentlicht wurde. In der Zwischenzeit wurden die verschiedensten Beispiele aus diesem Buch Hunderttausenden von Managern, Juristen, Ärzten, Ingenieuren und Studenten vorgelegt. Unabhängig von den jeweiligen Orten der Befragung, reagierten die Personen nach einem bestimmten Muster, das mit der Art der Arbeit zu tun hatte, die von ihnen ausgeführt wurde, und den Umständen, unter denen das in den einzelnen Organisationen geschah.

19

Das ist sehr wichtig. Es bedeutet, daß ungeachtet der Mängel der Beispiele das eigentliche Modell sich empirisch gesehen als wertvolles Instrument erwiesen hat. Es könnte hier sogar ein Vergleich zu dem bekannten Rorschach-Versuch aus der Psychologie gezogen werden, bei dem sich die Testpersonen eine Reihe von Klecksen ansehen und anschließend sagen, was sie daraus erkennen oder welche Emotionen bei ihnen dadurch wachgerufen werden.

So reagierten psychiatrische Patienten, die nachweislich unter Schizophrenie litten, sehr ähnlich, jedoch ganz abweichend von den depressiv Erkrankten oder Paranoikern. Die Reaktionen der psychiatrischen Patienten insgesamt unterschieden sich wieder erheblich von denen der gesunden Testpersonen.

Anfangs waren die Kleckse ein reines Hilfsmittel, mit dem Reaktionen gesammelt und klassifiziert werden konnten. Nachdem aber ein bestimmtes Muster festgelegt war und sich seine Gültigkeit und Zuverlässigkeit bewiesen hatte, konnte der Test mit den Klecksen als diagnostisches Hilfsmittel benutzt werden. Mit anderen Worten dienten die Reaktionen einer Person dazu, eine hypothetische Diagnose zu erstellen oder eine Diagnose zu untermauern, die auf anderen Beweisen beruhte.

Lassen Sie mich wiederholen: Die Kleckse waren ursprünglich nur ein Hilfsmittel. Wenn es möglich wäre, ein ähnliches Reaktionsmuster zu finden, wenn die Testpersonen zum Beispiel eine Zahl zwischen 1 und 10 bestimmen müßten, wäre ein solcher Test ebenso nützlich wie der Formdeutetest mit den Klecksgebilden. Das gleiche gilt für das Modell von Christiansen: Obwohl einige Lösungen unrealistisch oder gar dumm oder unangemessen erscheinen, bleibt doch die Tatsache bestehen, daß eine Vielzahl der Testpersonen Reaktionen nach einem bestimmten Muster zeigten, das eng mit der Arbeit zusammenhing, die sie ausführten, sowie mit den Gegebenheiten innerhalb der einzelnen Organisationen.

Wir wollen uns zunächst die einzelnen Verhaltensmuster und anschließend einige der Gruppen ansehen, auf die diese Muster zutreffen.

Die linke Seite des Schemas, das Sie gerade ausgefüllt haben, das heißt, die Felder mit den ungeraden Zahlen, hat mit Schuldzuweisung zu tun.

Feld I Wir machen eine andere Person für die Situation verantwortlich. In Situation 2 beispielsweise (der ältere Herr in der Telefonzelle), klopfen wir gegen die Tür, um unsere Ungeduld zu zeigen. Damit sagen wir, daß der andere für unsere mißliche Lage verantwortlich ist. Ähnlich machen wir in Situation I den Oberkellner verantwortlich. Wenn er nicht die Reservierung vergessen hätte, befänden wir uns jetzt nicht in dieser unmöglichen Lage.

Feld III Wir machen uns selbst verantwortlich. Wir wünschen, daß wir nicht so abhängig vom Telefon wären. Oder wir ärgern uns über uns selbst, weil wir dieses Restaurant gewählt haben. In beiden Fällen sehen wir das Problem als unseren Fehler an.

Feld V Wir machen eine andere Person verantwortlich, indem wir ihr die Absolution erteilen. Wir vergeben dem Oberkellner seine Verfehlung, unsere Reservierung vergessen zu haben, denn «vergessen ist menschlich». Es ist so ähnlich, wenn wir uns in dem Fall mit der Telefonzelle daran erinnern, daß das Gespräch für den älteren Herrn vielleicht ebenso wichtig ist wie für uns. Wir fühlen uns schuldig wegen unserer feindseligen Gefühle ihm gegenüber und vergeben ihm dadurch seine Sünde, uns belästigt zu haben.

Natürlich könnten Sie jetzt behaupten, daß durch unsere Vorgehensweise Reaktionen zustande kommen, durch die die Situation gelöst werden könnte. So könnte der ältere Herr durch unser Klopfen sein Gespräch früher beenden, als er es ursprünglich vorgehabt hat. Oder der Oberkellner, den wir in scharfem Ton anreden, könnte uns einen Tisch geben, den er für eine andere Gruppe vorgesehen hatte. Nach Christiansen jedoch ist das primäre Element all dieser Rekationen die Schuldzuweisung.

Jeder von uns kennt sicherlich vielerlei Beispiele aus dem täglichen Leben, bei denen sich die Personen ausschließlich auf Schuldzuweisung konzentrieren und damit praktisch alles andere blockieren.

Die Felder mit den geraden Zahlen, das heißt, die auf der rechten Seite haben damit zu tun, daß die Situation geändert, und nicht, daß zunächst einmal Schuld zugewiesen wird.

Feld II Wir nehmen an, daß jemand anders die gewünschte Änderung herbeiführen wird. So hoffen wir, daß der ältere Herr bemerken wird, daß wir nervös vor der Zelle auf- und abgehen und dies ihn veranlassen wird, sein Gespräch zu beenden. Ähnlich im Restaurant. Hier verlangen wir, daß der Geschäftsführer einschreitet. In beiden Fällen vertreten wir die Auffassung «Wir haben hier ein Problem, und Sie sollten sich dazu etwas einfallen lassen».

Feld IV Wir schreiten selbst zur Tat. Wir suchen ein anderes Telefon. Oder wir wechseln das Restaurant. (Wir haben ein Problem, und wir müssen dafür etwas tun.)

Feld VI Wir hoffen, daß sich die Lösung unseres Problems von selbst ergibt. Schließlich wird der ältere Herr einmal aufhören zu telefonieren. Oder irgendwann wird bestimmt ein Tisch frei. (Wir haben ein Problem, und irgendwer wird schon irgendwo und irgendwann etwas dagegen tun.)

Gut, wir kennen jetzt die sechs Verhaltensmuster nach dem Modell von Christiansen, wobei jede Kategorie eine andere Art ist, Konflikte zu behandeln. Es geht hierbei nicht darum, ob die eine oder andere Art besser oder schlechter ist, sondern einfach nur darum, daß die verschiedenen Arten existieren.

Passen Ihre Reaktionen in eines der Muster? Gab es ein Feld, in das besonders viele Ihrer Antworten gepaßt haben? Mehr als 50 Prozent? Oder galt das sogar für alle Reaktionen? Sie können aufgrund Ihrer Eintragungen in das Schema ablesen, in welchem Maß eine bestimmte Art von Konfliktbewältigung für Sie ganz persönlich zutrifft.

Im Laufe der Jahre habe ich bei meiner Arbeit diesen Test Tausenden von Führungskräften vorgelegt und dabei festgestellt, daß ihre Reaktionen darauf eng zusammenhängen mit denen von Personen, die aus einer ganz anderen Umgebung kommen.

Hier sind einige Verhaltensmuster, die ich beobachten konnte:

Mittlere Führungskräfte und Verwaltungsbeamte neigen zu den Reaktionen aus Feld IV.

Das bedeutet, diese Personengruppe versucht, die Probleme aus Eigeninitiative zu lösen, was nicht weiter überrascht. In den meisten Organisationen verbringen die mittleren Führungskräfte ihre Zeit überwiegend damit, Konflikte unterschiedlichster Art zu lösen. Tatsächlich handelt es sich dabei um eine für diese Ebene ganz typische Beschäftigung. Indem sie die Verantwortung für die Problemlösung übernehmen, müssen sie auch persönlich dafür sorgen, daß es geschieht.

Unternehmer, die überwiegend kleinere Betriebe leiten, neigen noch stärker zu den Reaktionen aus Feld IV.

Auch dies ist nicht weiter erstaunlich. Die meisten Unternehmer haben sich ihr Geschäft aufgebaut, indem sie die Verantwortung für Probleme aller Art übernahmen, denn wenn sie nicht selber das Problem beseitigt hätten, hätte es sonst niemand getan.

Obere Führungskräfte neigen zu Reaktionen aus Feld II oder zeigen gar kein bestimmtes Muster

Dieser Personenkreis, zu dem ich alle Mitglieder der Unternehmensleitung rechne, entscheidet sich entweder für Antworten aus Feld II oder reagiert so unterschiedlich, daß keine eindeutigen Schwerpunkte festgestellt werden können.

Die Tatsache, daß bei dieser Gruppe, wenn überhaupt, Feld II in Frage kommt, scheint auf den ersten Blick erstaunlich. Wir könnten uns fragen, wie es einer Person gelungen ist, sich an die Spitze eines Unternehmens vorzuarbeiten, ohne selbst jemals Konflikte gelöst zu haben. Bedenken Sie aber jetzt bitte, daß es uns hier nicht darum geht, welche Art der Reaktion die Testperson auf ihrem Weg in die Unternehmensleitung gewählt hat, sondern welche Art der Reaktion sie zeigt, nachdem sie oben angelangt ist. Führungskräften steht normalerweise ein Überangebot von Personen aus Feld IV zur Verfügung, die geradezu erpicht darauf sind, Konflikte zu lösen. «Erledigen Sie das» ist alles, was die Spitzenmanager nur noch sagen müssen, und damit ist zumindest für sie das Problem verschwunden.

Das Fehlen eines bestimmten Musters ist erklärlich. Wenn wir einmal etwas genauer nachdenken, können wir sogar zu dem Schluß kommen, daß dieses «Atypische» logischer ist als ein vorgegebenes Muster.

Der atypische Manager in seiner Spitzenposition ist außerordentlich flexibel. Manchmal sagt er: «Erledigen Sie das!» und manchmal: «Das übernehme ich selbst!» Ein andermal meint er: «Lassen wir es auf sich beruhen», oder: «Die Lösung dieses Problems ist weit weniger wichtig als herauszufinden, wie es überhaupt entstanden ist».

Andere Verhaltensmuster sind bei Managern ganz ungewöhnlich, jedoch typisch für Akademiker, Studenten und andere Gruppen

Bei einer Aufschlüsselung nach Berufsgruppen stellen wir fest, daß die Felder I und III besonders attraktiv sind für Ärzte und Techniker. In beiden Berufen ist die Diagnose (das heißt, eine Schuldzuweisung im weitesten Sinne) ein wichtiger Schritt bei der Lösung des Problems.

Die Felder I und III werden auch unverhältnismäßig viel von Arbeitern, Studenten und Arbeitslosen gewählt. Vielleicht weil diese Personen der Meinung sind, daß sie ohnehin kaum Einfluß auf die Lösung ihrer Probleme haben, und sich deshalb darauf konzentrieren, warum sie entstanden sind, um dadurch ein erneutes Enstehen möglichst zu verhindern.

Was zumindest für mich ganz interessant war, ist die Tatsache, daß das Feld VI nicht mit bestimmten Berufen zu tun hat, sondern (obgleich nur lose) eher mit der Umgebung. So ergab die Auswertung eines Tests, den ich in Hawaii durchgeführt hatte, unverhältnismäßig viele Antworten, die in Feld VI gehörten. Kollegen von mir erzielten ähnliche Ergebnisse in Gegenden wie Florida, in Mittelmeerländern oder in tropischen und subtropischen Gegenden. Dort herrscht die Einstellung: «Ach kommt, gehen wir an den Strand!» Mit anderen Worten «Lassen wir das Problem dort, wo es ist. Wenn wir wiederkommen, ist es sicherlich immer noch da – oder vielleicht ist es auch von selbst verschwunden».

Wir können nicht behaupten, daß Personen aus dem Feld VI – oder aus einem anderen Feld – besser oder schlechter ausgerüstet sind, Konflikte zu bewältigen, als der Rest von uns. Wie ich bereits zuvor bemerkt habe, geht es in diesem Kapitel nicht darum zu sagen, daß die eine oder andere Art der Konfliktlösung besser ist als die andere. Es soll hier vielmehr lediglich (und überspitzt) gezeigt werden, welche verschiedenen Arten es gibt.

Tatsächlich hat jede Art ihre Vor- und Nachteile. So kommen extreme Vertreter der Art nach Feld IV häufig nur auf Kosten ihres körperlichen und seelischen Wohlbefindens ans Ziel. Ich kann meine Theorie zwar nicht mit Fakten belegen. Doch ich bin überzeugt, daß die Personen aus Feld IV wesentlich häufiger an Magengeschwüren leiden als alle übrigen.

Und selbst wenn der Manager aus Feld IV keinen körperlichen oder seelischen Schaden erleidet, so wird häufig seine Leistungsfähigkeit beeinträchtigt. Wenn wir bereit sind, die Verantwortung für die Lösung von Problemen zu übernehmen, neigen die Leute dazu, uns die ihrigen ebenfalls zu überlassen. Wir belohnen sie, indem wir ihre Probleme auch wirklich lösen, und ermuntern sie dadurch wiederum, uns noch mehr aufzuladen.

Schließlich werden wir mit jedem Problem belastet, das auch nur noch am Rande in unseren Zuständigkeitsbereich fällt, und wenn es noch so unbedeutend ist. Muß eine neue Schreibmaschine angeschafft werden? Welchen Hersteller, welches Modell und welche Farbe schlagen Sie vor? Wenn sich zwei Sekretärinnen darüber streiten, wer zuerst zu Tisch gehen darf, muß der Manager aus Feld IV schlichten.

Extreme Vertreter der Gruppe IV (nachstehend kurz EV-IV genannt) können durch ihr Verhalten Situationen herbeiführen, die für ihr Unternehmen durchaus schädlich sind. So kommt es bei EV-IV-Managern häufig vor, daß ihre Untergebenen kaum Gelegenheit haben, ihr Konfliktbewältigungspotential zu entfalten und einzusetzen, weil ihnen sämtliche Entscheidungen vom Vorgesetzten abgenommen werden. Logischerweise landen sämtliche Probleme dadurch auf seinem Schreibtisch, und es kommt zu einem Engpaß. Der gesamte Arbeitsfluß gerät ins Stocken, da der EV-IV-Manager nicht die Zeit hat, bestimmte Entscheidungen zu delegieren, so daß auch seine Untergebenen Gelegenheit hätten, sich zu beweisen.

Wird der EV-IV-Manager einmal krank oder geht in Urlaub, bleibt alles liegen, da keiner sich hinreichend auskennt, um seinen Job zu übernehmen. Häufig wagen das die Untergebenen auch gar nicht, da dies als Einmischung in die Domäne des EV-IV-Managers verstanden werden könnte.

Es ist eine Tatsache, daß viele EV-IV-Manager (und besonders Unternehmer) überhaupt keinen Urlaub nehmen, oder zu der Zeit Betriebsurlaub anordnen. Sie gehen davon aus, daß nichts erledigt werden kann, das sie nicht selbst in die Hand nehmen.

Was ist die häufigste Klage der EV-IV-Manager? Sie haben keine Zeit. – Natürlich haben sie keine Zeit mehr, wenn sie darauf bestehen, alles selber zu machen.

Aus den vorstehenden Überlegungen über die verschiedenen Arten, auf Konflikte zu reagieren, können einige interessante Schlüsse gezogen werden.

Erstens: Die Personen reagieren stets ziemlich konstant, egal, mit welcher Art von Problem sie sich konfrontiert sehen.

Zweitens: Selbst wenn wir selber es nicht bemerken, können doch andere Personen in unserem Verhalten bestimmte Muster feststellen. (Ihre Kinder kennen Ihre Art, mit Problemen fertig zu werden, wahrscheinlich viel besser als Ihre Kollegen und Bekannten, und sie können daher auch viel mehr Druck als diese auf Sie ausüben.)

Drittens: Das vielleicht Wichtigste ist, daß Sie durch die Art und Weise, in der Sie Ihre Arbeit erledigen und die berechenbar ist, unter Umständen Ihren Widersachern ausgeliefert sind. Wenn Ihre Gegner Ihre Verhaltensmuster kennen, können Sie den Ausgang jeder Konfliktsituation bestimmen.

Wichtig ist in jedem Fall, daß Sie sich Ihre bestimmten Verhaltensmuster bewußt machen sollten. Denn dieses Wissen um die eigenen Verhaltensmuster kann sich in Konfliktsituationen als außerordentlich nützlich erweisen.

3

Jenseits von Schlechtem und Krankem
Alte und neue Ideen über Konflikte innerhalb einer Organisation

Lange Zeit herrschten innerhalb der verschiedenen Organisationen folgende Meinungen vor:
1. Konflikte an sich sind schlecht. Die bloße Existenz von Konflikten bedeutet, daß innerhalb der Organisation etwas nicht stimmt, so daß zum Wohle der Organisation der Konflikt beseitigt werden muß.
2. Diejenigen Angehörigen des Unternehmens, durch die es zu einer Konfliktsituation kam, sind emotional gestört, denn sonst hätten sie den Konflikt nicht verursacht.
3. Um nun den Konflikt zu beseitigen, um dadurch das Problem zu lösen, ist es erforderlich, die Verantwortlichen entweder zu entlassen oder sie psychiatrischer Behandlung zu unterziehen.

Diese Haltung, die selbst in den aufgeklärtesten Organisationen bis weit in die 60er Jahre hinein vorherrschte, ist inzwischen einer nahezu konträren Einstellung gewichen. Die moderne Haltung lautet wie folgt:
1. Konflikte sind unvermeidbar und müssen nicht unbedingt schädlich sein.
2. Einige Konfliktarten können sogar enorm zur Gesundung und zum Wohlergehen der gesamten Organisation beitragen, indem beispielsweise produktiver Konkurrenzdruck entsteht.
3. Egal, wie der Konflikt aussieht, er kann so gehandhabt werden, daß die Verluste möglichst gering gehalten und die Gewinne maximiert werden.

Die alte Einstellung ging weitestgehend von der Annahme aus, daß Konflikte für sozial weiterentwickelte Menschen irgendwie fremdartig waren. Mit anderen Worten galt Konflikt als Beweis für Unwissenheit und mangelnde Kontrolle, etwa vergleichbar mit schlechten Tischmanieren. Jemand, der weiß, wie man sich benimmt, verhält sich eben nicht so.

Bei der neuen Einstellung Konflikten gegenüber gelten diese als in bestimmten Situationen in jeder Organisation unvermeidlich. Das bedeutet, daß es keine Organisation gibt, in der es nicht auch einmal zu Konflikten kommen kann. Ergo ist der Konflikt an sich nicht anormal, sondern sein Nichtvorhandensein.

Bevor wir weitermachen, lassen Sie uns eine Wörterbuchdefinition für Konflikt mit denen vergleichen, die speziell bei Organisationen anzuwenden sind.

So sagt beispielsweise der Duden ganz allgemein folgendes: Konflikt, Zusammenstoß, «bewaffnete, militärische» Auseinandersetzung zwischen Staaten; Streit, Zerwürfnis.

Diese Definition impliziert, daß ein Konflikt nur gelöst werden kann, wenn die beteiligten Parteien streiten, und daß der Konflikt an sich schlecht ist. Andere Eigenschaften jedoch, die dem Konflikt von Psychologen zuerkannt werden, sind frei von diesen negativen Assoziationen. So sagt Edward J. Murray beispielsweise folgendes:

«Konflikt bezieht sich auf Situationen, in denen eine Person motiviert ist, zwei oder mehr Handlungen zu vollziehen, die sich gegenseitig ausschließen ... So ist auf der Verhaltensebene der Angehörige eines Stammes versucht, einen geheiligten Gegenstand zu berühren. Doch gleichzeitig schreckt er davor zurück. Auf der verbalen Ebene möchte eine Person zwar gerne die Wahrheit sagen, hat jedoch Bedenken, den anderen dadurch zu verletzen. Auf der symbolischen Ebene können Ideen aufeinanderprallen und kognitive Dissonanzen hervorrufen. Auf der Motivebene sind die viszeralen Reaktionen, die mit Angst und Verarbeitung zu tun haben, unvereinbar.

Bei einem Konflikt sind seine Motive wichtig ... «Konflikte entstehen nur dann, wenn alle zuvor genannten Ebenen, die für die Erfüllung eines bestimmten Motives erforderlich sind, mit den Ebenen unvereinbar sind, die für ein anderes notwendig wären.»

In demselben Buch liefert Robert C. North eine wissenschaftliche Perspektive des Ganzen:

«Ein Konflikt entsteht, wenn zwei oder mehr Personen oder Personengruppen versuchen, dasselbe Objekt zu besitzen, denselben Platz oder dieselbe ausschließliche Position einzunehmen, unvereinbare Rollen zu spielen, unvereinbare Ziele zu verfolgen oder miteinander unvereinbare Mittel zu ergreifen, um einen bestimmten Zweck zu erfüllen.»

Der Soziologe Lewis Coser hat diese Konzepte weiterentwickelt und sie auf Konfliktsituationen übertragen, wie wir sie besonders innerhalb von Organisationen finden. Nach Coser sind Konflikte «ein Kampf um Werte oder Forderungen, mit dem ein gewisser Status, Macht und Ressourcen beschnitten werden sollen. Das Ziel der Gegner in einem solchen Kampf ist es, den Rivalen zu neutralisieren, zu verletzen oder zu eliminieren».

Für uns, die wir uns speziell mit Konflikten innerhalb von Organisationen befassen wollen, ist die Definition von Coser besonders geeignet. Bitte beachten Sie dabei die zwei verschiedenen Teile:

1. Ein Kampf um Werte oder Forderungen, mit dem ein gewisser Status, Macht und Ressourcen beschnitten werden sollen.

Das heißt mit anderen Worten, daß die Parteien des Konflikts in Konkurrenz stehen. Es geht darum, wessen Werte sich durchsetzen. Nehmen wir ein Beispiel: Die Mitglieder einer Museumsleitung sind aufgeteilt in zwei Gruppen. Die eine möchte für das Museum viele innovative Programme haben, um dadurch möglichst viele Besucher anzulocken. Die andere Gruppe möchte den traditionellen Charakter des Museums gewahrt sehen. Andere Konkurrenten haben sich um das Amt des Vizepräsidenten eines Unternehmens beworben oder um die Position des Personalchefs, oder streiten um gewisse Vorzüge wie das Büro am Ende des Flurs oder einen Computerterminal.

Bei einem Wettstreit um Werte kann die eine Ideologie nur auf Kosten der anderen bestehen. So kann das Museum beispielsweise nicht auf der einen Seite Neuerungen einführen und gleichzeitig in der alten Tradition fortfahren.

Wenn in einen Wettstreit Status, Macht oder Ressourcen verwickelt sind, streben die Konkurrenten nicht unbedingt nach etwas Einzigartigem. Das heißt, daß es vielleicht noch mehr Positionen eines Vizepräsidenten oder mehrere Computerterminals in dem Unternehmen gibt. Das Schlüsselwort in der Definition von Coser ist «beschneiden». Selbstverständlich gibt es keine unbegrenzte Zahl von Vizepräsidenten oder Computerterminals. (Wenn wir uns alle auf die Zehen stellen, kann keiner von uns besser sehen!)

2. Das Ziel der Widersacher ist es, den Gegner zu neutralisieren, zu verletzen oder zu eliminieren.

Mit anderen Worten, wenn nur einer von uns eine Sache haben kann, müssen wir versuchen, uns gegenseitig davon abzuhalten, sie zu bekommen. Wenn 25 von uns sich um drei Gewinne streiten, sind die siegreichen drei diejenigen, denen es gelungen ist, einen Weg zu finden, um die 22 Verlierer zu übertrumpfen.

Das bedeutet natürlich nicht, daß wir den Gegner umbringen oder ihn zum Krüppel machen müssen. Wir können unseren Gegner auch neutralisieren, verletzen oder eliminieren, indem wir die bessere, berühmte Falle stellen. Der springende Punkt ist dabei, daß wir im Wettstreit um eine Sache liegen, die nicht ausreichend vorhanden ist. Wenn Sie bekommen, was Sie wollen, bekommt Ihr Gegner zwangsläufig nicht das, was er will. Er geht leer aus.

Die Tatsache jedoch, daß wir Konkurrenten sind, muß nicht zwangsläufig auch bedeuten, daß wir Feinde sind. Gegner müssen nicht unbedingt unfreundlich sein. Dazu sagt Coser:

«Konflikte und feindselige Gefühle, sind, obwohl sie oft miteinander in Verbindung gebracht werden, tatsächlich zwei verschiedene Phänomene ... Feindselige Gefühle enden nicht zwangsläufig in Konflikten, und objektive Diskrepanzen bei Macht, Status, Einkommen und ähnlichem führen nicht zwangsläufig zu einem Konflikt, obwohl sie natürlich potentiellen Konfliktstoff bieten.»

Joe Paterno, Football-Trainer der siegreichen Mannschaft bei den Meisterschaften 1982 (und Trainer des Jahres 1982 des Verbandes der Hochschulsportler) sagt dazu folgendes: «Ich sage meinen Spielern immer: Liebt euren Gegner, denn er ist derjenige, der euch Gelegenheit gibt, Hervorragendes zu leisten. Wenn ihr mit ihm leichtes Spiel hättet, könnten wir das Match gleich ganz lassen.»

In diesem Licht betrachtet, stellen Konflikte durchaus kein Hindernis dar für das leistungsstarke und erfolgreiche Funktionieren eines Unternehmens. Ganz im Gegenteil, Konflikte können überaus positiv zu außerordentlichen Leistungen beitragen. Egal, um welche Art Organisation es sich handelt, Kirche, Schule, Krankenhaus, kleines oder großes Unternehmen – Konflikte können sehr wertvoll sein.

Ich möchte sogar noch weitergehen und sagen, daß produktiv behandelte Konflikte wesentlich zum Wachstum jeder Form von Organisation beitragen. Konflikte zu unterdrücken kann für eine Organisation sogar noch schädlicher sein als unkontrollierte Konflikte. Wenn wir einem Unternehmen die Konflikte nehmen, nehmen wir ihm gleichzeitig den Anreiz, sich weiterzuentwickeln, Hervorragendes zu leisten. Ideal ist eine Situation, in der es ein gesundes Maß an kontrollierten Konflikten gibt.

In den folgenden Kapiteln möchte ich darauf eingehen, wie dies erreicht werden kann. Doch lassen Sie uns zunächst einmal beleuchten, warum Konflikte in einer Organisation unvermeidlich sind.

4

Warum sind Konflikte in Organisationen unvermeidbar?

Es liegt in der Struktur sämtlicher Organisationen, daß Probleme unvermeidbar sind. Wir können bei der Definition sogar so weit gehen zu sagen, daß «organisieren» an sich bereits Konfliktstoff bietet.

Greifen wir hier zunächst wieder auf eine Wörterbuchdefinition zurück. «Organisieren» heißt: «Voneinander abhängige oder koordinierte Teile zu einem Ganzen zusammenfügen.» Tatsächlich können die einzelnen Teile wirklich voneinander abhängig sein. Wahrscheinlich aber glaubt jeder von sich selbst, wichtiger zu sein als alle anderen.

Stellen Sie sich jetzt bitte einmal Ihre Organisation vor. Wenn es sich um eine Industriebetrieb handelt, so gibt es bestimmt eine Unterteilung in folgende drei Hauptbereiche: Produktion, Verkauf und Finanzwesen. Auch bei anderen Organisationen bleibt diese Aufteilung weitestgehend erhalten. So sind beispielsweise bei einer Regierungsbehörde (wie dem FBI oder dem Gesundheitsministerium) diejenigen Personen, die die finanziellen Mittel beschaffen müssen, zu vergleichen mit dem Leiter des Finanzwesens in einem Wirtschaftsunternehmen. Dieser beschafft die Mittel von den Aktionären oder Kreditgebern, damit der ordentliche Geschäftsverlauf finanziert werden kann. Oder nehmen wir eine Schule. Hier entsprechen die Lehrer den Mitarbeitern in der Produktion eines Industriebetriebes, die die Waren oder Dienstleistungen herstellen, die der eigentliche Unternehmenszweck sind.

Selbstverständlich wird jede Einheit, Abteilung oder jeder Geschäftsbereich innerhalb einer Organisation bestimmte Ziele aufstellen und versuchen, geeignete Mittel zu finden, um diese zu erreichen. Wenn ich Lehrer bin, werde ich versuchen, alles zu bekommen, um meine Arbeit bestmöglichst ausführen zu können: Ein schönes, helles Klassenzimmer, nur eine begrenzte Anzahl von Schülern und die besten Lehrbücher und Lehrmaterial. Bin ich Vertriebsleiter, so werde ich ebenfalls versuchen, für meine Mitarbeiter und mich die beste Arbeitsgrundlage zu schaffen: Hochwertige Erzeugnisse, eine hübsche Verpackung, eine gute Werbung, rasche Lieferung, großzügige Kreditrahmen für meine Kunden, und so weiter.

Alle diese Wünsche stehen jedoch sehr wahrscheinlich in Konflikt zu denen anderer Abteilungen innerhalb des Unternehmens. Wenn Sie beispielsweise der Vorsitzende des Schulausschusses sind und dem Steuerzahler gegenüber Ihre Ausgaben rechtfertigen müssen, geraten Sie sofort in einen Konflikt, wenn ich als Lehrer mit meinen Forderungen für den bestmöglichen Unterricht an Sie herantrete. Oder gehen wir zurück zu dem Industriebetrieb. Wenn Sie der Leiter der Kreditabteilung sind und ich der Verkaufsleiter bin, entsteht der Konflikt zwischen Ihrer Verantwortung, die Risiken so gering wie möglich zu halten, und meinen Bemühungen, die Verkaufszahlen zu steigern.

Die meisten von uns können in Situationen dieser Art die Schwierigkeiten der anderen Seite verstehen. Trotzdem bleibt die Tatsache bestehen, daß wir ein bestimmtes Ziel erreichen wollen und die andere Partei uns dabei im Weg ist.

Selbstverständlich halten wir unser Anliegen in den meisten Fällen für wichtiger als das des anderen. Und im Verlaufe der Zeit kann es dabei passieren, daß wir das Ziel des Unternehmens, seine Werte und Vorgehensweisen, ja seinen Unternehmenszweck ganz aus den Augen verlieren. Sicher ist, daß ein Konflikt hier nicht mehr vermieden werden kann, da die Bemühungen des einen klar mit denen des anderen kollidieren.

Es hat den Anschein, als ob jeder von uns sich mit der kleinsten Arbeitseinheit innerhalb einer Organisation identifiziert. Wenn ich ein Reporter für den Wirtschaftsteil einer regionalen Zeitung bin, empfinde ich gegenüber einer Reihe von Einrichtungen Loyalität. Zunächst einmal zu dem Beruf des Journalisten, dann zu der Zeitung, für die ich arbeite, dem Teil, der sich mit den neusten Nachrichten befaßt (im Gegensatz zum Leitartikel) und der Unterabteilung, die für den Wirtschaftsteil zuständig ist. Am meisten fühle ich mich selbstverständlich zu der Wirtschaftsredaktion hingezogen. Wenn nun meine Zeitung in Erwägung zieht, mit einer größeren zu fusionieren, von der ich weiß, daß sie ihren Schwerpunkt auf Leitartikel und Kommentare gelegt hat, bin ich selbstverständlich aus meinem eigenen Interesse heraus gegen einen solchen Zusammenschluß. Das kann sogar gegen meine objektive Überlegung gehen, daß für die Zeitung selbst eine Fusion die beste Lösung wäre.

Darüber hinaus hat es den Anschein, daß jeder von uns die Normen seiner Arbeitseinheit auf alle übrigen Einheiten eines Unternehmens überträgt. Reporter aus der Wirtschaftsredaktion sind beispielsweise stolz auf die Schnelligkeit und Genauigkeit, mit der sie ihre Nachrichten bringen. Die Kollegen aus dem Bereich «Essen und Trinken» oder «Kultur» dagegen sind stolz auf ihre Fähigkeit, unterhaltend schreiben zu können. Wenn sich nun innerhalb der Zeitung eine Entwicklung in Richtung Schnelligkeit und Genauigkeit abzeichnet, werden wir aus der Wirtschaftsredaktion diese selbstverständlich unterstützen. Unsere Kollegen wären dabei sicherlich ganz anderer Meinung.

Kurz gesagt neigen Untergruppierungen innerhalb einer Organisation dazu, sich selbst für am wichtigsten zu halten und die bei ihnen üblichen Normen auf alle anderen zu übertragen – mit dem Ergebnis, daß es zwangsläufig zu Konflikten kommen muß.

Ein weiteres Beispiel für diese Haltung ist eine Studie, die ich für einen führenden Kunststoffhersteller durchgeführt habe. Wir fragten dabei die Manager aus den drei Abteilungen Produktion, Vertrieb und Forschung, was ihre Meinung über die Struktur des Unternehmens, die Ziele der einzelnen Abteilungen sei, und für wie wichtig sie die Beziehungen unter den Mitarbeitern halten.

Die Manager aus der Produktionsabteilung gaben einer straffen Struktur den Vorzug. Sie wollten wissen, wer, wem, wann und unter welchen Umständen Bericht erstatten muß. Zwischenmenschliche Beziehungen erwähnten sie nur am Rande. Ihre Ziele waren auf ein gutes Produkt und die Leistungsfähigkeit des Herstellungsprozesses ausgerichtet. Ihnen war es unwichtig, ob die Mitarbeiter gut miteinander auskommen oder nicht.

Demgegenüber wünschten sich die Manager aus dem Verkauf eine wesentlich weniger straffe Struktur. Sie wollen zwar wissen, an wen sie zu berichten haben. Abgabefristen für diese Berichte aber wollten sie möglichst vermeiden. Außerdem sollten ihrer Meinung nach die Berichte so flexibel wie möglich ausfallen. Zwischenmenschliche Beziehungen waren für sie von großer Bedeutung. Sie wollten ein Team von Verkäufern, die sowohl untereinander als auch zu den Kunden ein gutes Verhältnis haben. Ihre Hauptziele waren ein guter Umgang mit den Kunden, das genaue Beobachten der Konkurrenz und andere absatzmarktorientierte Faktoren.

Die Manager aus der Forschungsabteilung schließlich wünschten eine möglichst lockere Struktur. Sie wollten in erster Linie in Ruhe gelassen werden. Zwischenmenschliche Beziehungen waren für sie unbedeutend. Ihre Ziele bestanden in Langzeiterrungenschaften wie ein effizienteres Herstellungsverfahren oder ein besseres Produkt.

Sie werden dabei festgestellt haben, daß jede Abteilung für sich Normen und Ziele gesteckt hatte, die nur für sie gültig waren. Selbstverständlich kam es anschließend zu Konflikten, als die einzelnen Abteilungen sich anhand dieser Normen und Ziele gegenseitig beurteilen sollten.

So sagten die Manager aus der Verkaufsabteilung: «Diese Spinner aus der Produktion verbringen ihre ganze Zeit damit, das Produkt auf 0,001 mm genau hinzubringen. Sie können nicht verstehen, daß es für das Unternehmen sehr wichtig ist, daß das Produkt rechtzeitig beim Kunden ist, denn sonst könnten wir über kurz oder lang dichtmachen.»

Die Produktionsleiter sagten: «Die Kerle aus dem Verkauf haben keine Ethik. Sie würden alles verkaufen und können einfach nicht verstehen, daß es auf die Qualität der Erzeugnisse ankommt. Ohne die hätte unser Unternehmen langfristig keine Chance, auf dem Markt zu bestehen.»

Über die Kollegen aus der Forschungsabteilung waren sie sich jedoch einig: «Die sind so realitätsfremd und sehen gar nicht, was unser Unternehmen in Gang hält. Es ist geradezu lächerlich. Sie sitzen bloß da, rauchen Pfeife und kritzeln auf ihrer Tafel herum. Ihnen ist es völlig egal, was mit uns anderen passiert.»

Es ist kaum überraschend, daß die Leute aus der Forschungsabteilung ein ebenso verzerrtes Bild von ihren Kollegen aus der Produktion und dem Verkauf hatten.

Ein wichtiger Punkt ist, daß der potentielle Konfliktstoff innerhalb einer Organisation proportional zu der Anzahl der verschiedenen Ebenen dort, den verschiedenen Arbeitsplätzen innerhalb einer Ebene und der Anzahl der einzelnen Schritte gegeben ist, die dazu erforderlich sind, um das Produkt herzustellen oder die Dienstleistung zu erbringen.

Hat also eine Organisation, je größer sie ist, um so mehr Konfliktstoff? Ja, ganz zweifellos! Denn «organisieren» heißt, unterteilen und nochmals unterteilen. Und je mehr unterteilt wird, desto größer das Konfliktpotential.

In gewissen Fällen liegt der Konflikt in der Arbeit selbst. So besteht zweifellos ein Konflikt zwischen einem Polizisten, der seinen Dienst verrichtet, und einem Verbrecher. Juristen, die als Staatsanwalt und Verteidiger in einem Verfahren auftreten, sind aufgrund ihrer unterschiedlichen Funktionen in einem Konflikt. In vielen Unternehmen muß ein interner Prüfer oder Revisor diejenigen Stellen finden, an denen nicht gut gewirtschaftet wurde. Kann er kein Beispiel feststellen, entsteht der Eindruck, als hätte er seine Aufgabe nicht ordentlich erfüllt.

In anderen Fällen, in denen der Konflikt zunächst nicht genau definiert werden kann, entsteht er durch die äußerlichen Gegebenheiten. So können wir mit einiger Wahrscheinlichkeit davon ausgehen, daß ein Inspektor vom Gewerbeaufsichtsamt und ein Werksleiter gewisse Differenzen haben. Theoretisch wollen sie beide dasselbe – einen sicheren und gesunden Arbeitsplatz. Der Werksleiter jedoch hält den Inspektor für einen kleinlichen Bürokraten, dessen einzige Aufgabe es ist, Verstöße gegen gesetzliche Bestimmungen zu finden, deren Beseitigung sehr kostspielig ist. Für den Inspektor nun sind Werksleiter meistens Lakaien des Unternehmens, die auf Kosten der Gesundheit der Mitarbeiter dem Unternehmen vermeintlich unnötige Ausgaben ersparen wollen.

Wenden wir uns jetzt anderen üblichen Konfliktquellen innerhalb von Organisationen zu.

Wettstreit um begrenzte Mittel
Egal, um welche Art Unternehmen es sich handelt und wie reichlich seine Mittel sind, sie stehen auf jeden Fall nicht unbegrenzt zur Verfügung.

Sind die Mittel reichlich vorhanden, ist es unwahrscheinlich, daß wir uns darum streiten werden, denn wer sehnt sich schon nach Sand in der Wüste. In den meisten Fällen jedoch ist eben nicht genug von allem vorhanden. So kommt es zwangsläufig dazu, daß wir nur auf Kosten des anderen ans Ziel gelangen können.

Wenn wir bei einer Organisation von «Mitteln» sprechen, denken die meisten von uns wahrscheinlich gleich an Geld. Zweifellos ist Geld ein Mittel, und egal, wieviel davon vorhanden ist, irgendwann einmal wird es ausgegeben sein. Es gibt jedoch noch eine Vielzahl von Mitteln, um die man sich streiten kann, und in bestimmten Fällen sind diese noch viel wichtiger als Geld, zum Beispiel:

Verantwortung

Einige von uns schrecken vor ihr zurück. Aber viele, ich würde sogar sagen, die meisten von uns möchten mehr davon haben. Einige möchten soviel davon haben, wie sie nur bekommen können. Hauptsächlich möchten wir Verantwortung wegen der Voraussetzungen, die damit zusammenhängen. Der Präsident der Vereinigten Staaten ist Befehlshaber der Luftwaffe. Sie und ich sind es nicht. Ich glaube jedoch, daß die meisten von uns Verantwortung wollen wegen der Herausforderung, die damit verbunden ist. Anhand von Verantwortung können wir unsere Fähigkeiten, unser Engagement und unsere Vorstellungskraft messen.

Ungeachtet des Grundes können wir sicher sein, daß andere Personen aus unserer Organisation ebenfalls Verantwortung wollen. Auf jeden Fall können wir ein Mehr an Verantwortung nur erreichen, wenn die eines anderen dafür beschnitten wird.

Mitarbeiter

Zum einen ist die Zahl unserer Mitarbeiter ein Zeichen für unsere Verantwortung. Zum anderen, und das ist für die meisten von uns noch wichtiger, sind es genau diese Leute, durch die es uns erst möglich wird, unseren Job so gut wie wir können zu verrichten. Daher geht es in den meisten Unternehmen ständig darum, mehr Personal zu bekommen. Und da wir mit unserem Wunsch nicht allein sind, ist auch hier der Konflikt schon wieder vorprogrammiert.

Platz

Genau wie die Zahl der Mitarbeiter ist auch der uns zur Verfügung stehende Platz ein Zeichen für Verantwortung und trägt dazu bei, mehr zu leisten. Ja, ich möchte unbedingt das große Eckzimmer als mein Büro haben, denn es hat eine hübsche Aussicht, und meine Besucher werden von der imposanten Größe beeindruckt sein. Natürlich möchte ich es auch, weil die

Lichtverhältnisse dort besser sind, weil ich mich dort nicht so beengt fühle und weil mich der Lärm des Eingangsbereiches hier nicht mehr stört. (Ganz davon abgesehen, ist so ein Eckbüro immer ein Zeichen von Macht und Prestige. Kleine Leute bekommen nämlich keine großen Büros.)

Werkzeuge und Ausrüstung
Je besser sie sind, desto besser können wir arbeiten. Doch auch schon wie in den vorherigen Fällen, stehen sie nicht unbegrenzt zur Verfügung. In den meisten Firmen muß die Zeit am Computer − ein äußerst wichtiges Mittel − mit vielen geteilt werden. Und nie reicht die Zeit aus. Jede Minute, die ich mehr will, muß den andern gestrichen werden.

Zugang zu Vorgesetzten
Wenn Sie der Vorstandsvorsitzende sind und John ist der Präsident, würde ich als Vizepräsident lieber Ihnen direkt Bericht erstatten, nicht nur, weil eine solche Beziehung ein gewisses Maß an Prestige mit sich bringt, sondern auch, weil Sie letztlich das Sagen haben und mir somit eher bei dem Erreichen meiner beruflichen Ziele behilflich sein können.

Sie könnten allerdings Ihrer Position als Vorstandsvorsitzender nicht gerecht werden, wenn Sie alle diejenigen vorlassen würden, die Sie gerne gesprochen hätten. Aus diesem Grund sind Sie gezwungen, die Berichterstattung zu kanalisieren, um Zeit zu gewinnen. Es liegt auf der Hand, daß es durch die Hierarchie zu Konflikten kommt. Diejenigen von uns, die John Bericht erstatten müssen, fühlen sich denjenigen gegenüber benachteiligt, die direkten Zugang zu Ihnen haben, wogegen diejenigen, die einem der Direktoren berichten müssen, sich uns gegenüber, die wir Zugang zu dem Präsidenten haben, wieder benachteiligt fühlen.

Wenden wir uns jetzt dem klassischen Beispiel eines Konfliktes über begrenzte Mittel zu:

Ein Produktionsunternehmen, für das ich während der letzten Rezession als Berater tätig war, hatte sich entschlossen, seine Ausbildungsabteilung abzubauen. Die einzigen Mitarbeiter, die nicht versetzt werden sollten, waren die Direktorin und ihr Assistent. Die Tätigkeit der reduzierten Abteilung sollte sich auf die Einweisung neuer Mitarbeiter beschränken. Und da nur noch wenige Leute eingestellt wurden, gab es auch nicht mehr viel einzuweisen.

Logischerweise fühlten sich die Direktorin und ihr Assistent durch diese Entwicklung bedroht. Sie fragen sich, wie lange sie wohl noch für das Unternehmen von Nutzen sein beziehungsweise wie lange sie wohl noch beschäftigt würden, wo es doch kaum mehr etwas für sie zu tun gab.

Tatsächlich hatte der Präsident keinerlei Absicht, die beiden zu entlassen. Für ihn handelte es sich nur um eine Übergangslösung, denn sobald es dem Unternehmen wieder besser ging, wollte er die Abteilung wieder auf ihre ursprüngliche Stärke aufbauen. Er versuchte, die Direktorin davon zu überzeugen, was ihm jedoch nicht gelang. Sie begann daraufhin, sich auf einem anderen Gebiet nützlich zu machen, und dehnte ihre Aktivitäten in den Bereich des Kundendienstes aus. Natürlich hatte das Unternehmen einen eigenen Kundendienst, dessen Tätigkeitsbereich jedoch ebenfalls eingeschränkt worden war. Als Folge davon entstand ein Konflikt zwischen den beiden Abteilungen, welche was für sich in Anspruch nehmen durfte.

Der Präsident hatte das Problem richtig erkannt. Hier ging es um einen Streit um ein Mittel (Verantwortung), das nach Meinung der beteiligten Parteien begrenzt war. So beschloß er, daß die Situation am besten gelöst werden könnte, wenn er die Mittel vergrößern würde. Der Präsident wies jeder Abteilung ein bestimmtes Projekt zu. Die Ausbildungsabteilung sollte sich mit dem Problem der Einstellung von Minderheiten befassen und die Kundendienstabteilung die Reaktionen auf eine Werbekampagne auswerten. So hatten alle Beteiligten eine neue Aufgabe, waren ausgelastet und hatten keinen Grund mehr, in Konflikt zu geraten.

Wir können aus diesem Beispiel meiner Meinung nach einiges lernen:

Erstens, und das liegt wirklich auf der Hand, ist es in manchen Fällen ganz gut, auf bestimmte Tricks und Kniffe zurückzugreifen, um einen Konflikt zu bewältigen. Wenn der Präsident den Abteilungen die ungeschminkte Wahrheit gesagt hätte, nämlich, daß es nur zum Schaden des Unternehmens sei, wenn sie sich weiter um Kompetenzen streiten würden, hätte er wahrscheinlich dadurch nichts erreicht. Die Abteilungen hätten aller Wahrscheinlichkeit nach weitergekämpft.

Oder aber sie hätten sich zumindest unausgelastet und überflüssig gefühlt und wären mit sich und der Welt beziehungsweise dem Unternehmen unzufrieden gewesen. Es hätte aber auch sein können, daß sich alle Beteiligten an die reduzierte Arbeit gewöhnt hätten und später, wenn sie wieder mehr gefordert worden wären, nicht mehr mitgemacht hätten.

Auf jeden Fall hätte ihre Untätigkeit demoralisierend auf diejenigen Kolleginnen und Kollegen gewirkt, deren Arbeitsumfang nicht geringer geworden war. Der Präsident handelte hier psychologisch völlig richtig, und indem er sich über ihre eigentlichen (im Gegensatz zu den scheinbaren) Bedürfnisse Gedanken gemacht hatte, kam er zu dem richtigen Schluß, ihnen allen mehr zu tun zu geben.

Die zweite, und weit wichtigere Lektion, die wir aus diesem Beispiel lernen können, ist die, daß das Bedürfnis selbst manchmal durch den äußeren Anschein eines Bedürfnisses ersetzt wird. Der Präsident hatte meiner Meinung nach völlig richtig erkannt, daß es bei dem Konflikt um Verantwortung ging. Er gab jedoch den Parteien nicht mehr Verantwortung. Er gab ihnen vielmehr nur mehr Arbeit, was sie mit Verantwortung gleichsetzten.

Es ist eine erwiesene Tatsache, daß bei vielen Konflikten ein wirkliches

Bedürfnis durch ein scheinbares ersetzt werden kann. Ebenso kann ein tatsächliches Bedürfnis durch ein anderes ersetzt werden.

Ein Beispiel für diese letzte Behauptung:

Platz, Verantwortung oder Zugang zu Vorgesetzten sind alles begrenzte Mittel. Nehmen wir einmal an, daß Sie als Präsident eines Unternehmens gezwungen sind, der einen Abteilung etwas Platz zu nehmen, um ihn der anderen zu geben. Wenn Sie nun einfach die Dinge beim Namen nennen und erklären, warum Sie der einen Abteilung etwas wegnehmen müssen, werden Sie die Mitarbeiter kaum damit zufriedenstellen.

Wenn Sie aber der betreffenden Abteilung dafür mehr Verantwortung und / oder mehr Kompetenzen einräumen, so wird dies als Ausgleich für den Platzverlust gesehen. Sie haben dadurch die Dinge wieder ins Lot gebracht, und zwar nicht durch eine trügerische Lösung, durch Zuweisung unnötiger Arbeit beispielsweise, sondern durch die goldrichtige Lösung, indem Sie den Leuten etwas dafür geben, was Sie ihnen auf der anderen Seite wegnehmen mußten. Besonders gut sind Sie, wenn Sie ihnen mehr von dem Neuen geben können, als Sie ihnen von dem Alten genommen haben.

Die letzte und wichtigste Lektion, die wir daraus lernen können, ist die, daß die Konfliktparteien häufig keine klare Vorstellung davon haben, worum es bei dem Konflikt geht. So glauben sie, daß sie sich um mehr Platz streiten, wobei es ihnen eigentlich um größere Verantwortung geht. Der Hauptgrund, warum sie sich um den Platz streiten, ist, daß für sie Platz ein Zeichen für Verantwortung ist.

Wir Menschen streiten uns viel zu häufig um Dinge, die für uns symbolischen Wert haben, ohne daß wir uns Gedanken darüber machen, wofür diese Dinge wirklich stehen. Vielleicht werden Sie sich erinnern, daß während der letzten vier Jahre des Vietnamkrieges, den Vereinigten Staaten zufolge der Hauptgrund, daß sie sich nicht zurückzogen, der war, daß sie durch einen Rückzug ihr «Gesicht verlieren» würden.

Wir können also sagen, daß es bei vielen Konflikten innerhalb von Organisationen darum geht, daß sich die Parteien um Mittel streiten, die ihrer Meinung nach begrenzt sind, in Wirklichkeit jedoch durch ein anderes Mittel durchaus erweitert oder vergrößert werden können. Der kritische Punkt bei der Lösung von Konflikten dieser Art ist die Wahl des richtigen Zeitpunktes, denn wie uns die Erfahrung zeigt, nimmt der Konflikt zu, wenn die Parteien erkennen, daß die Mittel sich verknappen.

Durch das folgende Modell wird dieser Punkt verdeutlicht:

XXXXX
XXX
X
XXX
XXXXX

X steht für eine Einheit der vorhandenen Mittel. Wir beginnen mit fünf, reduzieren dann auf drei und haben zuletzt nur noch eine. Danach wird die Situation wieder besser. Wir kommen zurück auf drei und sind schließlich wieder bei fünf.

Tatsächlich wäre es auch dann zu einem Konflikt gekommen, wenn wir bei fünf geblieben wären, denn die meisten von uns sind mit dem Ist-Zustand nicht zufrieden, sondern wollen immer mehr. Mit Abnahme der Einheiten jedoch erhöht sich die Wahrscheinlichkeit eines Konfliktes exponential.

In dem vorstehenden Modell setzt der Konflikt ungefähr zwischen der ersten Reihe mit den fünf Einheiten und der zweiten mit den dreien ein, das heißt, zu dem Zeitpunkt, an dem die Parteien merken, daß die Mittel knapp werden. Der Konflikt verschärft sich, wenn diese Verknappung sich fortsetzt. Wenn die Einheiten wieder ansteigen, läßt auch der Konflikt nach.

Mit anderen Worten:

XXXXX
      Der Konflikt beginnt
XXX
      Der Konflikt hat seinen Höhepunkt erreicht
X
      Der Konflikt schwächt sich ab
XXX
      Der Konflikt ist bewältigt
XXXXX

Noch anders ausgedrückt: Der Konflikt verschärft sich schneller, als die Mittel knapper werden, und er erreicht seinen Höhepunkt, noch bevor die Mittel ganz knapp geworden sind. Der Grund dafür liegt darin, daß die Parteien einen «Kursverfall» bemerken, wenn wir hier einmal diesen Ausdruck der Börse entleihen wollen. Der Konflikt schwächt sich bereits ab, wenn mehr Einheiten nur versprochen werden, und ist bereits gelöst, noch bevor die Ausgangszahl wieder erreicht ist.

Durch das Beispiel könnten Manager ermutigt werden, erst gar keinen Versuch zu unternehmen, Konflikte zu lösen, denn nach dem Beispiel sieht es so aus, daß bei Konflikten als Folge von Streitigkeiten um abnehmende Mittel der Konflikt bereits wieder beendet sein wird, noch bevor die ursprünglichen Mittel wieder erreicht sind. Ich möchte jedoch behaupten, daß Konflikte überhaupt nicht entstehen würden, wenn die Verantwortlichen wüßten, welchen Einsatz, oder wenn Sie so wollen, welche annehmbaren Alternativen sie für die sich verknappenden Mittel bieten könnten.

Sehen wir uns das Ganze noch einmal schematisch an:

XXXXX

    Der Konflikt beginnt

XXX   XXXXXXXX   Annehmbare Alternativen werden geboten

    Der Konflikt ist beendet

X XXXXXXX

XXX   XXXXX

XXXXX   XXX

Ich will mit all dem natürlich nicht sagen, daß Sie sämtliche Konflikte Ihrer Mitarbeiter lösen können, indem Sie einen Ersatz für sich verknappende Mittel bieten. Es gibt zweifellos viele Mittel, von denen Geld das am heißesten begehrte ist, die beschränkt sind, und für die viele Leute keinen Ersatz akzeptieren würden. Und wenn Sie gar den Fehler begehen, aus rein kosmetischen Gründen einen mageren Ersatz für ein begehrtes Mittel zu bieten, beleidigen Sie damit die Intelligenz Ihrer Mitarbeiter, und diese sind dann noch verärgerter, als wenn Sie gar keinen Ersatz geboten hätten.

Die Tatsache jedoch bleibt bestehen, daß einige Mittel relativ leicht durch annehmbare Alternativen ersetzt werden können. Wenn die Verantwortlichen gelernt haben, über die scheinbaren Bedürfnisse der Konfliktparteien hinauszusehen und das wirkliche Bedürfnis oder eine annehmbare Alternative dafür zu erkennen, können viele Konflikte beseitigt werden.

Gegensätzliche Wertvorstellungen

Wir finden in unserer Welt eine schier unbegrenzte Zahl von Beispielen für persönliche oder politische Konflikte, die dadurch entstehen, daß unterschiedliche Wertvorstellungen aufeinanderprallen. Sie sind der Meinung, daß Ihre fünfzehnjährige Tochter zu einer bestimmten Uhrzeit zu Hause sein muß. Sie aber findet, daß sie den Zeitpunkt selber bestimmen sollte. Der Deutschlehrer am Gymnasium möchte, daß bestimmte Bücher für die schuleigene Bibliothek angeschafft werden. Der Elternbeirat ist dagegen, da das Kapitel Sexualität darin ausführlich behandelt wird. Die Sowjetunion behauptet das Recht zu haben, in einem bestimmten Gebiet Truppen zu stationieren, die NATO dagegen streitet ihr dieses Recht ab.

Es mag den Anschein haben, daß am Arbeitsplatz gegensätzliche Wertvorstellungen nicht so oft vorkommen, da die meisten Tätigkeiten doch mit Ideologie nichts zu tun haben. Tatsächlich sind aber wertbezogene Konflikte in Unternehmen sowohl zwischen den einzelnen Mitarbeitern als auch zwischen den Abteilungen oder Geschäftsbereichen sehr oft gegeben.

Einer der häufigsten Konfliktstoffe ist eine unterschiedliche Philosophie über den Zweck eines Unternehmens oder den Sinn, ein Teil davon zu sein. Leider sind viel zu viele Manager der Ansicht, daß ihre Mitarbeiter keinerlei Interesse an dem Unternehmen haben, sondern dort nur arbeiten, weil sie sich ihren Lebensunterhalt verdienen müssen. Tatsächlich haben aber die meisten Beschäftigten eine stark ausgeprägte moralische Einstellung zu dem, was sie tun. Es gibt sicherlich viele, die mehr Geld verdienen würden, wenn sie etwas anderes täten.

Die moralische Einstellung der Beschäftigten zu ihrem Unternehmen und dem Unternehmenszweck wurde vor kurzem wieder einmal ganz deutlich, als der Präsident einer großen Hotelkette zurücktrat, nachdem der Vorstand beschlossen hatte, ein Spielkasino zu übernehmen. Während des Vietnamkrieges haben sich Tausende von Personen geweigert, in der Rüstungsindustrie zu arbeiten. Heutzutage weigern sich viele aus ethischen Gründen, für Hersteller von Munition, Schußwaffen, alkoholischen Getränken oder Tabakerzeugnissen oder für Unternehmen zu arbeiten, die als Umweltverschmutzer gelten oder von denen bekannt ist, daß sie unterprivilegierte Minderheiten ausbeuten. Noch häufiger jedoch liegt der Konfliktstoff in der grundsätzlichen Überlegung, was eigentlich das primäre Ziel einer Organisation sein sollte.

In einigen Krankenhäusern sind die Leute in der Verwaltung der Auffassung, daß es sich bei ihrer Anstalt um ein Dienstleistungsunternehmen handelt, so daß sie ihre Entscheidungen entsprechend fällen. Für sie sind Effizienz, Rendite und ähnliche Ziele von vorrangiger Bedeutung. Andere Angestellte des Krankenhauses, wie beispielsweise die Krankenschwestern, sehen ihre Mission darin, den Kranken und Verletzten zu helfen, wobei für sie die Kosten unerheblich sind.

Jetzt kommt es zu folgender Konfliktsituation: Ein Patient beschwert sich bei einer Schwester darüber, daß das Wartungspersonal bestimmte lärmige Arbeiten in der Nacht ausführt. Die Krankenschwester wird sicherlich der Meinung sein, daß es von den Wartungsleuten einfach unmöglich ist, die Patienten zu stören. Das Wartungspersonal wird aller Wahrscheinlichkeit nach dagegenhalten, daß ihr Arbeitsplan nicht wegen eines empfindlichen Patienten umgestellt werden kann.

Einige Ärzte schlagen sich auf die Seite der Schwester und behaupten, daß es in erster Linie darauf ankäme, daß der Patient sich wohl fühle. Andere meinen, daß der Patient sowieso nur dritter Klasse läge und überhaupt keinen Grund zur Klage hätte. Wieder andere erwarten, daß die Krankenhausverwaltung das Problem löst, vielleicht, indem sie den Patienten verlegt oder den Arbeitsplan des Wartungspersonals ändert.

Wenn das Verwaltungspersonal jetzt versäumt, die Wertvorstellungen aller Konfliktparteien zu berücksichtigen, muß es zwangsläufig zu dem

Schluß kommen, daß nur eine Partei recht hat und alle anderen sich im Unrecht befinden. Für uns jedoch, die wir uns mit dem oder den Konfliktphänomenen näher befassen wollen, darf keine Partei im Unrecht sein.

Ich möchte es hier noch einmal wiederholen:

Ungeachtet des Konfliktes darf keine der Parteien im Unrecht sein.

Ich würde sagen, daß wir bei unseren Überlegungen zur Konfliktbewältigung keinen Platz haben, darüber nachzudenken, wer Recht hat oder nicht. Der Manager hat nicht die Rolle eines Schiedsrichters beim Tennis, der entscheiden muß, ob der Ball noch gut war oder nicht, oder die eines Richters, der darüber entscheiden muß, ob der Angeklagte schuldig ist oder nicht. Der Manager hat vielmehr die Aufgabe, den Konflikt so zu lösen, daß er im Interesse sowohl des Unternehmens wie der einzelnen Konfliktparteien entscheidet.

Es wird sicherlich vielen von uns nicht leichtfallen, diesen Standpunkt zu akzeptieren. Die meisten von uns sind so erzogen worden, daß Recht stets Recht bleiben muß. Viele Institutionen unserer Gesellschaft, einschließlich das gesamte Rechtssystem und die meisten Religionen, haben als Daseinszweck die Aufgabe, zu unterscheiden, was Recht und was Unrecht ist.

Ich bin allerdings der Meinung, daß bei Konflikten über Wertvorstellungen die Frage von Recht oder Unrecht völlig irrelevant ist. Natürlich ist nach Auffassung jeder der beteiligten Parteien einzig ihre Meinung richtig und die der anderen falsch.

Mit anderen Worten heißt das, daß für diejenigen, die bestimmte Werte besitzen, diese einen perfekten Sinn ergeben, denn wenn sie für uns nicht logisch wären, würden wir sie nicht anerkennen. Wenn diese Werte von denen einer anderen Person abweichen, so schließen wir wahrscheinlich nicht daraus, daß wir im Unrecht sind und die andere Partei Recht hat. Nein, wir schließen in der Regel daraus, daß die andere Person im Unrecht ist.

Konflikte entstehen immer dann, wenn wir unsere Wertvorstellungen auf andere Personen übertragen. Die Krankenschwester sagt beispielsweise, daß das Wartungspersonal den Patienten gegenüber einfach rücksichtsvoller sein müßte. Das Wartungspersonal seinerseits behauptet, daß sie die Arbeit tun müßten und es nicht ihr Problem wäre, wenn Patienten dadurch gestört würden.

Wenn jetzt die Krankenhausverwaltung nur davon ausgeht, wer Recht und wer Unrecht hat, und nicht versucht, eine Lösung zu finden, die alle Beteiligten zufriedenstellt, wird sie bis auf eine, nämlich die, die dann vermeintlich Recht hat, alle anderen Parteien vor den Kopf stoßen. Wenn die Krankenhausverwaltung sich jedoch bemüht, mehr zu berücksichtigen, als nur wer Recht oder Unrecht hat, wird sie wahrscheinlich in der Lage sein, eine Lösung zu finden, mit der alle Beteiligten zufrieden sind.

In den nächsten Kapiteln werde ich mich damit beschäftigen, wie solche Lösungen zustandekommen. Doch zunächst wollen wir uns noch ein anderes Beispiel ansehen, in dem unterschiedliche Wertvorstellungen aufeinanderprallen:

Vor einigen Jahren wurde ich von einem der größten Unternehmen des Landes beauftragt, die Ursachen für Konflikte zu finden, die sich rapide zwischen den Beschäftigten aufgebaut hatten. Das gewerkschaftsunabhängige Unternehmen bestand bereits seit mehr als hundert Jahren und hatte natürlich in der Vergangenheit schon die eine oder andere Konfliktsituation erlebt. Aber nur ganz wenige hatten eine derartige Intensität erreicht, daß das mittlere oder gar das obere Management eingreifen mußte.

Doch dann änderte sich, scheinbar urplötzlich, alles. Es kam immer häufiger zu Streitigkeiten zwischen den unteren Angestellten, bei denen es um ganz triviale Dinge, wie beispielsweise den Platz in der Schlange in der Kantine, ging. Das Personal wechselte zusehends häufiger, wobei die meisten von sich aus kündigten. Zwar nahmen die Beschwerden, die an die Geschäftsleitung gerichtet waren, nicht wesentlich zu, dafür aber diejenigen an offizielle Stellen wie Aufsichtsbehörden.

Ein Vorfall war dann der sprichwörtliche Tropfen, der das Faß zum Überlaufen und die Unternehmensleitung dazu brachte, Hilfe von außen zu holen.

Ein Mann, der seit sechs Monaten in dem Unternehmen beschäftigt war, fuhr den Pendelbus zwischen den einzelnen Gebäuden der riesigen Fertigungsanlage. Seine Schicht war um 15.00 Uhr zu Ende. Nach den firmeninternen Gepflogenheiten konnte er schon früher gehen, wenn er die Endhaltestelle zwischen 14.45 Uhr und 15.00 Uhr erreichte. Kam er jedoch vor 14.45 Uhr dort an, mußte er noch eine letzte Runde fahren, was heißen konnte, daß seine Schicht erst ein paar Minuten nach 15.00 Uhr beendet war.

An dem besagten Tag nun erreichte er die Endhaltestelle um 14.44 Uhr und wollte das Werksgelände verlassen. Sein Vorgesetzter forderte ihn aber auf, noch eine letzte Runde zu fahren. Er protestierte heftig dagegen, doch sein Vorgesetzter gab nicht nach. So fuhr er um 14.55 Uhr zur letzten Runde los. Um genau 15.00 Uhr dann ließ er den vollbesetzten Bus mitten auf dem Werksgelände einfach stehen und ging zu den Parkplätzen.

Ein mittlerer Angestellter, der in dem Bus war, folgte ihm und versuchte ihn dazu zu bewegen, den Bus doch noch bis zur Endstation zu fahren. Der Fahrer weigerte sich jedoch, und der mittlere Angestellte versuchte ihn daraufhin mit physischer Gewalt zurückzuhalten. Der Busfahrer stieß den Angestellten fort, der seinerseits zurückstieß, und im Nu waren die beiden mitten in einer Schlägerei.

«Können Sie sich das in einem Unternehmen wie dem unsrigen vorstellen?» fragte mich der Vizepräsident des Unternehmens bei unserem ersten Gespräch.

Er fuhr fort, daß die Geschäftsleitung alles unternommen hatte, die Beschäftigten der mittleren und unteren Ebene zufriedenzustellen. Die Löhne und Gehälter waren höher als die vergleichbaren Unternehmen. Außerdem erhielten alle Beschäftigten Sozialleistungen, die selbst von den Gewerkschaften als beispielhaft bezeichnet wurden.

«Wenn all dies innerhalb weniger Wochen oder Monate passiert wäre», sagte der Vizepräsident weiter, «so hätte ich angenommen, daß es sich um vorsätzliche Sabotage seitens der Gewerkschaften gehandelt hätte, die neue Mitglieder gewinnen wollten. Leider aber hält dieser Zustand nun schon seit ein paar Jahren an, so daß Sabotage als Ursache nicht mehr in Frage kommt.»

Was dem Vizepräsidenten die ganze Situation noch unverständlicher machte, war die Tatsache, daß das Unternehmen vorher so stolz auf seine Gruppenmoral war. Im Gegensatz zu vielen anderen Unternehmen auf dem Markt, die leitende Angestellte oft bei der Konkurrenz abwarben, hatten sich die meisten Mitglieder der Geschäftsleitung dieses Unternehmens dort nach oben gearbeitet. Das Unternehmen glaubte an Loyalität und belohnte sie und kümmerte sich seinerseits vorbildlich um seine Beschäftigten.

Daß diese Einstellung eventuell von neuen Angestellten nicht geteilt wurde, kam dem Vizepräsidenten erst gar nicht in den Sinn. Doch das genau war das Ergebnis einer ersten Umfrage, die ich mit meinen Mitarbeitern unter den Beschäftigten durchführte.

Wir fragten Manager der mittleren und oberen Ebene: «Glauben Sie, daß Sie für Ihre Arbeit angemessen belohnt werden?» Alle ohne Ausnahme bejahten dies. Als wir dieselbe Frage jedoch neuen Beschäftigten stellten, wurden wir von ihnen direkt ausgelacht, so als könnten sie uns nicht glauben, daß wir die Frage ernst gemeint hätten. Sie glaubten, daß Beförderungen und andere Formen der Belohnung unabhängig von der Leistung vorgenommen wurden. Wir hörten Äußerungen wie: «Es beschränkt sich doch alles darauf, wer mit wem gut auskommt.»

Für das mittlere und obere Management war das Unternehmen so etwas wie eine Familie. Mit nur wenigen Ausnahmen hatten sie alle hier ihre Karriere gemacht. Sie kümmerten sich um das Unternehmen und die anderen und wußten, daß sich das Unternehmen und die anderen auch um sie kümmerten. Sie konnten sich überhaupt nicht vorstellen, daß es vielleicht einige innerhalb des Unternehmens gab, die ihre Meinung nicht teilten.

In der Zwischenzeit betrachteten die Beschäftigten der unteren Ebene, und insbesondere diejenigen, die in den letzten paar Jahren neu dazu gekommen waren, ihre Arbeit rein als notwendiges Übel, um den Lebensunterhalt zu verdienen. Das für sie wichtige Leben spielte sich außerhalb des Unternehmens ab. Sie hatten nicht den Eindruck, daß sich ihr Arbeitgeber um sie kümmerte und kümmerten sich ihrerseits nicht um ihn. Manchmal sogar wünschten sie der Firma Schlechtes. Einige unserer Gesprächspartner brüsteten sich mit der Tatsache, daß sie persönlich keine Produkte des Unternehmens kauften, und andere sagten voller Freude voraus, daß es nicht mehr lange dauern würde, bis das Unternehmen «den Bach runterging».

Das mittlere und obere Management hatte zwar eine schwache Ahnung von diesen Einstellungen, es hielt sie aber nicht für eine Folge von gegensätzlichen Werten und Wertvorstellungen. Die Manager vertraten die Auffassung, daß es sich bei den aufmüpfigen Personen um Mitglieder einer «verdorbenen» Generation handelte, die mehr Geld verlangten, als ihnen zustehen würde. So sagte mir ein Direktor: «Ich befürchte, daß es sich bei ihnen um hoffnungslose Fälle handelt. Wir müssen immer mehr zahlen und bekommen immer weniger dafür zurück, bis eines Tages alles auseinanderfällt.»

Die Beschäftigten der unteren Ebene hatten dagegen eine feste Meinung über die Mitglieder der Unternehmensleitung. «Ist das ein Leben? Sie sitzen zwölf Stunden und mehr im Büro und nehmen dann noch Arbeit mit nach Hause. Sie sind zu dick, leiden unter Magengeschwüren und sterben sicher um die Mitte Fünfzig. So möchte ich nicht werden.»

Nach einer Analyse der Situation stellte ich fest, daß das Problem firmengeschichtliche Ursachen hatte. Das Unternehmen war innerhalb von zwanzig Jahren auf eine imposante Größe angewachsen. Dieses Wachstum endete etwa zehn Jahre vor dem jetzigen Zustand der Disharmonien. Die meisten mittleren und leitenden Angestellten waren dem Unternehmen während oder sogar noch vor der Wachstumsphase beigetreten. Dies hatte zur Folge, daß sie schneller befördert wurden als ihre Kollegen in anderen Unternehmen. Außerdem wurden sie besser bezahlt und erhielten mehr Sozialleistungen. Für sie bestand das Geheimnis einer glücklichen Karriere darin, sich völlig für das Unternehmen einzusetzen, das sich dann um alles weitere kümmern würde.

Die neueren Beschäftigten waren zu einer Zeit eingestellt worden, als das Unternehmen nur noch langsam wuchs. Sie sahen für sich kaum Aufstiegschancen. Die «Alten» hatten ja ihrer Meinung nach alles blockiert. Zwar zahlte das Unternehmen außerordentlich gute Gehälter, doch die wurden von den neueren Angestellten als Schmiergeld angesehen, um zu verhindern, daß Personal abwandert oder die Gewerkschaften Einfluß gewinnen. Für sie war das Unternehmen eine üble Clique böser alter Männer, die das Schlimmste verdient hatten.

Meiner Meinung nach lag die Lösung des Problems darin, die neueren Angestellten schrittweise an dem Erfolg des Unternehmens zu beteiligen, um sie so zu veranlassen, ihre Werte zu ändern. Das bedeutete unter anderem, daß das Unternehmen von dem alten System abweichen mußte, nicht nur das Dienstalter, sondern auch Initiative und Engagement zu belohnen.

Es bedeutete auch noch, die Entscheidungen zu dezentralisieren, das heißt, auch die untere Ebene an dem Entscheidungsprozeß zu beteiligen.

Auf meine Anregung hin schaffte das Unternehmen als erstes den detaillierten Fahrplan für den Pendelbus ab. Jetzt war es nicht mehr wichtig, ob die Fahrer um 14.44 Uhr, 14.45 Uhr oder 14.46 Uhr an der Endhaltestelle ankamen, sondern sie mußten sich untereinander absprechen, wie sie sich ablösten, ohne daß es zu Leerlauf kam.

Da jetzt auch die neueren Firmenangehörigen mehr Einfluß auf die Umstände bekamen, unter denen sie arbeiten mußten, entwickelten sie allmählich das Gefühl, ein Teil des Unternehmens zu sein. Ihre Einstellung und Werte näherten sich denen der Unternehmensleitung an.

Zusammengefaßt können wir sagen, daß Werte für diejenigen, die sie besitzen, zweifellos sinnvoll sind. Konflikte entstehen, wenn wir unsere Wertvorstellungen auf andere Personen übertragen wollen. Glauben Sie bitte nicht, daß Sie andere mit den gleichen Werten motivieren können, die für Sie selbst wichtig sind. Das wird Ihnen kaum gelingen. Der Trick liegt darin zu erkennen, welche Werte für die anderen wichtig sind, um dann eine Möglichkeit zu finden, wie sie das bekommen können, was sie wollen, oder welche wünschenswerten Alternativen wir ihnen bieten können.

Mangelhaft definierte Verantwortung

Nehmen wir zum besseren Verständnis einmal an, daß Sie und ich zusammen ein Geschäft eröffnen wollen. Wir kommen überein, daß Sie für die Herstellung des Produktes verantwortlich sind und ich für den Vertrieb.

Das scheint eigentlich ganz deutlich abgegrenzt zu sein. Mißverständnisse können dabei doch wohl kaum auftreten, oder? Sie werden aber sehen, was alles zweideutig sein kann.

Es kann ja beispielsweise sein, daß unsere potentiellen Kunden das Produkt vorgeführt bekommen möchten, bevor sie es kaufen. Meiner Meinung sind Sie als Hersteller dafür verantwortlich, Ihrer Meinung nach jedoch bin ich es, da dies bereits in den Vertrieb fällt.

Wir geraten in Konflikt miteinander, nicht weil wir den anderen übervorteilen wollen, oder nicht, weil wir absichtlich eine zweideutige Vereinbarung getroffen haben, und auch nicht, weil wir von Natur aus streitsüchtig sind, sondern einzig und allein deshalb, weil wir zum Zeitpunkt des Vertragsabschlusses für bestimmte Fälle, die nicht vorhersehbar waren, keine Vorsorge getroffen haben.

Nehmen wir weiter einmal an, daß wir vereinbart haben, den Gewinn 50 zu 50 zu teilen. Nach einem Jahr haben wir einen Reingewinn von X Dollar Millionen, und ich möchte jetzt meine Hälfte davon haben. Sie sind dagegen und meinen, daß das Geld lieber im Unternehmen bleiben sollte, um die Expansion zu fördern.

Keiner von uns möchte etwas erreichen, was im Gegensatz zu unserer ursprünglichen Vereinbarung steht, und trotzdem sind unsere Ziele nicht miteinander vereinbar.

Jetzt könnten Sie behaupten, daß die Vereinbarung, die wir seinerzeit geschlossen haben, nicht ausführlich genug war, und daß unsere Konflikte aus einem Mangel an Gründlichkeit entstanden sind. Ich möchte jedoch behaupten, daß kein Vertrag so detailliert sein kann, daß nicht doch unterschiedliche Auslegungen möglich sind. Wenn dem nicht so wäre, brauchten wir überhaupt kein Rechtssystem. Die Gesetzgeber würden nur Gesetze erlassen, und die Exekutive könnte sich darauf beschränken, die (gänzlich unzweideutigen) Gesetze auszuführen.

Besonders in den letzten Jahren ist versucht worden, innerhalb der Organisationen die Verpflichtungen der einzelnen Mitglieder so detailliert zu regeln, daß es kaum unterschiedliche Auslegungsmöglichkeiten gibt. Aus diesem Grund haben wir eine ausführliche Verfassung, umfangreiche Satzungen und Gesellschaftsverträge sowie ähnliche Dokumente dieser Art. Darüber hinaus haben wir heutzutage Gewerkschaften, Arbeitsplatzbeschreibungen, Schlichtungsverfahren und ähnliche Instrumente, mit denen die Verantwortung der einzelnen Parteien deutlich abgegrenzt ist. Die Zeiten, wo Manager beispielsweise bei Einstellungen oder Entlassungen ausschließlich ganz nach eigenem Gutdünken verfahren konnten, sind vorbei.

So nützlich alle diese Instrumente sind, gibt es trotzdem doch immer noch das eine oder andere, das sich einfach nicht definieren läßt. Bezeichnenderweise sind genau diese nicht zu definierenden Elemente häufig die Ursache von Konflikten zwischen Parteien, die niemals etwas anderes als eine harmonische Beziehung gewollt haben.

Dazu ein Beispiel:

Sie stellen mich als Ihren Sekretär ein. Wir regeln Einzelheiten wie Beantwortung des Telefons, Bearbeiten der eingehenden Post und Dauer der Mittagspause. Außerdem sagen Sie mir, daß es zu meinen Aufgaben gehört, jeden Morgen Kaffee zu kochen.

Mir gefällt die Vorstellung gar nicht, daß ich Ihnen jeden Morgen den Kaffee kochen soll, denn meiner Meinung nach ist das die Aufgabe einer Hausangestellten, nicht aber eines Sekretärs. Da es sich um ein kleines Büro handelt, ist aber niemand außer mir da, der diese Aufgabe erledigen könnte, und so willige ich ein.

Ein Jahr vergeht. Jeden Morgen habe ich Ihnen Ihren Kaffee gekocht, und Sie haben mich stets gelobt, wie gut er Ihnen schmeckt. Gelegentlich haben Sie Freunde aus einem anderen Büro eingeladen, mit Ihnen zusammen Kaffee zu trinken. Ich habe trotzdem weiterhin, und ohne mich zu beschweren, jedoch mit wachsendem Unmut, den Kaffee gekocht, ihn Ihnen (und Ihren Freunden) serviert, anschließend alles abgespült und auch dafür gesorgt, daß immer Milch und Zucker im Hause waren.

Eines Morgens fühle ich mich besonders schlecht. Meine Arbeit ist immer mehr geworden, mein Gehalt jedoch das gleiche geblieben. Sie haben mir zwar schon öfter versprochen, zu meiner Entlastung eine Halbtagskraft einzustellen. Doch bisher ist es bei dem Versprechen geblieben. Meine Geduld ist allmählich zu Ende.

Als Sie an diesem Morgen bezeichnenderweise zu spät ins Büro kommen, haben Sie noch ein paar Kollegen mitgebracht. Ich habe auch für Sie alle noch Kaffee gekocht und ihn serviert. Doch nachdem Ihre Kollegen gegangen sind, sage ich Ihnen in aller Deutlichkeit, daß dies das letzte Mal war. Sie weisen mich darauf hin, daß der Punkt Kaffeekochen ein ausdrücklicher Bestandteil unserer Abmachungen war, als Sie mich einstellten. Darauf erwidere ich, daß ich mich nur damit einverstanden erklärt hatte, den Kaffee zu kochen, nicht jedoch ihn zu servieren und hinterher alles abzuspülen, und das schon gar nicht für eine unbegrenzte Anzahl von Besuchern.

Aus Ihrer Sicht ist meine Haltung nicht gerechtfertigt. Ihrer Meinung nach beinhaltet die Aufgabe, Kaffee zu kochen, selbstverständlich auch, daß ich ihn Ihnen bringen muß, anschließend noch abspüle und dafür sorge, daß Milch und Zucker nicht ausgehen. Außerdem finden Sie, daß ich im Rahmen meiner Aufgabe durchaus auch gelegentliche Besucher mit versorgen müßte.

Meiner Meinung nach hingegen verlangen Sie viel mehr von mir, als das, zu dem ich mich seinerzeit bei der Einstellung bereiterklärt hatte. Wenn ich gerne Kellner wäre, hätte ich mich in einem Restaurant beworben, und nicht in einem Büro! Und wenn ich nicht irgendwo die Grenze ziehe, verlangen Sie vielleicht noch eines guten Tages von mir, daß ich die Fenster putze oder den Flur schrubbe.

Einig sind wir uns zumindest darin, daß irgendwo eine Grenze gezogen werden muß, um deutlich zu machen, was alles unter Kaffeekochen zu verstehen ist. Ich kann natürlich vernünftigerweise nicht erwarten, daß sich mein Teil des Kaffeekochens darauf beschränkt, nur noch das Kaffeemehl in die Maschine zu geben, in die Sie zuvor bereits das Wasser gefüllt haben, und Ihnen anschließend nur mitzuteilen, daß der Kaffee jetzt durchgelaufen sei. Sie würden von mir zumindest erwarten, daß ich die Kaffeemaschine mit Wasser fülle und sie einschalte.

Wahrscheinlich sind Sie auch davon ausgegangen, daß ich für frischen Kaffee und Milch und Zucker sorge, wenn diese ausgehen. Da niemand außer uns beiden im Büro ist, werden Sie sicherlich ebenfalls (und zu

Recht) von mir erwarten, daß ich abends den restlichen Kaffee wegschütte, die Kaffeemaschine anschließend spüle und abtrockne und sie anschließend wieder an Ort und Stelle zurückbringe.

Kein vernünftiger Mensch würde bestreiten, daß dies alles zu der Aufgabe des Kaffeekochens gehört. Ebenso würden Sie sicherlich von mir erwarten, daß ich einen Brief, den Sie mir zur Aufgabe zur Post übergeben haben, zunächst einmal zuklebe und frankiere, bevor ich ihn in den nächstgelegenen Briefkasten werfe.

Die unterschiedlichen Meinungen entstehen, wenn es darum geht, was über die Mindestanforderungen hinaus verlangt werden darf. Selbstverständlich können Sie von mir nicht erwarten, daß ich täglich Dutzende von Menschen mit Kaffee versorge und nachher auch noch alles abspüle. Wenn Dutzende zuviel sind, welche Zahl wäre dann angemessen? Zwei, fünf oder zehn?

Wäre es von mir korrekt, von Ihnen zu verlangen, daß Sie Ihren Gästen nur dann Kaffee anbieten, wenn Sie selbst bereit sind, ihn zu servieren und nachher auch alles abzuspülen? Oder kann ich von Ihnen verlangen, daß Sie Pappbecher verwenden, wenn Sie mehr als zwei Gäste haben? Oder sollte ich vielleicht anregen, daß Sie für sich selber auch Pappbecher nehmen, wenn Sie Ihr Geschirr nicht abspülen wollen?

Theoretisch gesehen dienen Arbeitsplatzbeschreibungen dazu, sämtliche Eventualitäten auszuschließen. In der Praxis jedoch können nicht alle Einzelheiten in einer solchen Beschreibung erfaßt werden. Die meisten von uns haben dies erkannt und versuchen, möglichst flexibel zu sein. Doch dieser Flexibilität sind gewisse Grenzen gesetzt. Und sobald diese Grenzen erreicht sind oder wir uns ihnen nur nähern, sind Konflikte unvermeidlich.

Veränderungen

Schon früh wurden die meisten von uns mit der paradoxen Maxime konfrontiert, daß nichts so konstant ist wie Veränderungen. Und auch diejenigen, die sich für sehr flexibel halten, haben gelegentlich Schwierigkeiten, sich auf Veränderungen einzustellen.

Das ist meiner Meinung nach nur verständlich. Abwechslungen mögen die Würze des Lebens sein. Doch die meisten von uns haben viel Zeit darauf verwandt, sich ihr Leben so einzurichten, wie es jetzt ist. Und je besser uns die gegenwärtigen Umstände gefallen, desto weniger sind wir geneigt, sie zu verändern.

Innerhalb von Organisationen ist die Möglichkeit von Veränderungen stets gegeben. Tatsächlich finden sie auf die eine oder andere Art und Weise ständig statt. So kündigen Mitarbeiter, gehen in Ruhestand oder sterben. Einzelne Abteilungen oder ganze Unternehmen fusionieren, werden umstrukturiert, übernommen oder aufgelöst. Manuelle Arbeit gerät in den Hintergrund, es werden Computer eingeführt und auch diese bald durch moderne Systeme ersetzt.

Manager gehen sehr sorgfältig vor, um den Mechanismus von Veränderungen vorauszuplanen. Die wenigsten bedenken dabei jedoch, wie sich diese Veränderungen auf die betroffenen Mitarbeiter auswirken werden.

Zur Verdeutlichung wollen wir noch einmal zu unserem Beispiel mit Ihnen als Chef und mir als Sekretär zurückkehren. Es ging dabei darum, inwieweit ich für das Kaffeekochen und Servieren zuständig war. Nehmen wir nun einmal an, daß ich mich plötzlich geweigert hätte, überhaupt etwas mit Kaffeekochen zu tun zu haben. Mit anderen Worten hätte ich Ihnen eines Tages einfach folgendes gesagt: «Zugegeben, als ich hier anfing zu arbeiten, war ich damit einverstanden, für Sie Kaffee zu kochen. Ich weiß auch, daß Sie der Chef sind und ich Ihr Sekretär bin und daß es außer uns beiden hier niemand im Büro gibt, der diese Arbeit erledigen könnte. Außerdem ist mir bewußt, daß Ihre Zeit kostbarer ist als meine, zumindest was die Höhe unserer Gehälter anbelangt, und daß es für die Firma teurer ist, wenn Sie sich selbst den Kaffee kochen. Doch um ganz ehrlich zu sein, ist mir das völlig egal. Mir ist das Kaffeekochen inzwischen so zuwider, daß ich alles daransetzen werde, um es zu vermeiden. Mir ist es wurscht, ob Sie mich rauswerfen oder nicht. Auf jeden Fall werde ich von heute an keinen Kaffee mehr für Sie kochen.»

Wenn Sie jetzt der Meinung sind, daß ich ein wertvoller Mitarbeiter bin, und Sie erkannt haben, daß es mir mit meiner Drohung ernst ist, werden Sie sich sicherlich bald eine Lösung für unser Problem einfallen lassen. Entweder gehen Sie zum nächstgelegenen Getränkeautomaten, oder Sie bringen sich löslichen Kaffee mit, dem Sie nur noch das heiße Wasser zufügen müssen, oder Sie gewöhnen sich ab, im Büro überhaupt Kaffee zu trinken. Egal, zu welcher Lösung Sie sich entschließen würden. Sicher ist, daß Sie mit der Situation unzufrieden wären und diese Veränderung in unserer Beziehung sehr wohl Grund zur Verärgerung (und zum Konflikt, selbst wenn er unausgesprochen bleibt) sein würde.

Sehen wir uns die Sache einmal anders herum an. Ich habe also nichts dagegen, für Sie und Ihre Gäste Kaffee zu kochen. Tatsächlich ist es sogar so, daß ich lieber Kaffee koche, als die Ablage zu machen. Diese langweilige Arbeit wurde bisher von einem Lehrmädchen aus unserer Abteilung verrichtet. Doch leider wurde uns das Budget gekürzt, und im Rahmen dessen das Lehrmädchen in eine andere Abteilung versetzt. Sie erkennen fairerweise an, daß es nicht richtig wäre, mir auf der einen Seite neue Arbeit aufzubürden, ohne mir nicht andere dafür zu nehmen. So erklären Sie mir also, daß ich zwar von jetzt an für die Ablage verantwortlich sei, Sie aber dafür immer den Kaffee einkaufen würden.

Ich schätze zwar Ihre Rücksichtnahme. Auf der anderen Seite haben sich die Dinge nicht nach meinem Geschmack entwickelt. Die Veränderung bietet Konfliktstoff: Ich kann Sie zwar für das, was geschehen ist, nicht verantwortlich machen. Trotzdem gefällt mir mein Job nicht mehr so gut wie früher, und ich habe einen Grund zur Klage, den ich vorher nicht hatte.

Wenn Sie die Anzahl der von einer Veränderung betroffenen Leute erhöhen, erhöhen Sie damit fast zwangsläufig auch das Konfliktpotential einer Organisation. Denken Sie bitte einmal an alle Änderungen, die durch eine Fusion zweier Unternehmen notwendig werden. So kann es beispielsweise nur einen Vorstandsvorsitzenden geben. Derjenige, der nicht auch noch Vorstandsvorsitzender sein kann, so wie er es bei seinem alten Unternehmen war, muß sich entweder nach einem neuen Posten umsehen oder sich damit zufriedengeben, nunmehr nur noch der zweite Mann zu sein. Diese und ähnliche Entwicklungen setzen sich durch die gesamte Unternehmensleitung fort. Positionen werden abgeschafft, andere zusammengelegt.

Leute, die ganz oben auf der Leiter standen, finden sich plötzlich im Mittelfeld wieder. Für eine angestrebte Beförderung gibt es jetzt doppelt so viele Bewerber wie vorher. Bisher waren Sie für die Tagschicht eingeteilt. Doch nun sind Sie gezwungen, auch in der Nachtschicht zu arbeiten.

Das alles bedeutet jedoch nicht, daß diese Veränderungen und die begleitenden Konfliktumstände nicht in den Griff zu bekommen sind. Wenn Sie aber als Manager bei bevorstehenden Veränderungen und den damit verbundenen Konflikten nicht umsichtig genug vorausplanen, sind die Schwierigkeiten nur schwer zu lösen.

Normales menschliches Streben nach Erfolg, Anerkennung und Macht

Alle paar Monate, so scheint es, können wir in der Zeitung von Wissenschaftlern lesen, die Daten gefälscht haben, um bestimmte Hypothesen zu untermauern. Für viele von uns ist dies schwer zu verstehen.

Natürlich besteht die grundlegendste Aufgabe von Wissenschaftlern darin, die Wahrheit herauszufinden. So sollte ein Astronom beispielsweise nicht mit der Hoffnung in die Sterne gucken, vielleicht etwas zu finden, was andere dort vermuten, sondern um festzustellen, was tatsächlich da oben vorhanden ist. Ebenso sollten Ärzte nicht eine Reihe von Tabletten testen in der Hoffnung, daß die Tablette A wirkungsvoller ist als B. Sie sollten vielmehr experimentieren, um herauszufinden, wie wirkungsvoll das eine oder andere Medikament ist.

Wissenschaftler sprechen von der Null-Hypothese, das bedeutet, daß es möglich ist, daß keines der Experimente einer ganzen Reihe erfolgreich ist.

Ein Versuch, durch den die Null-Hypothese bestätigt wird, ein Experiment eben, in dem alle Versuche scheitern, ist ebenso wertvoll wie einer, in dem ein Experiment gelingt, denn durch jeden Versuch wird die Wahrheit entdeckt.

Der Sinn eines Experimentes ist nicht zu brillieren (wie beispielsweise das Wundermittel gegen eine Krankheit zu entdecken), sondern unter bestimmten Voraussetzungen eine bestimmte Methode zu testen. Das Ausschalten einer erfolgreichen Methode ist langfristig gesehen genauso wichtig wie das Entdecken einer erfolgreichen. Das Wissen, das aus dem «erfolglosen» Experiment gewonnen werden konnte, trägt dazu bei, ein Problem zu verstehen und die Lösung dafür zu finden. Tatsächlich trägt solches Wissen manchmal zu der Lösung eines Problems bei, das viel wichtiger ist als dasjenige, mit dem sich der Forscher direkt befaßt.

So entdeckte beispielsweise Robert Koch im Jahre 1882 einen Mikroorganismus – den Tuberkelbazillus –, durch den die seinerzeit am meisten gefürchtete Krankheit, die Tuberkulose, hervorgerufen wurde. Die Forscher benutzten damals wie heute verschiedene Farbstoffe, um die gefärbten Zellen besser beobachten zu können.

Paul Ehrlich, ein Kollege von Dr. Koch, stellte fest, daß einige Farbstoffe nur bestimmte Arten von Bakterien verfärbten. Er ging davon aus, daß eine hohe Konzentration an Farbstoffen als «Zauberkugel» dienen könnte, mit der bestimmte Bakterien abgetötet werden können, ohne die anderen zu beschädigen.

Schließlich entdeckte Dr. Ehrlich Trypanrot, einen Farbstoff, der gegen die afrikanische Schlafkrankheit eingesetzt wurde. Doch er erwies sich als wirkungslos: Die meisten Patienten vertrugen die Dosis nicht, die dazu erforderlich gewesen wäre, um die im Körper vorhandenen Trypanosum-Bakterien abzutöten.

Dr. Ehrlich testete insgesamt 605 Präparate ohne Erfolg. Das 606te jedoch, das gegen die Schlafkrankheit wirkungslos war, konnte gegen Syphilis eingesetzt werden. Seine Arbeit, für die er 1906 den Nobelpreis erhielt, bildete die Grundlage für die Wunderdrogen des zwanzigsten Jahrhunderts – Sulfanamide und später Penizillin und andere Antibiotika.

War Test Nummer 605 von Dr. Ehrlich für die Menschheit weniger wertvoll als der 606te, oder der 505te weniger als der 432ste, oder der 115te, oder 10te? Für den Wissenschaftler war jeder Test gleich wertvoll, da jeder von ihnen Grundlage für wichtige Entdeckungen bildete.

Trotzdem bleibt die Tatsache bestehen, daß bisher noch keinem Wissenschaftler der Nobelpreis verliehen wurde, weil er die Null-Hypothese bewiesen hat. Kein Psychologe wurde berühmt, weil er die Verbindung zwischen Schizophrenie und Ernährung oder Vererbung *nicht* gefunden hat. Und kein Chemiker erlangte Weltruf, weil er entdeckte, daß eine bestimmte Nickellegierung *schwächer* war als gehärteter Stahl.

Genau hier kommen wir zurück auf diejenigen Wissenschaftler, die Daten fälschen. Auf der einen Seite verurteilen wir sie dafür, auf der anderen jedoch ist es für uns nicht weiter verwunderlich, wenn sie es tun. Sie operieren innerhalb unseres gesellschaftlichen Systems von Belohnung und Bestrafung und reagieren wie die meisten von uns nur aufgrund des normalen menschlichen Strebens nach Erfolg, Anerkennung und Macht.

Diese Wünsche stellen keine «begrenzten Mittel» nach unserer früheren Definition dar. Theoretisch aber sind die Möglichkeiten, die der Welt zur Verfügung stehen, uns Anerkennung zu zollen, begrenzt. Und es kann sein, daß es insgesamt gesehen weniger Erfolg, Anerkennung und Macht gibt, als wir alle zusammen möchten. In der Praxis jedoch können die meisten von uns einen zufriedenstellenden Anteil an all diesen Wünschen erlangen, ohne daß deshalb unser Nächster zu kurz kommen müßte.

Trotzdem können wir durch unser Streben nach Macht, Anerkennung und Erfolg in Konflikt mit ähnlich ehrgeizigen Menschen geraten. Wir beobachten ihre Leistung, und sie beobachten unsere – und jeder von uns fühlt sich irgendwie herabgesetzt –, obwohl jeder von uns auf seine Rechnung kommen kann. Hierzu ein Beispiel:

Wir arbeiten zusammen für eine Fernsehanstalt. Sie sind für Kultur zuständig, ich für den Sport. Innerhalb einer bestimmten Zeit nun erhöhen sich die Einschaltquoten für Ihr Programm schneller als für meins. Ich betrachte Ihren Erfolg als Bedrohung für mich, und das, obwohl unsere Programme gar nicht in Konkurrenz zueinander stehen, obwohl meine Sportsendung beliebter ist als die anderer Sender und obwohl unser Vorgesetzter mich ebenso viel gelobt hat wie Sie.

Wenn das Streben nach Anerkennung und Macht einen Wettstreit um Mittel auslöst, die tatsächlich begrenzt sind (oder zumindest als begrenzt empfunden werden), ist die Wahrscheinlichkeit eines Konfliktes unverhältnismäßig viel größer. Wenn jetzt zu dieser Situation noch Veränderungen hinzukommen, ist die Wahrscheinlichkeit noch größer. Dazu folgendes Beispiel:

Einer meiner Kunden, der Büroausstattungen vertreibt, stellte eine Serie von Rechenmaschinen ein und nahm dafür Personal-Computer ins Programm. Plötzlich hießen die Mitarbeiter, die bisher die Rechenmaschinen verkauft hatten, aus werbewirksamen Gründen nun nicht mehr «Vertreter», sondern «Datenberater».

Zwar blieb ihr Aufgabenbereich im wesentlichen unverändert, ebenso wie ihr Gehalt, doch durch den neuen Titel zogen sie sich den Neid derjenigen Kollegen zu, die weiterhin einfach «Vertreter» hießen. Der neue Titel wurde als Auszeichnung und Erfolg angesehen, und die übrigen Mitarbeiter, die ebenfalls danach strebten, aber keinen Titel erhalten hatten, waren frustriert.

Bisher ging es, zumindest theoretisch, noch nicht um begrenzte Mittel, da Titel dieser Art beliebig oft vergeben werden können. So hätte der Präsident des Unternehmens, der für die neue Bezeichnung verantwortlich war, einfach jeden Mitarbeiter in Datenberater umtaufen können.

In der Praxis hat er das nicht getan, da er den Titel absichtlich als Motivationsmittel einsetzen wollte. So wurde ein strenggenommen unbegrenztes Mittel von den Angestellten als begrenztes Mittel angesehen. (Hierbei ist es nicht ganz unwichtig, daß erst durch die Tatsache, daß sie den Titel als Mittel betrachteten, er zu einem solchen wurde, denn wenn keiner von ihnen dem Titel eine Bedeutung beigemessen hätte, wäre dieser wertlos gewesen.)

Mittlerweile war es durch die Änderung der Bezeichnung in der Aus- und Fortbildungsabteilung zu einem schweren Konflikt gekommen, obwohl die Mitarbeiter dieser Abteilung gar nicht an dem neuen Titel interessiert waren. Es wurden hier zum einen Verkäufer und zum anderen Manager ausgebildet. Für die Managerausbilder war die Titeländerung nicht nur rein kosmetischer Art. Für sie symbolisierte die Veränderung, daß die neuen Personal-Computer ein Projekt von erstrangiger Bedeutung waren. Daher verlangten diese Ausbilder, daß ihnen die Zuständigkeit für die Ausbildung der neuen «Datenberater» übertragen wurde, die mit ihrer alten Bezeichnung noch in dem Bereich Verkäufer ausgebildet worden wären. Hier ging es jetzt um echte Mittel, denn die erweiterte Zuständigkeit bedingte ein größeres Budget, mehr Personal und mehr Kompetenzen – alles erstrebenswerte Posten.

Bitte beachten Sie, daß kein Aspekt dieses Konfliktes rein zufällig entstand. Der Präsident des Unternehmens hatte die Veränderungen genau in der Absicht herbeigeführt, um zu seinem beabsichtigten Ziel zu kommen, was ihm ja auch gelang. Er wollte diese Art von Konflikt, zu der es dann tatsächlich kam. Er wollte genau die Konkurrenzsituation, die dadurch ausgelöst wurde. Er hatte sehr wohl erkannt, daß Konflikte zwar destruktiv sein, aber durchaus auch produktiv eingesetzt werden können, und es war ihm auf sehr geschickte Art gelungen, die produktiven Konsequenzen des Konfliktes zu maximieren.

Ich werde später ausführlich auf den destruktiven und produktiven Einsatz von Konflikten eingehen. Der Punkt hier ist, daß es bei Organisationen bestimmte, unvermeidbare Ursachen für Konflikte gibt, die einfach dem Prozeß des Organisierens innewohnen. Im folgenden Kapitel bekommen Sie aber zunächst einmal Gelegenheit zu testen, inwieweit Sie in der Lage sind, Ursachen für Konflikte zu erkennen.

5

Eine ist zuwenig

Oder: Wie erkenne ich die Ursachen eines Konfliktes?

Zu dieser Frage folgende Szene:

Jeff ist Vizepräsident und Leiter der Personalabteilung, eine Position, die er inzwischen seit sieben seiner insgesamt siebzehn Jahre in dem Unternehmen innehat. Sein Verhältnis zu seinen Kollegen aus der Unternehmensleitung ist gut, und er gilt allgemein als tüchtiger Manager. In einem Punkt, und das gibt er unumwunden zu, ist er auf einem Auge blind: Seiner Meinung nach können Frauen einfach keine guten Führungskräfte sein.

Susan ist Direktorin und im Bereich Managementtraining tätig. Ihr direkter Vorgesetzter ist Jeff. Sie wurde jedoch nicht von Jeff, sondern von dem Präsidenten der Gesellschaft auf diesen Posten berufen, ohne daß dieser vorher mit Jeff über seine Entscheidung gesprochen hätte. Früher war Susan Sekretärin in einer anderen Abteilung. Die Position, die Susan nun bekleidet, war etwa ein Jahr lang unbesetzt, und die damit verbundenen Aufgaben wurden bislang von Jeff und einigen seiner Untergebenen erledigt.

Das folgende Gespräch zwischen Susan und Jeff fand in Jeffs Büro statt. Es mag Ihnen etwas übertrieben vorkommen. Doch bitte belassen wir es zunächst so. Der Konflikt zwischen den beiden basiert auf einer ähnlichen Situation, die mein früherer Kollege Allan Frank an der Universität von New York aufgezeichnet hatte. In dem folgenden Dialog sind mehrere Gespräche zusammengefaßt, die zwischen Susan und Jeff im Verlaufe einiger Wochen geführt wurden.

Jeff: Hallo Susan, wie geht es Ihnen?

Susan: Als ob Sie wirklich daran interessiert wären.

Jeff: Was soll denn das heißen?

Susan: Tun Sie doch nicht so naiv, Jeff. Wenn es nach Ihrem Willen gegangen wäre, wäre ich niemals, nicht einmal dem Namen nach, zur Führungskraft aufgestiegen.

Jeff: Ich weiß wirklich nicht, wovon Sie reden. Schließlich sind Sie doch eine Führungskraft, oder etwa nicht?

Susan: Aus Ihrem Verhalten mir und jeder Frau gegenüber geht das aber nicht hervor.

Jeff: Susan, bitte verwechseln Sie hier nicht Sexismus mit dem Erken-

	nen mangelnder Erfahrung. Ich habe Ihnen genau das Maß an Verantwortung übertragen, dem Sie meiner Meinung nach gewachsen sind. Seien Sie nicht zu ungeduldig.
Susan:	Das glaube ich einfach nicht. Wollen Sie damit sagen, daß der Präsident nicht wußte, was er tat, als er mir die neue Position übertrug?
Jeff:	Ich habe lediglich gesagt, daß ich Ihnen genau das Maß an Verantwortung übertragen habe, von dem ich glaube, daß Sie damit fertig werden.
Susan:	Ich wurde seinerzeit von der Gesellschaft aufgrund meines Diploms in Betriebswirtschaft eingestellt. Inzwischen bin ich schon über ein Jahr hier, habe aber nur Sekretärinnenarbeit erledigen dürfen. Wenn Sie mir nicht mehr Verantwortung übertragen, wie glauben Sie dann, soll ich die nötigen Erfahrungen sammeln?
Jeff:	Sie sind zu ungeduldig. Diese Dinge brauchen einfach ihre Zeit. Wenn Sie erst mal so alt sind wie ich, werden Sie ...
Susan:	Wenn es nach Ihnen ginge, wäre ich Sekretärin geblieben, und das, bis ich Ihr Alter erreicht hätte. Sie sind doch eigentlich der Meinung, daß auf Frauen grundsätzlich keine Manageraufgaben übertragen werden sollten. Wenn das tatsächlich Ihre Einstellung ist, so nehmen Sie bitte folgendes zur Kenntnis: Ich wurde auf eine Führungsposition gesetzt, und ich verlange, daß ich sofort alle damit verbundenen Aufgaben wahrnehmen darf. Wenn Sie nicht darauf eingehen, werde ich gegen die Gesellschaft und gegen Sie persönlich ein Verfahren wegen Benachteiligung aufgrund des Geschlechts anstrengen.
Jeff:	Das ist doch einfach lächerlich.
Susan:	Wenn Sie nicht die Absicht haben, den gegenwärtigen Zustand zu ändern, werde ich mich an die zuständige Aufsichtsbehörde wenden.
Jeff:	Ich laß' mir doch nicht von Ihnen drohen. Sie sind ab sofort von Ihrem Posten enthoben und hören dann von unserem Anwalt.

Sie haben völlig recht. Sowohl Jeff als auch Susan sind nicht gerade geschickt vorgegangen.

Sie könnten behaupten, daß Susan die ganze Situation durch ihre erste provokative Äußerung: «Als ob Sie wirklich daran interessiert wären», hervorgerufen hat. So spricht man nicht mit seinem Vorgesetzten, und auch nicht zu einer anderen Person, wenn man geschickt ist im Umgang mit Menschen.

Ebenso können wir sagen, daß Jeff sich als Manager äußerst dumm verhalten hat, indem er zurückfragte: «Was soll denn das heißen?» Denn wenn Jeff die Lage nicht verschlimmern will, sollte er auf Sarkasmus oder

Feindseligkeit verzichten und statt dessen lieber direkt fragen, warum sich Susan unzufrieden fühlt.

Uns stellt sich jetzt die Frage, durch welche Reaktionen der beiden Parteien der Konflikt angeheizt wurde, genauer gefragt: Was sind die Ursachen für den Konflikt?

Bevor Sie weiterlesen, stellen Sie bitte eine Liste der Ursachen auf, die Ihrer Meinung nach für unsere Situation verantwortlich sind. Führen Sie bitte alle Ursachen auf, auch wenn sie Ihnen noch so unbedeutend erscheinen mögen. Eventuell müssen Sie den Dialog zwischen Jeff und Susan noch einmal durchlesen.

Haben Sie Ihre Liste zusammen? Gut, dann können wir fortfahren.

Jeffs Einstellung zu weiblichen Führungskräften
Die meisten von uns sind sicherlich der Meinung, daß Jeffs Wertvorstellungen die Hauptursache für den Konflikt sind. Warum ist er nicht geradeheraus und sagt Susan, daß Frauen seiner Meinung nach ungeeignet sind, Führungspositionen zu bekleiden. Er hat diese Haltung wie wir gesehen haben, an anderer Stelle zugegeben. Er widerspricht ihr ja auch gar nicht, als sie ihm genau diese Einstellung vorhält.

Es ist ganz klar, daß er mit seiner Haltung immer Schwierigkeiten mit weiblichen Kolleginnen in der Chefetage haben wird.

Der gesellschaftliche Wandel, der dazu führte, daß Frauen verstärkt in Führungspositionen drängen
Zwar gibt es rein zahlenmäßig immer noch wesentlich mehr Männer als Frauen in leitenden Positionen. Doch es ist eine unumstrittene Tatsache, daß die Frauen auf dem Vormarsch sind. Und dieser Wandel muß zu Konflikten führen, denn jeder Wandel, jede Veränderung an sich ist eine Ursache für Konflikte.

Das bedeutet selbstverständlich nicht, daß Frauen nicht noch mehr Führungspositionen bekleiden sollten. Konflikte entstehen nicht nur dann, wenn sich durch eine Veränderung eine Situation verschlechtert, sondern auch dann, wenn sie sich dadurch verbessert.

Bei der Kontroverse zwischen Jeff und Susan ist Jeff eindeutig nicht auf die Veränderung, den Wandel vorbereitet, der durch das Vordringen weiblicher Führungskräfte entsteht, und er widersetzt sich dieser Entwicklung ganz entschieden. In dem vorliegenden Beispiel ist die Veränderung selbst die Hauptursache für den Konflikt, Jeffs Widerstand zu der Veränderung eine zweite.

Susans feindseliges Verhalten
Zweifellos fehlte es Susan bei ihrem Vorgehen an Charme und Takt. Selbst

wenn Jeff weiblichen Führungskräften gegenüber völlig unvoreingenommen gewesen wäre, hätte ihn ihr rüdes Verhalten sicherlich gestört, das er bei einem männlichen Kollegen auch nicht akzeptieren würde.

Damit will ich nicht sagen, daß Susan keinen Grund hat, sich als Opfer der Ungleichbehandlung aufgrund ihres Geschlechts zu fühlen. Die Frage ist hier aber nicht, was richtig und was falsch ist. Wir haben im letzten Kapitel bereits festgestellt, daß die Werte für diejenigen Personen, die sie innehaben, durchaus einen Sinn ergeben.

Jeffs herablassendes Verhalten
Obwohl Jeff sich nicht so feindselig gibt wie Susan, zeigt er aber auch keinerlei Verständnis für ihre Frustration. Selbst wenn Susan nicht von Anfang an so feindselig gewesen wäre, hätte sein Verhalten sie dazu bewegen können.

Die Bedrohung von Jeffs Macht und Autorität durch Susan
Jetzt einmal abgesehen von den Persönlichkeiten der beiden, fühlt Jeff sich eindeutig bedroht. Nicht er hat Susan befördert, sondern der Präsident, und wahrscheinlich wird er sie ohne die Zustimmung des Präsidenten nicht entlassen können.

Jeff ist zwar Susans Vorgesetzter, doch ist er darüber überhaupt nicht erfreut. Er hat vielmehr ganz eindeutig das Gefühl, daß seine Macht und Autorität bedroht sind.

Jeffs Versäumnis, die Zuständigkeiten von Susan klar zu definieren
Der Konflikt in seiner jetzigen Form wäre wahrscheinlich nie entstanden, wenn Jeff gleich von Anfang an die Aufgaben von Susan deutlich umrissen und ihr gleichzeitig gesagt hätte, wann er ihr zusätzliche Verantwortung übertragen will.

Sie mag zwar bei einem solchen Vorgehen immer noch der Meinung sein, daß ihr zuwenig Kompetenzen eingeräumt wurden, so daß es auch hier zu einem Konflikt gekommen wäre. Dieser wäre aber von seinem Ausmaß her wesentlich kleiner gewesen als der jetzige.

Die Liste der Konfliktursachen könnte durchaus noch fortgesetzt werden. Das führt uns zu einer Aussage, die vielleicht die wichtigste des Buches überhaupt ist:

Es gibt niemals nur eine Ursache für einen Konflikt

Es kann zwar eine Ursache geben, der die Konfliktparteien die meiste Bedeutung beimessen, und durch die der Konflikt tatsächlich ausgelöst wurde. Es gibt jedoch auf jeden Fall, unbedingt und unausweichlich immer noch zumindest eine zweite Ursache für einen Konflikt.

Es kann sich dabei um eine grundsätzliche Einstellung handeln. Oder aber es kann ein begrenztes Mittel sein (ob erkannt oder nicht erkannt). Auch eine Veränderung (geplant oder ungeplant, zum Besseren oder zum Schlechteren) kann Ursache für einen Konflikt sein. Oder ein Aufeinanderprallen von Wertvorstellungen, das Streben nach Macht, Anerkennung oder Erfolg, oder das Versäumnis einer oder mehrere Parteien, Zuständigkeitsbereiche genau abzugrenzen.

Ungeachtet der Umstände gibt es immer mindestens eine zweite Ursache für einen Konflikt. Diese Erkenntnis ist außerordentlich bedeutsam, denn wie wir in den folgenden Kapiteln sehen werden, besteht eine der wirkungsvollsten Techniken der Konfliktbewältigung darin, sämtliche Ursachen eines Konfliktes zu erkennen, um danach die Parteien veranlassen zu können, hier und da Kompromisse zu schließen, um da und dort Zugeständnisse zu erhalten.

Ich werde darauf etwas später noch genauer eingehen. Doch kehren wir zunächst noch einmal zu Jeff und Susan zurück.

Ein wichtiger Faktor in ihrem Konflikt ist die Rolle des Präsidenten. Ist er ein neutraler Außenstehender oder eine Partei in dem Konflikt? Welches Interesse hat er an dieser Situation, außer daß er sicherstellen möchte, daß der Konflikt sich nicht nachteilig auf den Geschäftsbetrieb der Abteilung auswirkt?

Es wäre falsch zu sagen, daß Susan und Jeff die einzigen Parteien in dem Konflikt sind. Indem der Präsident Susan beförderte, ohne vorher mit Jeff darüber geredet zu haben, wurde er bereits zu einer Partei. Er hat dadurch, ob mit oder ohne Absicht, die Weichen für einen Konflikt gestellt. Er mag, bildlich gesprochen, die Zündschnur zwar nicht angesteckt haben, doch er hat sie zumindest in das Dynamitbündel gesteckt. Sowohl Jeff als auch Susan betrachten ihn als Unterstützer, wenn nicht gar als Partei, womit er – von Amts wegen – zu einer Partei wird. Das ist nicht nur eine Übung in Semantik. Wenn wir versuchen wollen, einen Konflikt zu bewältigen, ist es nützlich, zunächst einmal jeden zu identifizieren, der eine Konfliktpartei darstellt. Wenn wir das versäumen, verschärfen wir dadurch nur den Konflikt.

Wenn der Präsident beispielsweise versucht hätte, in dieser Situation als Mittler oder Schlichter aufzutreten (als unbeteiligter Dritter, wie es so schön heißt), würden seine Bemühungen durch die Tatsache untergraben, daß Susan und Jeff ihn als Beteiligten betrachten.

Wenn der Präsident die beiden in sein Büro gebeten hätte, um mit ihnen die Situation zu besprechen, was hätte Jeff sich dann gedacht? «Nanu, was hat er denn jetzt vor? Erst befördert er Susan über meinen Kopf hinweg, und dann stellt er die Art und Weise in Frage, in der ich sie kontrolliere. Hab ich jetzt die nötige Autorität innerhalb meiner Abteilung oder nicht?»

Susan dagegen könnte folgendes denken: «So, jetzt ist Jeff tatsächlich zu weit gegangen. Jetzt kriegt er endlich sein Fett.» Oder: «Warum zitiert er mich ebenfalls? Soll ich etwa dafür gerügt werden, daß ich auf den mir zustehenden Kompetenzen bestanden habe? War der ganze Streit vielleicht von beiden inszeniert, damit sie meine Kompromißlosigkeit als Beispiel für mangelnde Führungsqualität hernehmen können?»

Was Jeff und Susan tatsächlich gedacht haben, ist egal. Wichtig ist für uns nur:

Niemand, der in irgendeiner Weise als Konfliktpartei angesehen wird, kann als unparteiischer Dritter auftreten.

Das ist ein ganz wesentlicher Punkt. Denn häufig passiert es, daß die Dinge durch das Auftreten einer Partei, die sich selbst als unparteiischen Dritten betrachtet und stolz auf ihre vermeintliche Objektivität ist, nur noch verschlimmert werden. Diese Leute glauben zwar, daß sie neutral, objektiv, unvoreingenommen und nur an der Wahrheit, Redlichkeit und Gerechtigkeit interessiert sind. Für die Konfliktparteien jedoch sind sie Heuchler.

Kommen wir noch einmal zurück auf die Beziehung des Präsidenten der Gesellschaft zu Jeff und Susan. Wenn er nicht neutral ist, was ist er dann? Warum hat er nicht zunächst mit Jeff über die Beförderung von Susan gesprochen? Wenn Jeffs Ansichten über Frauen in Führungspositionen im ganzen Unternehmen bekannt sind, warum wußte der Präsident nichts davon? Und wenn sie ihm bekannt waren, warum hat er dann nicht alles getan, um den Konflikt, wie er jetzt entstanden ist, zu verhindern?

Wenn ich diese Szene zwischen Jeff und Susan bei meinen Seminaren über Konfliktbewältigung vorstelle, neigen die Teilnehmer, und ganz besonders Vertreter des mittleren und unteren Managements, leicht dazu zu sagen, daß der Präsident die ganze Situation schlecht gehandhabt hat. Die unzureichende Einschätzung des Präsidenten ist nach Meinung dieser Teilnehmer die Hauptursache für den Konflikt.

Ein Teilnehmer formulierte es so: «Wenn ich der Vorstandsvorsitzende der Gesellschaft wäre, würde ich den Präsidenten entlassen und ihm sagen, daß er Jeff und Susan gleich mitnehmen soll.»

Gut, wenn wir uns auf eine rein oberflächliche Beurteilung der Situation beschränken wollen, sieht es tatsächlich so aus, als wäre der Präsident völlig inkompetent. Doch haben Sie schon einmal daran gedacht, daß er diese Situation provozieren wollte?

Sie sind darüber erstaunt? Können Sie sich nicht vorstellen, daß genau das in seiner Absicht lag?

Hat der Präsident die Situation etwa provoziert, weil er einen Grund dafür suchte, Jeff loszuwerden? Nun, wenn er das tatsächlich vorgehabt hat, ist es ihm bestens gelungen. Können Sie sich vorstellen, daß ein Betriebsrat es falsch finden würde, daß der Präsident einen Mitarbeiter entläßt (oder ihn in den vorzeitigen Ruhestand schickt), der so nachdrücklich gegen die Vorschriften über Gleichberechtigung am Arbeitsplatz verstoßen hat?

Oder hat der Präsident die Situation provoziert, weil er einen Grund dafür suchte, Susan zu entlassen? Auch das wäre ihm gelungen. Niemand hätte ihm mangelnde Gleichberechtigung zwischen Mann und Frau am Arbeitsplatz vorgeworfen, nachdem er Susan doch zur Direktorin befördert hat. Wenn sie sich nun, entweder durch ihre Feindseligkeit, ihr Unvermögen oder auf sonstige Art und Weise als unfähig erwiesen hat, ihre Position auszufüllen, so könnte der Präsident immer anführen, daß er ihr eine Chance gegeben hat.

Solche Vorgehensweise mögen manchem vielleicht abwegig erscheinen. Doch wer den destruktiven und konstruktiven Einsatz von Konflikten kennt, wird unter bestimmten Umständen der Versuchung, die er ethisch als völlig gerechtfertigt ansieht, nicht widerstehen können, eine Situation durch das Stimulieren eines Konfliktes zu manipulieren. Wenn wir unsere Augen vor dieser Möglichkeit verschließen, so verringern wir dadurch nur unsere Fähigkeit, Konflikte zu verstehen und zu bewältigen.

So viel zum Präsidenten und seiner Rolle. Kehren wir doch noch einmal zu den Ursachen des Konfliktes zurück.

Vielleicht haben Sie «mangelndes Kommunikationsvermögen» oder ähnliches auf Ihre Liste gesetzt. Sie haben sicherlich festgestellt, daß dieser Punkt auf meiner Liste gänzlich fehlt.

In den letzten Jahren hat sich dieses «mangelnde Kommunikationsvermögen» zu einer sehr beliebten Entschuldigung für die unterschiedlichsten Fehler entwickelt. Ich behaupte hierzu, daß Konflikte ohne Kommunikation überhaupt nicht möglich sind.

Die Kommunikation muß nicht unbedingt verbal sein. Mit anderen Worten können wir unseren Mitmenschen auch durch unsere Taten Hinweise auf unsere Positionen geben. Ein Beispiel: Die Vereinigten Staaten sind mit einer bestimmten Politik eines Mittelmeerlandes nicht mehr einverstanden. Sie können nun ihr Mißfallen zum Ausdruck bringen, ohne etwas über das Land selbst oder seine Führer sagen zu müssen, indem sie beispielsweise direkt vor der Küste des betreffenden Landes Flottenmanöver abhalten.

Jeff und Susan kommunizieren direkt miteinander. Sie mögen zwar nicht effizient miteinander kommunizieren, das heißt, es gelingt keinem von beiden, dem Gesprächspartner das zu vermitteln, was sie tatsächlich vermitteln wollen. Sie tauschen aber zweifellos Botschaften darüber aus, wie sie den Konflikt, den sie gerade durchmachen, empfinden.

Genau hier können all diejenigen eine wichtige Lektion lernen, die gerne wissen wollen, wie sie Konflikte geschickt handhaben können. Die Schwierigkeit besteht nicht darin, die Parteien zum Kommunizieren zu bringen. Es geht vielmehr darum, sie dazu zu bewegen, effizient über Themen zu kommunizieren, bei denen es Möglichkeiten einer Einigung gibt.

Wir könnten Jeff und Susan beispielsweise auffordern, alle Ziele aufzuschreiben, die sie erreichen wollen. Ein Ziel könnte der Abbau von Feindseligkeiten zwischen ihnen sein. (Wahrscheinlich findet keiner von beiden Gefallen an der Situation, ständig im Clinch zu liegen.) Ein anderes Ziel könnte in der Beilegung des Konfliktes bestehen, ohne daß Dritte dafür bemüht werden müßten. (Sicherlich ist es für beide ungünstig, wenn ihre Auseinandersetzung vor einem Schiedsgericht ausgetragen werden muß.) Ein anderer Punkt könnte eine Gehaltserhöhung oder mehr Urlaub sein, also etwas, was nicht direkt mit ihrer Beziehung zu tun hat.

Egal, welches ihre Ziele sind, Susan und Jeff müssen etwas gemeinsam haben. Könnte man sie dazu bewegen, sich nicht als Gegner in einer Auseinandersetzung zu sehen, die nur einer gewinnen kann, sondern viel eher als Verbündete bei dem Erreichen eines gemeinsamen Ziels, wobei beide aus der Situation als Sieger hervorgehen? Wenn das gelingt, finden sie aller Wahrscheinlichkeit nach auch Wege, ihre Schwierigkeiten zu beseitigen.

Zusammengefaßt können wir sagen, daß diejenigen, die Konflikte produktiv handhaben wollen, die Parteien nicht ermutigen dürfen zu kommunizieren (das haben sie bereits ohnehin getan), sondern wir müssen ihnen zeigen, *wie* sie kommunizieren müssen, um ihre Schwierigkeiten zu lösen. Eine Analogie:

Haben Sie schon einmal versucht, mit jemandem zu tanzen, der gar nicht tanzen kann? Wenn ja, so werden Sie sicherlich festgestellt haben, daß Sie nicht besonders gut zusammen waren, egal, welch hervorragender Tänzer Sie selbst sind.

Es ist in diesem Fall völlig sinnlos, wenn Sie Ihrem Partner vorwerfen, er sei ein schlechter Tänzer. Dadurch wird weder er zum besseren Tänzer, noch geben Sie zusammen ein besseres Paar ab.

Die Lösung des Problems besteht darin, Ihrem Partner zu zeigen, wie man tanzt. Wenn er es anschließend beherrscht, haben Sie mehr davon, mit ihm zu tanzen, und auch zusammen macht es Ihnen jetzt mehr Spaß.

Und nun stellen Sie sich bitte eine Situation vor, in der zwei Leute, die nicht tanzen können, sich aufs Parkett begeben. Irgendwann werden sie vielleicht durch viel Herumprobieren ausgezeichnete Tänzer. Ebenso wie ein Schimpanse, der auf einem Klavier herumklimpert, zufällig eine Melodie spielen kann.

«Irgendwann» ist jedoch eine recht lange Zeitspanne. Wenn zwei Nichttänzer also tanzen lernen wollen, sind sie gut beraten, wenn sie sich dazu an jemanden wenden, der die Sache beherrscht. Ebenso benötigen zwei Leute, die miteinander in Konflikt stehen, die Hilfe einer Person, die ihnen zeigt, wie sie effizient miteinander kommunizieren können.

Wenn Sie als Manager einen Konflikt zwischen Ihren Mitarbeitern schlichten wollen, besteht Ihre wichtigste Aufgabe darin, ihnen zu zeigen, wie man effizient miteinander kommuniziert, das heißt, wie man «kämpft». Wenn Sie in einem Konflikt mit einer Partei stehen, die nicht weiß, wie man kämpft, müssen Sie ihr zunächst einmal zeigen, was konstruktives Kämpfen bedeutet. Ich werde auf die Einzelheiten später genauer eingehen. Inzwischen wenden wir uns noch einmal Jeff und Susan zu, um zu sehen, wieweit ihr Konflikt gediehen ist:

Susan hat sich tatsächlich an eine Regierungsstelle gewandt, die zu ihren Gunsten entschied. Danach war Susan aufgrund ihres Geschlechtes benachteiligt worden, und ihr mußte Genugtuung widerfahren. Mit anderen Worten hatte das Unternehmen dafür zu sorgen, daß alle Hindernisse beseitigt wurden, die sie davon abhielten, ihre Aufgaben auch umfassend auszuführen.

Hat Susan nun «gewonnen»? Rein rechtlich gesehen ja, in der Praxis jedoch nicht. Können Sie sich vorstellen, wie die Atmosphäre jetzt an Susans Arbeitsplatz sein wird? Ist ihr Konflikt mit Jeff gelöst? Natürlich nicht! Jeff wird sich jetzt zwar bemühen, zumindest oberflächlich alles zu tun, um der von der staatlichen Instanz getroffenen Entscheidung gerecht zu werden. Wenn er sich aber unbeobachtet fühlt, wird Jeff alles daran setzen, dafür zu sorgen, daß Susan in ihrer Position scheitert.

Der Konflikt wird von nun an unterschwellig ausgetragen. Niemand wird Jeff vorwerfen können, daß er Susan in ihrem Fortkommen behindert. Doch ist die Wahrscheinlichkeit groß, daß er alles in seiner Macht Stehende unternehmen wird, um sie zu sabotieren.

Bedeutet das, daß Jeff gewonnen hat? Nein. Susan gehört zu seiner Abteilung, und er ist Susans Vorgesetzter. Wenn es zu Schwierigkeiten innerhalb ihres Zuständigkeitsbereiches kommt, wirkt sich das nachteilig auf seine ganze Abteilung aus.

Susan, die zwar vor der staatlichen Kommission gewonnen hat, verlor jedoch eine weit wichtigere Schlacht, da es ihr nicht gelungen ist, sich als Führungskraft innerhalb des Unternehmens zu beweisen. Jeff hat auch verloren. Und ebenfalls der Präsident, selbst wenn sein einziges Ziel darin bestand, für all diejenigen Frauen ein Exempel zu statuieren, die meinen, ihr Recht auf Gleichberechtigung am Arbeitsplatz ausüben zu können.

Egal, welches Ziel der Präsident tatsächlich verfolgt hat – fest steht, daß das Unternehmen verloren hat, denn viel Zeit und Mittel wurden für einen Konflikt verschwendet, der in keinerlei Weise produktiv war. Was zunächst als geringfügiger und leicht zu handhabender Konflikt erschien, entwickelte sich zu einem großen, der außerordentlich nachteilig für das Unternehmen war. Und das passiert leider häufig.

6

Eskalationen
Oder: Wie kleine Konflikte rasch zu großen werden können

Jeder große Konflikt hat einmal ganz klein angefangen. Das gilt sowohl für den privaten Bereich, wie beispielsweise bei einer Scheidung, als auch auf globaler Ebene, wie bei einem Krieg. Die Eskalation eines Konfliktes wird durch Dinge verursacht, die die Parteien oft unwissentlich, auf jeden Fall aber erfolglos in ihrem Bemühen tun, mit dem Konflikt fertig zu werden.

Gehen wir wieder zu unserem Beispiel von Susan und Jeff in Kapitel 5 zurück, und lassen Sie uns feststellen, an welchen Punkten es zu einer Eskalation kam.

Die Voraussetzungen für ihren Konflikt waren bereits gegeben, noch bevor Jeff der unmittelbare Vorgesetzte von Susan wurde. Das bedeutet aber nicht, daß der Konflikt nicht hätte vermieden werden können. Sowohl Jeff als auch Susan hätten Schritte unternehmen können, um den Konflikt ganz zu vermeiden, oder um zumindest die Weichen für ein konstruktives «Kämpfen» zu stellen.

So hätte Jeff, als er von der Beförderung Susans erfuhr, versuchen können, den Präsidenten dazu zu bewegen, sie in einer anderen Abteilung unterzubringen. Sollte ihm dies nicht gelungen sein, hätte er sich zumindest entschließen können, daß allen Beteiligten damit gedient wäre, wenn ihre Beziehung einigermaßen harmonisch verläuft.

Er hätte vielleicht folgende Überlegungen angestellt: «Ich möchte zwar nicht, daß Susan für mich arbeitet. Doch ich kann auch nichts dagegen tun. Ich muß mich jetzt ganz besonders zusammennehmen, denn sonst kann sich unsere Beziehung nachteilig für die gesamte Abteilung und für meine weitere Laufbahn entwickeln. Es wäre Unsinn, wenn ich mir durch meine Unzufriedenheit über diese eine Situation mein gesamtes Berufsleben vergiften würde. Ich war zwar immer noch der Meinung, daß Frauen in Führungspositionen nichts zu suchen haben. Doch vielleicht habe ich mich ja geirrt. Und hier ist eine glänzende Gelegenheit festzustellen, ob sich meine Vermutung bewahrheitet. Wenn ich Susan genau so behandle wie ihre männlichen Kollegen und sie ihrer Aufgabe gerecht wird, hat sich meine Vermutung eben als falsch erwiesen. Doch ich habe zumindest daraus gelernt. Es ist nämlich viel besser herauszufinden, daß man sich geirrt hat, um dann seinen Fehler korrigieren zu können, als weiterhin mit einer fal-

schen Annahme zu leben, die sich für den Rest des Lebens nachteilig auswirken wird.

Wenn ich andererseits mit meiner Vermutung Recht habe, wird Susan
über kurz oder lang Fehler machen, durch die ihre Arbeit stark beeinträchtigt wird, was sich wiederum auf meine Abteilung, zu der sie ja gehört, auswirkt. Wenn ich aber ein wachsames Auge auf sie habe, so wie ich es bei
jedem Neuling tun würde, kann ich den Schaden, den sie eventuell anrich-
tet, möglichst gering halten. Und jeder Fehler, den sie begeht, ist ein Argu-
ment für meine Behauptung, daß sie ihrer Aufgabe nicht gewachsen sei.
Wenn sie also die Sache nicht in den Griff bekommt, werde ich eine Zeit-
lang ihre Fehler aufzeichnen. Mit diesen Beweisen kann ich zum Präsidenten gehen und von ihm verlangen, daß er sie versetzt.»

Wenn Jeffs Gedankengänge in etwa so verlaufen sind, sollte er gleich
von Anfang an das Problem mit Susan besprechen. Dazu sollte er sie in sein
Büro bitten, oder noch besser, zum Mittagessen einladen, und dann wie
folgt argumentieren:

«Susan, es hat sich bestimmt herumgesprochen, daß ich ein ziemlich altmodischer Kerl bin, der sich nur sehr schwer an weibliche Mitarbeiter in der
Chefetage gewöhnen kann. Trotzdem hoffe ich, daß ich allem gegenüber
aufgeschlossen bin. Sie wissen sicherlich auch, daß ich es lieber gesehen
hätte, wenn Ihre Position mit einem Mann besetzt worden wäre, und daß
Sie der Präsident gegen meinen Willen eingesetzt hat. Und diese Tatsache
belastet sowohl mich als auch Sie.

Wir haben die Wahl. So können wir einerseits ständig im Clinch liegen,
was nicht nur sehr unerfreulich, sondern auch emotional sehr belastend ist.
Sicherlich würde unsere Arbeitsleistung dadurch stark beeinträchtigt. Auf
der anderen Seite können wir beide hier und heute beschließen, daß wir es
miteinander versuchen wollen. Denn wenn wir beide uns als Verbündete gegen ein gemeinsames Problem sehen, sind unsere Aussichten viel besser,
daß wir miteinander gut zurechtkommen, was wiederum unserer Arbeit zu-
gute kommt.

Trotz meiner Vorurteile bin ich fest entschlossen, mir alle Mühe zu geben, mit Ihnen als weiblichen Mitarbeiter gut auszukommen. Ich werde
stets bemüht sein, Sie so zu behandeln, wie ich einen Mann in Ihrer Position behandeln würde. Wenn Sie jemals den Eindruck haben, daß ich Sie in
diesem Punkt unterschiedlich behandle, so sagen Sie mir das bitte sofort.
Vielleicht bin ich dann zwar nicht Ihrer Meinung. Doch zumindest haben
wir darüber gesprochen und wissen, wo der andere steht.»

Susan ihrerseits hat die neue Position sicherlich bereits mit aufgestauten
Aggressionen angefangen. Ihre Gedanken können wir folgt gewesen sein:

«So, jetzt habe ich also meine langersehnte Beförderung. Es wurde ja
auch schließlich Zeit. Doch was haben sie mir gegeben? Jeder weiß, daß

Jeff ein Neandertaler ist. Wie kann ich als Frau zufriedenstellend für ihn arbeiten? Was hat der Präsident nur im Sinn? Will er meine Karriere zerstören?

Ich werde es auf jeden Fall nicht zulassen, daß dieser männliche Chauvinist mir in die Quere kommt. Selbstverständlich werde ich auf sämtlichen Vorteilen bestehen, die ein Mann auch bekommen würde. Ich verlange genauso viel Verantwortung, und genauso rasch, wie sie ein Mann erhalten würde. Und ich werde mich nicht mit weniger abspeisen lassen. Die Zeiten des Sexismus am Arbeitsplatz sind vorüber. Schließlich gibt es gesetzliche Bestimmungen über Chancengleichheit, und wenn sie diese nicht einhalten, werde ich sie dafür zur Verantwortung ziehen.»

Wenn Susan mit dieser Einstellung ihren neuen Job antritt, wird sie bestimmt Ärger verursachen, bei Jeff, ihren Kollegen und auch Kolleginnen. Denn die wenigsten von uns finden Freude daran, mit jemandem zusammenzuarbeiten, der feindselig, verbittert, aggressiv und unflexibel ist.

Ich möchte damit auf keinen Fall sagen, daß eine solche Einstellung falsch wäre. Wie bereits schon verschiedentlich erwähnt, ergeben Werte für diejenigen, die sie halten, unbedingt einen Sinn. Wenn wir Konflikte konstruktiv bewältigen wollen, ist es nicht unsere Aufgabe zu sagen, wer Recht oder wer Unrecht hat, sondern vielmehr zu versuchen, das Verhalten der Parteien in Richtung konstruktives Ziel zu lenken.

Sehen wir uns dieselbe Situation, ohne die zuvor erwähnte Grundeinstellung zu verändern, noch einmal aus einer Position heraus an, aus der Susan bessere Aussichten hätte, ihre neue Stellung erfolgreich auszufüllen:

«So, jetzt habe ich also meine langersehnte Beförderung. Es wurde ja auch schließlich Zeit. Doch was haben sie mir gegeben? Jeder weiß, daß Jeff ein Neandertaler ist. Wie kann ich als Frau zufriedenstellend für ihn arbeiten? Was hat der Präsident nur im Sinn? Will er meine Karriere zerstören?

Nun, wenn das seine Absicht ist, werde ich ihnen nicht noch zuarbeiten, indem ich ihre Vorurteile bestärke. Wenn sie in meiner Arbeit Ansatzpunkte für Kritik finden wollen, müssen sie lange suchen.

Ich werde nach besten Kräften bemüht sein, sie dazu zu bringen, ihre Meinung über weibliche Führungskräfte zu revidieren. Ich werde jede, aber auch jede berufliche Herausforderung annehmen und mich dabei bemühen, ebenso gut zu sein wie alle anderen auch.

Außerdem werde ich versuchen, Jeff auch persönlich für mich zu gewinnen. Ich glaube, daß seine Vorurteile gegen Frauen entweder auf Unkenntnis oder persönlicher Schwäche beruhen. Er ist bestimmt nicht einfach so eines Morgens aufgewacht und hat sich gesagt: ‹Von heute an werde ich mich wie ein Trottel benehmen und Frauen diskriminieren.› Seine Vorurteile sind bestimmt erst im Laufe der Zeit entstanden. Und je mehr Frauen um ihn herum erfolgreich sind, desto hartnäckiger verteidigt er seine Haltung, da er sich durch sie bedroht fühlt.

Das Falscheste, was ich bei einem solchen Mann wie Jeff tun könnte, wäre, mich feindselig oder kämpferisch zu zeigen. Ganz im Gegenteil, ich muß ihm das Gefühl nehmen, daß er bedroht wird. Wenn ich Jeff dazu bringen kann, mich als einen Gewinn für seine Abteilung zu betrachten, und sich meine Aktivitäten positiv auf die Leistung der ganzen Abteilung auswirken, wird er sicherlich alles tun, um mich zu unterstützen.

Wenn es allerdings in der Absicht von Jeff und dem Präsidenten liegt, mich nicht weiterkommen zu lassen, kann ich ihren Widerstand nicht nur durch gute Arbeit überwinden. Doch ich bin in einem solchen Kampf nicht allein. Da gibt es die gesetzlichen Bestimmungen über Chancengleichheit. Und wenn sie dagegen verstoßen, werden sie sich dafür verantworten müssen.

Wenn ich dazu gezwungen werde, mich an die Regierung zu wenden, trifft mich das nicht unvorbereitet. So werde ich ihnen keine Gelegenheit geben, mir vorzuwerfen, daß ich nicht kooperativ genug war. Ich werde ihnen keinen Grund zur Klage gegen mich geben. Ganz im Gegenteil, ich werde versuchen, eine mustergültige Führungskraft zu sein. Und dagegen sollen sie dann nur angehen!»

Mit dieser Einstellung könnte Susan bei ihrem ersten Gespräch mit Jeff etwa wie folgt argumentieren:

«Ich weiß, daß Sie mich nicht für diese Position haben wollten. Und wenn ich an Ihrer Stelle wäre, hätte ich auch kein gutes Gefühl dabei, mit jemandem zusammenarbeiten zu müssen, der von einer anderen Person befördert worden ist. Ich möchte Ihnen dazu nur sagen, daß ich gerade durch diese ungünstigen Vorzeichen noch mehr bemüht sein werde als sonst, meine Aufgabe bestmöglich zu erledigen. Ich möchte, daß Sie mit meiner Arbeit absolut zufrieden sind. Sie sollen einmal über mich sagen können: ‹Nun, ich habe sie zwar nicht gewollt, doch jetzt bin ich froh, eine so hervorragende Kraft in meiner Abteilung zu haben.›»

Wenn Susan es für ungeschickt hält, von sich aus die Sache in dieser Form anzusprechen, weil Jeff sich dadurch nur noch mehr bedroht fühlen könnte, sollte sie warten, bis Jeff das Thema anschneidet. Und nachdem sie ihn angehört hat, kann sie ihm anschließend ihre Gedanken zu der Problematik unterbreiten. Auf jeden Fall wären die Chancen für einen harmonischen Anfang erheblich größer gewesen, wenn nur einer von beiden in der aufgezeigten Art und Weise vorgegangen wäre. Jeder von ihnen hätte nur durch sein Verhalten schon dazu beitragen können, daß sich ihre Differenzen nicht zu einer rasch eskalierenden Schlacht entwickeln, in der nur einer auf Kosten des anderen Sieger bleiben kann.

Selbst wenn Jeff und der Präsident tatsächlich die Absicht gehabt hätten,

Susans Arbeitsleistung zu sabotieren, um dadurch Gründe zu finden, sie zu entlassen, hätten sie bei einem entsprechenden Verhalten von Susan vielleicht ihre Meinung geändert, da sie erkennen mußten, wie wertvoll Susan für das Unternehmen ist. Und wenn Susan die beiden nicht für sich gewinnen kann, so hat sie sich doch durch ihr Verhalten eine weit bessere Ausgangsbasis für eine Auseinandersetzung geschaffen, als ihr das bei einem Verhalten, wie in Kapitel 5 gezeigt, gelungen wäre.

Nehmen wir jetzt einmal an, daß Susan sich tatsächlich auf die vorgeschlagene Art und Weise verhält, Jeff allerdings nicht. Nehmen wir weiter an, daß sie ihn nicht gleich am ersten Tag auf das Problem anspricht, da sie nicht zu forsch erscheinen möchte. Wann kommt es bei dieser Ausgangssituation erstmalig zum Konflikt, und was sollte man dagegen tun?

Wie wir aus der vorgestellten Fallstudie sehen können, hat Jeff sich dazu entschlossen, Susan herauszufordern, indem er ihr Verantwortung vorenthält. Mit anderen Worten hat er versucht, ihr ein wichtiges begrenztes Mittel vorzuenthalten. Er konnte danach in aller Ruhe abwarten, bis sie durch diesen Zustand so frustriert war, daß sie unbesonnen und unüberlegt handelte. Susan hätte diese Strategie durch folgendes Verhalten durchkreuzen können. Sobald sie seine Absicht erkannt hätte, hätte sie zu ihm gehen und ihn um mehr Verantwortung bitten können. Wenn Jeff daraufhin, so wie im ersten Beispiel auch, geantwortet hätte, daß sie noch nicht genügend Erfahrung für mehr Verantwortung habe, wäre eine mögliche Reaktion von Susan wie folgt gewesen:

«Ich kann verstehen, warum Sie dieser Meinung sind, zumal ich bis zu meiner Beförderung nur reine Büroarbeiten erledigt habe. Ich wurde von diesem Unternehmen jedoch aufgrund meines Diploms in Betriebswirtschaft eingestellt. Ich habe den Job nicht angenommen, um als Bürokraft zu arbeiten. Und ich glaube auch nicht, daß der Präsident mich als Direktorin für das Managementtraining eingesetzt hat, weil er wollte, daß Sie meine Arbeit für mich tun. Wenn Sie mit meiner Arbeit nicht zufrieden sind, sagen Sie mir bitte, was ich besser machen könnte. Sofern Sie aber zufrieden sind, verlange ich mehr Verantwortung von Ihnen.»

Wenn Jeff darauf nur ganz allgemein antwortet, so wie er es in Kapitel 5 getan hat («Sie sind zu ungeduldig. Diese Dinge brauchen einfach ihre Zeit. Wenn Sie erst einmal so alt sind wie ich . . .»), kann Susan von ihm verlangen, daß er sich genauer ausdrückt. Wie lange, glaubt er zum Beispiel, muß sie noch warten, bis er ihr mehr Verantwortung überträgt? Welche genauen Erwartungen hat er an ihre Arbeitsleistung? Und wie lange wird es seiner Meinung nach dauern, bis er ihr die alleinige Verantwortung für einen eigenen Geschäftsbereich überträgt?

Auf diese Art würde Jeff gezwungen, bestimmte Kriterien aufzustellen und Termine zu setzen. Wenn Susan dann die Kriterien erfüllt, müßte er auch fristgerecht ihre Verantwortung erweitern. Es mag Jeff vielleicht nicht gefallen, daß er sich so festlegen muß, zumal Susan ihn dazu gebracht hat. Doch aufgrund der Zumutbarkeit von Susans Forderung hat er kaum eine Chance, diese abzulehnen.

Wenn er sich ihr danach weiterhin widersetzen würde, wäre das Risiko groß, daß es zu Schwierigkeiten nicht nur mit dem Präsidenten, sondern auch mit staatlichen Stellen kommt, und bei einer solchen Auseinandersetzung könnte Susan die Hinhaltetaktik von Jeff mit Fristen und Terminen ausreichend belegen.

Durch diese Art des Vorgehens kann Susan Jeff mit einem Vermeidungs-Vermeidungs-Konflikt (vergleiche Seite 11) konfrontieren, bei dem es für ihn wesentlich angenehmer wäre, Susans Verantwortungsbereich zu erweitern, als erklären zu müssen, warum er dies nicht tun will. Darüber hinaus würde Susan auf diese Art ihr Ziel erreichen, ohne feindselig oder aggressiv gegen Jeff auftreten zu müssen, was er wiederum gegen sie verwenden könnte.

Der vielleicht nützlichste Aspekt bei dieser Art des Vorgehens ist der, daß Jeff dabei nicht sein Gesicht verlieren muß. Susan sagt ihm nicht: «Geben Sie mir mehr Verantwortung, sonst ...» Sie beruft sich auch nicht auf den Präsidenten, wodurch sie nur seinen Vorurteilen Nahrung geben würde, daß alle weiblichen Führungskräfte zänkisch, gemein und stets bereit sind, die anderen zu verpfeifen. Statt dessen läßt sie ihn in dem Glauben, daß er die Situation immer noch unter Kontrolle hat, indem er sie zu Worte kommen läßt, ihr die Möglichkeit gibt, sich zu beweisen, um sie entsprechend ihrer Leistung und ihrer Erfolge zu belohnen.

Doch sehen wir uns einmal an, wie Jeff anders auf ihre Forderung nach einer Auflistung ihrer Unzulänglichkeiten hätte reagieren können.

Wenn er ihr, anstatt sich vage auszudrücken, eine Liste seiner Beanstandungen gegeben hätte, wäre es ihr möglich gewesen, sich ein Urteil darüber zu bilden, ob diese gerechtfertigt sind oder ob er sie nur konstruiert hat. Wenn sie hätte zugeben müssen, daß seine Beschwerden gerechtfertigt sind, hätte sie sich bemühen können, Abhilfe zu schaffen, um anschließend ihre Forderung nach mehr Verantwortung zu widerholen. Wenn seine Beschwerden ihrer Meinung nach konstruiert waren, hätte sie vorschlagen können, daß sie sich in zwei Wochen noch einmal zusammensetzen, um zu besprechen, ob Susan besser geworden ist.

Jeff wäre dadurch klar geworden, wie entschlossen Susan ist, seine Zustimmung zu finden, wodurch seine Ablehnung hätte überwunden werden können. Zumindest wäre ihm dadurch bewußt geworden, daß sie nicht gewillt ist, untätig zuzusehen, wie er versucht, sie durch Ignoranz zu zermürben.

Wenn Susan massiver auftreten will, könnte sie Jeffs Urteil über ihre Leistung anfechten und vorschlagen, daß sie den Präsidenten mit hinzuziehen. Dieser letzte, wenn auch extreme Schritt, ist dann gerechtfertigt, wenn Susan der Meinung ist, daß alle anderen Möglichkeiten, den Konflikt zu lösen, erschöpft sind.

Wenn Susan jedoch den Präsidenten ins Spiel bringt, sollte sie das nicht in der spöttischen, fast herablassenden Art tun, wie in dem Beispiel in Kapitel 5 («Wollen Sie damit sagen, daß der Präsident nicht wußte, was er tat, als er mir die neue Position übertrug?»). Sie sollte vielmehr geradeheraus und so neutral wie möglich Jeff die Situation schildern, wie sie sich ihrer Meinung nach darstellt: Susan hat alle Mittel ausgeschöpft, die ihr zur Beilegung des Konfliktes zur Verfügung stehen. Wenn er jetzt keine neue Möglichkeit einer Zusammenarbeit zwischen ihnen sieht, bleibt ihr nichts anderes übrig, als ihm mangelndes Vertrauen vorzuwerfen und den Präsidenten zu bitten, sich einzuschalten.

Meiner Meinung nach sind alle vorgenannten Methoden besser, als die von Susan tatsächlich gewählte, durch die sie nämlich nur auf boshafte und sarkastische Art ihrer Feindseligkeit Ausdruck gab. Mit Ausnahme der letzten Vorgehensweise (Einschalten des Präsidenten) erhielt Jeff bei allen anderen die Möglichkeit zusammenzuarbeiten. Und selbst bei der letzten Möglichkeit gab es noch die Chance für einen Kompromiß und eine Zusammenarbeit. Durch keine der aufgeführten Vorgehensarten wäre es zu einer Eskalation des Konfliktes gekommen.

Dies geschah vielmehr, als Susan und Jeff, anstatt nach einer gemeinsamen Lösung zu suchen, damit anfingen, sich gegenseitig zu bestrafen. Ganz eindeutig läutete Jeff die erste Runde ein, indem er Susan ohne Begründung Verantwortung vorenthielt und ihr auch nicht sagte, wann er diesen Zustand ändern wollte. Sie zahlte es ihm mit gleicher Münze heim, weil sie annahm, daß es sich um einen persönlichen Angriff gehandelt hat (oder eine Breitseite gegen die gesamte berufstätige Frauenwelt). Sie versuchte nicht einmal, nach legitimen Gründen zu suchen, die Jeff eventuell für sein Verhalten haben könnte.

Als es zu der darstellten Konfrontation kam, machte keine der Parteien den Versuch, den Standpunkt der anderen zu untersuchen oder sie zu überzeugen. Statt dessen warfen sie sich nur Beleidigungen an den Kopf.

Die Eskalation steigerte sich, als Susan androhte, die zuständigen staatlichen Stellen einzuschalten. Jeff hätte zu dem Zeitpunkt noch versuchen können, Zeit zu gewinnen, um anschließend zu der Lösung des Konfliktes beizutragen, indem er anerkennt, daß sie tatsächlich Grund zur Beschwerde gehabt hat. Er hätte sie auffordern können, ihre Gründe darzulegen, und, wenn auch nur als eine Art Geste, gewisse Konzessionen machen können.

Statt dessen ignorierte er den Gehalt ihrer Beschwerde und konzentrierte sich nur auf ihre Drohgebärde «Ich laß' mir doch von Ihnen nicht drohen», alş ob die Art und Weise, in der sie ihre Beschwerde vorbrachte, wichtiger gewesen wäre als die Beschwerde selbst.

Tatsächlich blieb Susan kaum etwas anderes übrig, als ihre Drohung wahrzumachen. Als die staatliche Behörde eingeschaltet war, ging es für beide um wesentlich mehr. Der Ansporn zu «gewinnen» stieg beträchtlich. Jetzt konnte keine Partei mehr nachgeben, ohne einzugestehen, daß sie im Unrecht war.

Schließlich spitzte sich die Situation zu, als die staatliche Institution zugunsten von Susan entschied. Jetzt hatte Jeff keinen Vorteil mehr davon, harmonisch mit Susan zusammenzuarbeiten. Sie hatte ihm eine Niederlage zugefügt, und er wollte sich dafür rächen. Das wurde zur heiligen Sache für ihn, wahrhaft eine Mission von großer Bedeutung. Jeff wollte einen Sieg, selbst wenn es sich dabei nur um einen Scheinsieg gehandelt hätte. Er würde sich nur mit einer bedingungslosen Kapitulation zufriedengeben. So entwickelte sich ein kleiner, leicht zu handhabender Konflikt zu einem totalen Krieg.

Bevor ein kleiner Konflikt zu einem großen auswächst, müssen normalerweise vier Voraussetzungen erfüllt sein:

1. *Spiegelbild.* Jede der Parteien betrachtet die Position der anderen als genau gegensätzlich und absolut nachteilig für die eigene Position. Folglich sind beide Parteien blind gegenüber möglichen Entgegenkommen oder Kompromissen.
2. *Unterschiedliche Interpretation von Fakten oder Verhaltensweisen.* Die Parteien sehen effektiv nur, was sie sehen wollen. Sie favorisieren jede Interpretation, die ihren vorgefaßten Zielen am meisten entspricht.
3. *Doppelte Moral.* Die Parteien beurteilen ihre eigenen Handlungen nach anderen Normen als die ihrer Widersacher. «Des einen Brot, des anderen Tod.»
4. *Polarisierte, einseitige Positionen.* Die Parteien konzentrieren sich auf einen einzigen Streitpunkt und betrachten die Position der anderen Partei als genau gegensätzlich dazu. Sie kommen zwangsläufig zu dem Schluß, daß der Konflikt nur eine Ursache hat, und sie sehen ihre Aufgabe darin, die andere Partei zur bedingungslosen Kapitulation zu zwingen.

Sehen wir uns ein paar Beispiele zu diesem Phänomen an, das sowohl in dem Fall von Jeff und Susan als auch in vielen anderen Konflikten gegeben ist.

Spiegelbild

Offensichtlich können sich Susan und Jeff nicht vorstellen, daß sie ein gemeinsames Interesse haben. Keiner von beiden erkennt ihr gemeinsames

Ziel, ihrer Karriere förderlich zu sein, indem sie sich zum Wohle des Unternehmens zusammenschließen. (Zumindest mißt keiner von ihnen dieser Möglichkeit eine Bedeutung bei.) Keiner von beiden scheint zu erkennen, daß beide nur profitieren können, wenn sie ihre Differenzen überwinden und lernen, harmonisch miteinander zu arbeiten.

Statt dessen hält sich jeder für das Opfer des anderen und für sein oder ihr rotes Tuch. Jeff findet, daß er dieses Problem nicht hätte, wenn Susan nicht so ein anmaßendes, aggressives, ungeduldiges Weibsbild wäre, das auf jeden Fall siegen will. Susan hingegen glaubt, daß sie diese Schwierigkeiten nicht hätte, wenn Jeff nicht so ein starrsinniger, altmodischer, unwissender, verbohrter männlicher Chauvinist wäre.

Jeff dämmert es nicht einmal, daß ein Teil seines Verhaltens dazu beiträgt, daß Susan sich so benimmt, wie sie es bisher getan hat. Sie wiederum erkennt nicht, daß ihr Verhalten genau dazu beiträgt, Jeff in seiner Einstellung zu bestätigen. Keiner von beiden versucht, den Standpunkt des anderen zu verstehen.

In fast jedem Stadium eines eskalierten Konfliktes betrachten sich die Parteien als unschuldiges Opfer, das für Wahrheit, Gerechtigkeit und Ehre steht, und das auf hinterhältige Art von dem bösen Feind angegriffen wird. Jeder behauptet, eine faire und gerechte Lösung zu wollen, wogegen die andere Seite ganz etwas anderes will, ergo eine Lösung, die sowohl ungerecht als auch unfair ist.

Zusammenfassend können wir sagen, daß jede Partei in einem typischen eskalierten Konflikt in den Spiegel sieht und dort genau das Gegenteil ihrer eigenen Meinung erblickt, egal, wieviele mildernde Umstände es eventuell gibt, und egal, wieviele gemeinsame Ziele die beiden Kontrahenten vielleicht haben mögen.

Unterschiedliche Interpretation von Fakten oder Verhaltensweisen

Fragen Sie einmal die Parteien zu einem eskalierten Konflikt, worum es bei ihrer Auseinandersetzung eigentlich geht. Sie werden erstaunt sein, wie unterschiedlich die Meinungen sind. So sprachen bei den Rassenunruhen in den Vereinigten Staaten in den 60er Jahren viele von Bürgerrechten gegen Staatsmacht. Ohne Hintergrundinformationen wären Sie nicht darauf gekommen, worum es eigentlich ging.

Nur die wenigsten Vertreter der Bürgerrechtsversion gaben offen zu, daß sie der Meinung waren, daß Schwarze unterdrückt werden müßten. Sie nahmen vielmehr die Haltung eines verfassungstreuen Gelehrten ein und behaupteten, daß es, abgesehen von den lästigen Einzelheiten der gegenwärtigen Auseinandersetzung, primär um eine Klausel in einer zweihundertjährigen Urkunde ging, in der die Zuständigkeit zwischen den einzelnen Bundesstaaten und der Regierung in Washington geregelt wäre.

Ähnlich sprachen viele, denen es eigentlich darum ging, die Rassendiskriminierung für Schwarze abzuschaffen, ganz allgemein von Chancengleichheit, so als wären die Rassenschranken nur ein Teil eines riesigen Komplexes. Hier ganz allgemein von Rassenschranken zu sprechen, war aber nicht korrekt, da die Amerikaner asiatischer Abstammung beispielsweise nicht in den hinteren Teil der Busse verbannt wurden.

Doch kehren wir zu den vergleichsweise harmlosen Konflikten am Arbeitsplatz, zu unserer Auseinandersetzung zwischen Jeff und Susan, zurück. Wenn wir sie jetzt ebenfalls fragen würden, worum es ihrer Meinung nach geht, bekämen wir auch die unterschiedlichsten Antworten.

Jeff empfindet den Konflikt vielleicht als Angriff auf seine Autorität und als den Versuch, die bisher gewohnte (und damit «richtige») Ordnung zu zerstören. Seiner Meinung nach ist Susan eine Bilderstürmerin, eine Aufwieglerin, jemand, der ohne Gegenleistung etwas fordert.

Da er älter ist als sie, betrachtet er Susans Ehrgeiz vielleicht als Angriff der Alten durch die Jungen. Es fällt ihm wahrscheinlich sehr schwer zu glauben, daß Susan nichts anderes will, als die gleichen Chancen, die er einem männlichen Kollegen einräumen würde.

Jeff ist wahrscheinlich viel eher der Meinung, daß sie versucht, durch politische Schritte eher an ihr Ziel zu gelangen, ohne ihre Pflichten erfüllen zu müssen. Und vielleicht kommt ihm noch der Gedanke, daß sie wahrscheinlich nur befördert worden ist, weil sie ein Verhältnis mit dem Präsidenten hat. In den 80er Jahren wurde eine personelle Kontroverse bekannt, bei der es darum ging, daß eine 29jährige Frau Vizepräsidentin eines der größten Unternehmen des Landes wurde. Es war bekannt, daß sie und der Leiter des Unternehmens auch privat verkehrten. Nun, bei dieser Konstellation konnten es sich selbst die konservativsten Zeitungen nicht verkneifen, die Möglichkeit einer Affaire zwischen den beiden zumindest anzudeuten. Wäre der neue Vizepräsident ein 29jähriger Mann gewesen, hätte sich kaum jemand darum gekümmert, ob er mit dem Leiter des Unternehmens auch privat verkehrt, ganz zu schweigen von der Möglichkeit eines Verhältnisses zwischen den beiden Männern.

Das könnten Jeffs Eindrücke von dem Konflikt sein. Und wie sieht Susan ihn? Sie denkt wahrscheinlich in erster Linie an die Rechte der Frauen am Arbeitsplatz und an Chancengleichheit. Vielleicht hält sie sich für eine Verfechterin der «Neuen Ordnung» und sieht Jeff als reaktionären Gegner, der sich gegen den Fortschritt stellt.

Für Susan ist Jeff wahrscheinlich unflexibel, selbstsüchtig und intolerant; sie denkt nicht eine Sekunde daran, daß dies ebenso für sie gelten

könnte. Da sie jünger ist als er, wertet sie seinen Widerstand eher weitergefaßt als eine Verteidigung gegen das Eindringen in das «Establishment».

Bei einem eskalierten Konflikt reagieren die Parteien ganz besonders
empfindlich auf unehrenhafte Handlungen oder Motive ihrer Gegner, wobei jedoch keiner daran denkt, daß seine ebenfalls alles andere als rein, gut
und wahr sein können.

In einer Studie, die von der Regierung in Auftrag gegeben worden war,
sollten Führungskräfte Konflikte schildern, in die sie verwickelt waren. Sie
beschrieben ihre Widersacher fast einmütig als anmaßend, hartnäckig, be-
drohlich und nicht kooperativ. Sich selbst hielten sie für umsichtig, ver-
ständnisvoll, gewissenhaft und zur Zusammenarbeit bereit.

Mit anderen Worten fand jeder Beteiligte, daß sein Gegenpart kämpferisch, wenn nicht sogar feindselig war und gegen die Interessen aller Beteiligten handelte. Sich selbst wiederum beschrieben sie als kooperativ,
freundlich und hilfsbereit.

Wie sehr es bei der Wahl der Ausdrücke auf den jeweiligen Standpunkt
ankommt, zeigen ein paar Beispiele in Orwellscher Sprache, die von den
Parteien eines eskalierten Konfliktes gerne benutzt werden:

Ich biete meine Hilfe an, Sie mischen sich ein.

Ich bin flexibel, Sie haben kein Rückgrat.

Ich habe meine Überzeugung, Sie sind starrsinnig.

Ich bin vielseitig interessiert und kann mich rasch auf veränderte Situationen einstellen, Sie haben Schwierigkeiten, sich zu konzentrieren.

Ich bin moralisch, Sie sind moralisierend (vielleicht sogar prüde und ein
Pedant).

Ich bin ein Idealist, Sie sind ein Ideologe.

Ich bin Realist, Sie haben keine Prinzipien.

Ich bin pragmatisch, Sie würden ihre eigene Großmutter verkaufen.

Ich bin romantisch, Sie sind ein Träumer.

Ich bin stark, Sie sind aggressiv.

Ich reagiere rasch, Sie handeln unüberlegt.

Ich bin sensibel, Sie sind leicht zu verletzen.

Ich bin geradeheraus, Sie sind taktlos.

Ich bin introspektiv, Sie sind egozentrisch und verschwenden zu viel Zeit
für unwichtige Dinge.

Zweierlei Maß (Doppelte Moral)

Dies mag auf den ersten Blick nur eine Weiterführung des vorherigen Punktes sein. Doch es gibt dabei wesentliche, wenn auch subtile Unterschiede.

Der wesentlichste Unterschied liegt in dem Aufstellen von Grundregeln. Die Parteien eines eskalierten Konfliktes sind häufig der Meinung, daß sie für sich Freiheiten in Anspruch nehmen können, die sie anderen nicht zugestehen.

Terroristische Handlungen sind vielleicht die extremste Form dieser Art von doppelter Moral. Die wenigsten Terroristen würden behaupten, daß es moralisch vertretbar ist, unschuldige Menschen zu töten. Und trotzdem nehmen sie dies bei ihren Aktionen in Kauf. Sie rechtfertigen sich, indem sie sagen, daß dies ihr einziges Druckmittel gegen die übermächtige Gegenseite ist.

In den meisten Fällen begeht die Regierung, die gegen Terroristen opponiert, ihrerseits in gewisser Weise ebenfalls terroristische Handlungen wie Todesurteile im Schnellverfahren, ungerechte Haftstrafen, Foltern von Gefangenen, Beschlagnahme von Vermögen. Rein rechtlich gesehen ist die Vorgehensweise des Staates völlig legal, denn er hat die Gesetze selbst geschaffen. Und trotzdem verurteilen die meisten Menschen das Vorgehen zumindest als unmoralisch.

Wie rechtfertigt der Staat nun sein Verhalten? Er sagt, daß all dies zur Aufrechterhaltung von Recht und Ordnung erforderlich sei. «Diese Leute muß man so behandeln», sagen sie. «Wenn wir sie anders behandeln, übernehmen sie eines Tages den ganzen Staat, und dann wird es zu einem unvorstellbaren Blutbad kommen.»

Es gibt andere Beispiele für diese Art, mit zweierlei Maß zu messen. Nehmen wir Werkspionage. Dabei geht es um Schaltdiagramme für Computer, Umsatzzahlen, Konstruktionspläne für ein neues Auto oder Kundenlisten. Es gibt eine Vielzahl von Dingen, die für die Konkurrenz wertvoll sind.

Rein rechtlich gesehen ist dies ein eindeutiger Fall von Diebstahl. Doch wie rechtfertigen ihn die Auftraggeber, die dahinterstehen? «Zugegeben, unter normalen Umständen ist es falsch zu stehlen. Ich würde ja auch kein Geld nehmen, und schon gar nicht von Leuten, die es nötig brauchen. Aber in diesem Fall geht es um etwas ganz anderes. Die Firma ist seit vielen Jahren marktbeherrschend. Sie haben mehr Geld als zehn von uns zusammen. Sie haben den halben Senat und zwei Drittel des Repräsentantenhauses bestochen. Und ihr Hausanwalt ist der ehemalige Justizminister! Wenn man gegen einen solchen Gegner antreten muß, kann man nicht völlig getreu den Buchstaben des Gesetzes handeln.»

Bitten Sie einmal eine der Parteien eines eskalierten Konfliktes, ein Verhalten zu erklären, das Ihrer Meinung nach nicht ethisch ist. Wahrscheinlich bekommen Sie zu hören, daß dieses oder jenes unter den gegebenen Umständen einfach notwendig war. Wenn der andere sich aber ebenso verhalten hätte, wäre es ein schmutziger Trick gewesen.

Der andere ist böse, nur ich bin schlau!

Auch in dem Konflikt zwischen Jeff und Susan gibt es genügend Beweise, daß beide Parteien glauben, Freiheiten für sich in Anspruch nehmen zu dürfen, die sie der anderen Seite nicht zugestehen.

Susan beispielsweise hat überhaupt keine Skrupel, in einer sarkastischen Art mit Jeff zu reden. Sie wirft ihm niedrige Beweggründe vor und stellt ihm ein Ultimatum. Natürlich ist keine dieser Handlungen ungesetzlich, und die meisten von uns würden sie noch nicht einmal als unmoralisch bezeichnen. Anderseits würde Susan ein ähnliches Verhalten einer ihrer Untergebenen ihr gegenüber wahrscheinlich für nicht korrekt halten.

Jeff mißt ebenfalls mit zweierlei Maß. Er wäre bestimmt verärgert, wenn sich sein Vorgesetzter, ob Mann oder Frau, sich so herablassend mit ihm unterhalten würde, wie er es mit Susan getan hat. Allerdings findet er nichts dabei, die Diskussion einfach zu beenden, indem er sagt: «Ich lasse mir von Ihnen doch nicht drohen. Und Sie hören von unserem Anwalt.»

Polarisierte, einseitige Positionen

Die Parteien neigen in einem eskalierten Konflikt häufig dazu, sich auf einen einzigen Streitpunkt zu konzentrieren und betrachten alles andere als genaues Gegenteil dazu.

Bei jedem Konflikt, bei dem es um einen einzigen Streitpunkt geht, gibt es nur die eine Lösung, daß eine Partei gewinnt oder beide verlieren. Kompromisse in jeglicher Form sind ausgeschlossen. Entweder haben Sie Recht oder ich. Aber wir können nicht beide recht haben. Einen Kompromiß zu schließen würde bedeuten aufzugeben, das Gesicht zu verlieren.

Ist es daher nicht paradox, daß viele Leute versuchen, Konflikte zu bewältigen, indem sie die Parteien auffordern, sich auf einen Punkt zu konzentrieren?

Möchtegern-Vermittler fragen: »Worum geht es tatsächlich bei Ihrem Konflikt, wo genau liegt der Streitpunkt?» Doch leider bringen sie durch diese Art der Fragestellung die Parteien dazu, sich auf einen einzigen Punkt zu konzentrieren, wodurch eine Eskalation des Konfliktes stark begünstigt wird.

Meiner Meinung nach sollten die Parteien dazu gebracht werden zu erkennen, daß der Konflikt mehr als nur eine einzige Ursache hat. Der Vermittler zwischen den Konfliktparteien sollte sich vielmehr bemühen, so viele einzelne Streitpunkte des Konfliktes wie möglich herauszuarbeiten und darauf hinzuweisen, daß diese untrennbar miteinander verbunden sind. Je mehr einzelne Streitpunkte erkannt werden, desto mehr Möglichkeiten gibt es, eine Lösung zu erarbeiten, bei der sich beide Parteien als Sieger betrachten können.

Die einzelnen Streitpunkte eines Konfliktes müssen nicht zwingend zusammengehören. Tatsächlich sind diejenigen Vermittler am erfolgreichsten, die die Parteien dazu bringen können, sich auf Konzessionen bei nicht zusammengehörenden Punkten im Austausch gegen Konzessionen bei zusammengehörigen einzulassen.

Wenn es bei einem Konflikt nur um einen einzigen Streitpunkt geht, glauben die Parteien, daß ihnen nichts anderes übrigbleibt, als die Gegner zur bedingungslosen Kapitulation zu zwingen. Wenn die Parteien jedoch dazu gebracht werden können, den Konflikt als vieldimensional zu betrachten, sind sie häufig bereit, auf annehmbare Kompromisse einzugehen.

Auch im Konflikt zwischen Susan und Jeff dominierte ein einziger Streitpunkt. Dabei hätten beide sicherlich eine Vielzahl von Interessen in dem Konflikt gehabt. So wehrte Susan sich wahrscheinlich nicht nur dagegen, daß ihr Verantwortung vorenthalten wurde, sondern sie wollte auch die vielen Vorteile, die normalerweise mit Verantwortung verknüpft sind: interessante Arbeit, das Gefühl, etwas erreicht zu haben, Anerkennung innerhalb des Unternehmens, mehr Geld und bessere Sozialleistungen. Jeff war anderseits sicherlich nicht nur gegen eine Frau als Untergebene. Er wehrte sich ebenfalls dagegen, daß er bei ihrer Ernennung kein Mitspracherecht hatte. Auch machte er sich Gedanken, wie sich diese Ernennung über seinen Kopf hinweg auf seine gesamte Position innerhalb des Unternehmens auswirken würde. Außerdem befürchtete er wahrscheinlich, daß Susan ihrer Aufgabe nicht gerecht würde, was sich nachteilig auf seine Abteilung und auf seine beruflichen Fähigkeiten als Manager auswirken könnte. Vielleicht war dies sogar seine größte Befürchtung.

Wenn Susan oder Jeff versucht hätten, den Konflikt einmal aus der Sicht der anderen Partei zu sehen, hätten sie der anderen Seite anbieten können, ihr bei dem Erreichen ihrer Ziele behilflich zu sein! Zumindest hätten sie viel mehr Kompromißbereitschaft gezeigt.

Jeff, der Susan auf keinen Fall in seiner Abteilung haben wollte, hätte sie zum Beispiel so viel loben können, daß eine andere Abteilung oder ein anderes Unternehmen versucht hätte, eine so tüchtige Person von ihm abzuwerben. Susan hätte dadurch alles erreicht, was sie wollte – und nichts davon auf Jeffs Kosten. Susan ihrerseits hätte nicht darauf warten müssen, daß Jeff ihr mehr Verantwortung übergibt. Sie hätte einfach aus Eigeninitiative heraus, eventuell auch durch Überstunden, eine bestimmte Arbeit erstellen und diese dann Jeff als vollendete Tatsache vorlegen sollen, um so ihre Fähigkeiten zu beweisen. Wenn ihr diese Bemühungen nicht weitergeholfen hätten, hätte sie Jeff direkt ansprechen sollen: «Gut, wenn Sie mich loswerden wollen, werde ich es Ihnen leichtmachen. Sie setzen mir einfach ein nettes Empfehlungsschreiben auf und bringen mich mit ein paar wichtigen Leuten aus anderen Abteilungen zusammen.»

Anstatt jedoch Möglichkeiten dieser Art zu erkennen, konzentrierten Jeff und Susan sich ganz auf einen einzigen Punkt. Nach Meinung von Susan ging es um die Rechte der Frauen gegen Sexismus, Jeff glaubte, daß es sich um Autonomie gegen Einmischung handelte. Egal, welche Vorstellungen die beiden Konfliktparteien hatten, sie verbissen sich in eine einzige Sache – und verloren beide.

Doch nehmen wir ein anderes Beispiel, in dem es die Vermittler verstanden haben, einen Konflikt, bei dem es angeblich nur um einen einzigen Punkt ging, in viele relevante Bestandteile aufzulösen. Es wird Sie kaum überraschen, daß dieses Beispiel aus der Welt der Diplomatie kommt.

Seit dem zweiten Weltkrieg unterhalten die Vereinigten Staaten Militärstützpunkte in Griechenland. Es sind dort etwa 3 700 Amerikaner stationiert, und 2 500 Griechen sind bei den Stützpunkten fest angestellt. Durch die Militärstützpunkte fließen jährlich etwa 70 Millionen Dollar in die griechische Wirtschaft. Die Existenz der Stützpunkte ist zwischen den beiden Staaten vertraglich abgesichert. Bei dieser rechtlichen Grundlage handelt es sich um einen Vertrag, der eine Stufe unter einem Staatsvertrag rangiert, mit der Konsequenz, daß für seinen Abschluß nicht die Zustimmung des US-Senats erforderlich ist. Die Genehmigung durch das griechische Parlament muß jedoch erfolgen.

Andreas Papandreou, der 1981 sozialistischer Kandidat für das Amt des Premierministers war, versprach in dem Jahr, alle ausländischen Militärstützpunkte in Griechenland aufzulösen. Sein Versprechen richtete sich offensichtlich gegen die Vereinigten Staaten, da kein anderes Land vergleichbare Stützpunkte unterhielt. Es mußte also von der Annahme ausgegangen werden, daß im Fall eines Wahlsieges von Papandreou alle amerikanischen Stützpunkte aufgelöst würden, richtig? Oder, um es noch genauer zu sagen, nach Ablauf des entsprechenden Vertrages am 31. Dezember 1983 würde dieser nicht mehr verlängert, oder?

Nun, nicht ganz. Fünfzehn Monate vor Ablauf des Vertrages, das heißt im Oktober 1982, fingen die beiden Länder an, über eine mögliche Verlängerung zu verhandeln. Aufgrund der Erklärung von Papandreou sind Sie und ich sowie Jeff und Susan sicherlich der Auffassung, daß es gar nichts mehr zu verhandeln gibt. Doch da sind wir im Irrtum. Reginald Bartholomew, Verhandlungsführer für die Vereinigten Staaten, und der stellvertretende Außenminister Griechenlands Ioannis Kapsis «packten» diesen Konflikt, bei dem es angeblich nur um einen einzigen Punkt ging, «aus», indem sie eine Reihe von Nebenaspekten mit ins Gespräch brachten.

So erhielt Griechenland nach dem amerikanischen Sicherheitsprogramm jährlich etwa 280 Millionen Dollar. Dieses Programm hatte zwar eigentlich nichts mit den Militärstützpunkten zu tun, doch eine Verbindung war rasch hergestellt. Die Reagan-Administration beantragte im Kongreß eine Erhöhung des Sicherheitsfonds auf 500 Millionen Dollar für das Jahr 1984, vorbehaltlich des erfolgreichen Abschlusses der Verhandlungen. Durch diesen Schritt war es Bartholomew möglich, mit dem sprichwörtlichen Zuckerbrot und Peitsche zu verhandeln.

Ein weiterer Nebenaspekt des Konfliktes: In dem Vertrag, der am 31. Dezember 1983 auslief, war nicht festgelegt, in welchem Zeitraum und auf welche Art sich die Truppen zurückziehen sollten. Bartholomew schlug daher vor, den Vertrag zu verlängern, doch dabei eine Bestimmung mitaufzunehmen, die besagt, daß sich die Truppen innerhalb von siebzehn Monaten nach Ablauf des Vertrages zurückziehen müßten. Das war nun ein amerikanisches Zuckerbrot ohne Peitsche. Papandreou seinerseits bekam dadurch ein wirkungsvolles Propagandamittel in die Hand. Mehr hierzu ein wenig später.

Die Verhandlungen dauerten neun Monate und wurden zumindest nach außen hin intensiv und hart geführt. So schrieb eine Zeitung: «Die streckenweise bitteren Verhandlungen gipfelten in einem Ausbruch antiamerikanischer Rhetorik seitens Papandreous.» Im Juli 1983 jedoch gaben die Regierungen in Washington und Athen bekannt, daß die Vereinbarung um weitere fünf Jahre verlängert worden sei. In der offiziellen Erklärung zur Vertragsverlängerung wurden die beiden Nationen als «enge Freunde und Verbündete» bezeichnet.

Hat Papandreou sein Wahlversprechen damit nicht eingehalten? Nun, nicht ganz. In einer Erklärung, die er anschließend an die beidseitige Verlautbarung in Athen abgab, unterstrich Papandreou, daß in dem neuen Vertrag geregelt sei, daß die Truppen innerhalb von siebzehn Monaten nach Vertragsbeendigung am 31. Dezember 1988 abziehen müßten. Papandreou bezeichnete diese Klausel als eine «historische Wiedererlangung der nationalen Souveränität Griechenlands».

Inzwischen erklärte das Außenministerium in Washington der Presse, daß der neue Vertrag weitestgehend identisch mit dem alten sei. Es wurde hinzugefügt, daß auch in dem neuen Vertrag zwingend vorgeschrieben sei, nach Ablauf der fünf Jahre über das Bestehen der Stützpunkte neu zu verhandeln. Die «Garantie» mit den siebzehn Monaten wurde als Nachfrist bezeichnet, in der beide Regierungen Zeit hätten, sich für eine Verlängerung des bestehenden Vertrages oder neue Verhandlungen zu entscheiden.

Papandreou beeilte sich auch, seinen Wählern zu versichern, daß die Vereinigten Staaten den neuen Vertrag nicht durch eine Fast-Verdoppelung ihrer Sicherheitszahlungen an Griechenland «gekauft» hätten. Er wies vielmehr darauf hin, daß die Vereinigten Staaten schon Jahre vorher ein Verhältnis von 10 zu 7 für die Militärhilfe an die Türkei und Griechenland festgelegt hätten, das bedeutet, daß Griechenland 7 Dollar erhalten würde, wenn die Türkei 10 Dollar bekäme. Da für die Türkei für 1984 insgesamt

755 Millionen Dollar gefordert werden, entspricht die griechische Forderung über 500 Millionen Dollar dem zuvor festgesetzten Verhältnis.

Da der Antrag auf Militärhilfe kein Bestandteil des Vertrages über die militärischen Stützpunkte gewesen ist, gab Papandreou bekannt, daß Bartholomew sich in privaten Schreiben, die zwischen ihm und dem griechischen Verhandlungsführer Kapsis ausgetauscht worden sind, damit einverstanden erklärt hätte. (Bartholomew gab dazu keine Erklärung ab. Doch Sprecher des amerikanischen Außenministeriums gaben gegenüber der Presse bekannt, daß es solche Nebenabsprachen nicht gegeben hätte, zumal Bartholomew dazu gar nicht ermächtigt gewesen wäre.)

Nun, ob diese Behauptung zutreffend war oder nicht, ist es doch eine Tatsache, daß die amerikanischen und griechischen Verhandlungspartner sich nicht auf einen einzigen Streitpunkt versteiften («die Stützpunkte müssen aufgelöst werden» und «die Stützpunkte müssen bestehen bleiben»), sondern daß sie zusätzliche Gesichtspunkte eingeführt haben, die beiden Seiten mehr Möglichkeiten gaben, Konzessionen zu finden und darauf einzugehen. Bei dieser Art der Vorgehensweise konnten beide Seiten ihr Gesicht wahren.

Konflikte eskalieren dann, wenn sich die Parteien auf einen einzigen Punkt beschränken, mit zweierlei Maß messen, was ihre Verhaltensweisen angeht, Fakten oder Verhaltensweisen unterschiedlich interpretieren und die Position der anderen Partei als spiegelbildlichen Gegenpol sehen. Konflikte schwächen sich ab und können gelöst werden, wenn die Parteien erkennen, daß es bei ihrer Auseinandersetzung nicht nur um einen einzigen Punkt geht, und daß sie durchaus auch gemeimsame Interessen haben. Sie sind anschließend in der Lage, Konzessionen zum Wohle aller Beteiligten einzugehen.

Etwas später werde ich ausführlich auf die Techniken der Konfliktlösung eingehen. Doch zunächst möchte ich mir noch mit Ihnen zusammen ansehen, wie Konflikte destruktiv und produktiv eingesetzt werden können.

7

Destruktive und produktive Konsequenzen
von Konflikten

Einige der *destruktiven* Konsequenzen sind sicherlich allen von uns klar:

1. Streß und seine psychischen und physischen Auswirkungen auf die Menschen.

2. Vergeudung von personellen und / oder unternehmerischen Mitteln, da die Parteien ihre Zeit, Gedanken und Material für ihren Kampf einsetzen, anstatt sie für Geschäfte zu nutzen.

3. Verminderte Leistungsfähigkeit, da der Konflikt Energie, Entschlußkraft und Einsatzfreude verbraucht.

Diese Konsequenzen ziehen wiederum eigene Konsequenzen nach sich, wobei nicht alle offensichtlich sind. Eine der unerkannt gebliebenen Konsequenzen von konfliktbedingtem Streß ist die ungerechte Ausdehnung von Feindseligkeiten auf Leute, die eigentlich gar nichts mit dem Konflikt zu tun haben.

Sie und ich haben beispielsweise einen Konflikt am Arbeitsplatz. Abends treffe ich mich mit einem Freund und breche einen unsinnigen Streit vom Zaun. Sie gehen inzwischen nach Hause und reagieren sehr oft schroff auf Ihre Frau. Diese wiederum fährt ihr Kind an, das seinerseits dem Hund einen Tritt versetzt.

Dieser Domino-Effekt eines Konflikts kann sich unter Umständen sogar verselbständigen und eine Ursache für permanenten Streß werden, der den eigentlichen Konflikt noch verstärkt.

Ihre Frau, die es inzwischen leid geworden ist, daß Sie Abend für Abend schlecht gelaunt aus dem Büro nach Hause kommen, verlangt von Ihnen, daß Sie sich eine andere Stelle suchen. Ihr Kind, das ja noch weiter von dem eigentlichen Konflikt entfernt ist, bekommt Schwierigkeiten in der Schule. Und Ihr armer Hund, das letzte Glied in dieser Kette, beißt eines Tages Ihren Nachbarn.

Einige Organisationen, denen dieser Domino-Effekt von Konflikten bekannt ist, bauen Turnhallen und Außenanlagen und bieten Werksport an in der Hoffnung, daß konfliktbezogene Feindseligkeiten zwischen den Mitarbeitern dort abreagiert werden können, um so zu vermeiden, daß dieses Abreagieren an gänzlich unschuldigen Personen geschieht.

Vergeudung von Mitteln, die durch Konflikte hervorgerufen wird, finden wir in Form von giftigen, anonymen Briefen, die unzufriedene Mitarbeiter an eine Aufsichtsbehörde schreiben, oder in bösen, anonymen Notizen, die über Nacht an das schwarze Brett geheftet werden. Die Mitarbeiter beginnen, Zeit und in der Folge Geld des Unternehmens in ihren Konflikt zu investieren.

Dann gibt es noch das Spiel «Arbeit nach Vorschrift», das ganz beliebt ist. «Ich tue nur das, wofür ich bezahlt werde, keinen Strich mehr. Denen werde ich es schon zeigen!»

Selbstverständlich kann keine Arbeitsplatzbeschreibung vollständig sein (siehe Kapitel 4), und viele Dinge werden nicht berücksichtigt, die als Selbstverständlichkeit angesehen werden. «Gut, in der Arbeitsplatzbeschreibung heißt es zwar, daß ich Kaffee kochen muß. Doch es heißt dort nicht, daß ich ihn auch einschenken und servieren, und anschließend alles abspülen muß. Auch ist keine Rede davon, daß ich Kaffee, Milch und Zukker einzukaufen habe...» Auf diese Art wird die Arbeitsplatzbeschreibung in einem Konflikt zur Waffe.

In einer weitergehenden destruktiven Konsequenz eines Konfliktes benutzen die Mitarbeiter die Macht, die ihnen aufgrund ihrer Position oder Funktion zusteht, um ihrem Gegner Schaden zuzufügen. So kann die Kreditabteilung beispielsweise jeden neuen Kunden ablehnen, den die Verkaufsabteilung, zum Teil mühselig, geworben hat.

Dabei können die Kollegen aus der Kreditabteilung ganz scheinheilig argumentieren: «Wir handeln nur zum Wohle des Unternehmens. Wenn die Verkäufer uns einen guten, zahlungskräftigen Kunden bringen würden, wären wir selbstverständlich gerne bereit, ihm Kredite zu gewähren. Aber so...» Vielleicht wollen sich die Kreditsachbearbeiter auf diese Art für eine tatsächliche oder vermeintliche Beleidigung rächen, die ihnen die Verkaufsabteilung zugefügt hat.

Eine besondere Form von destruktiver Konsequenz eines Konfliktes, die oft unerkannt bleibt, ist Sabotage. Ich habe diesen Ausdruck bewußt verwendet, obwohl ich weiß, daß er bei einigen Lesern die Vorstellung von einem Bösewicht erweckt, der eine Bombe in einem Munitionslager versteckt. Selbstverständlich ist das Sabotage. Was ich aber hier meine, sind wesentlich subtilere Formen wie Bummelstreiks oder Verschwendung von Mitteln des Unternehmens.

Sabotage tritt häufig dann auf, wenn eine Konfliktpartei sehr mächtig ist und die andere nicht. Die «kleine» Partei sieht ihre einzige Chance, sich zu revanchieren, in der Sabotage.

Wir finden bezeichnenderweise kaum Sabotage, wenn es sich bei den Konfliktparteien um zwei leitende Angestellte handelt, die sich um ein neues Projekt streiten, das jeder gerne für sich möchte. Oder bei zwei Sekretärinnen, die sich um eine neue Schreibmaschine streiten. Sind die Konfliktparteien ebenbürtig, oder zumindest nahezu ebenbürtig, ist Sabotage nicht nötig. Diese gegnerischen Parteien haben in ihrer Auseinandersetzung weit wirkungsvollere Mittel.

Fälle von Sabotage finden wir zum Beispiel dann, wenn die Zentrale einen Beschluß erläßt, der von den Mitarbeitern in den einzelnen Filialen als außerordentlich lästig angesehen wird – insbesondere dann, wenn es kein Ventil gibt, durch das sie ihren Ärger ablassen könnten.

Die Techniken der Sabotage sind normalerweise legal. Sie zielen darauf ab, denjenigen, die an den Schalthebeln der Macht sitzen, einen Verlust zuzufügen. So kann ein Angestellter absichtlich den Warmwasserhahn in der Toilette nicht zudrehen. Auf diese Art wird eine Menge Energie verschwendet, und vielleicht sogar der Raum überschwemmt. Oder der für den Postausgang zuständige Angestellte frankiert Hunderte von Briefen mit der Frankiermaschine, die anstatt auf 0,37 Dollar auf 3,70 Dollar eingestellt ist.

Was kann ein Manager in solchen Fällen tun? Selbst wenn es gelänge, den Verantwortlichen zu finden, der den Waserhahn nicht zugedreht oder die Frankiermaschine falsch eingestellt hat, sollte man von ihm verlangen, den Schaden zu ersetzen? Oder sollte er entlassen werden? Tatsächlich wird sich jeder Versuch, den Verantwortlichen zu bestrafen, als kontraproduktiv erweisen. Durch die Bestrafung eines Mitarbeiters gewinnt dieser die Sympathie seiner Kollegen, und es wird die Feindseligkeit gegenüber dem Unternehmen und / oder dem zuständigen Manager geschürt. Die Einstellung ist wie folgt: «Es war doch nur ein Versehen. Was ist das für eine Firma, für die wir arbeiten, wenn wir bestraft werden, nur weil wir einen Fehler gemacht haben? Das ist ja schlimmer als beim Militär. Die Firma schwimmt im Geld, und wir kommen gerade so über die Runden. Und dann behandelt sie uns noch auf diese Art.»

Wenn Sie den verantwortlichen Mitarbeiter tatsächlich entlassen wollen, warten Sie lieber bis zu einem späteren Zeitpunkt, so daß die Entlassung nicht mehr mit dem Vorfall in Verbindung gebracht und damit als Bestrafung angesehen werden kann. Die Kollegen könnten die Bestrafung als ungerecht ansehen, selbst wenn der Betreffende erheblichen Schaden angerichtet hat. Für die meisten Mitarbeiter sind «Fehler» dieser Art keine Sabotage.

Und wie können wir sicher sein, daß es sich tatsächlich um Sabotage handelt? Das können wir nur, wenn wir den Mitarbeiter in flagranti erwischen. Ich meine aber, daß kein Mitarbeiter, dem das Unternehmen am Herzen liegt, «Unfälle» dieser Art zuläßt.

Sorglosigkeit ist mangelnde Sorge um denjenigen, dessen Mittel gefährdet sind oder beschädigt werden. Gleichgültigkeit am Arbeitsplatz ist ein Ausdruck von Feindseligkeit, eine Aussage wie: «Das Unternehmen kümmert sich nicht um mich, warum sollte ich mich da um das Unternehmen kümmern?»

Ein ausgezeichnetes Beispiel für einen Fall von Sabotage, die als solche lange nicht zu erkennen war, passierte in einer Abteilung einer Fast-food-Kette. Das Unternehmen, das sorgfältig darauf bedacht war, alles, was die Filialen betraf, zu quantifizieren, stellte einen langsamen, aber stetigen Anstieg der Lebensmittelkosten im Vergleich zu den Gewinnen fest. Da der Einkauf und der Vertrieb zentral geregelt waren, blieb als einzige Erklärung, daß Lebensmittel verschwendet würden. Das bedeutete, daß in dieser Abteilung mehr Lebensmittel pro Dollar aufgewendet wurden als in allen übrigen Abteilungen. Entweder stahlen die Angestellten, schenkten das Essen her, indem sie entweder größere Portionen austeilten und Essen kostenlos an Freunde abgaben, es wegwarfen, es unsachgemäß behandelten oder einfach verkommen ließen.

Weniger erfahrene Manager, als die unseres Unternehmens, hätten vielleicht geschlossen, daß es sich um Fälle von kleineren Diebstählen handelte oder daß das Personal nicht ausreichend genug angeleitet worden wäre, was beispielsweise die Größe der Portionen oder die Lagerung von Lebensmitteln anbelangt. Sie hätten das Problem zu lösen versucht, indem sie Aufklärungsarbeit betrieben und die einzelnen Filialleiter unter Druck gesetzt hätten, sich besser um das Geschäft zu kümmern. Eine noch ungeschicktere Vorgehensweise wäre gewesen, einen Privatdetektiv zu engagieren, der versuchen sollte, die Täter auf frischer Tat zu ertappen und sie anschließend, um ein Exempel zu statuieren, zu bestrafen.

Doch durch alle vorgenannten Reaktionen wären nur die Symptome, nicht aber die eigentliche Ursache bekämpft worden. Die Dinge hätten sich auf diese Art eher verschlimmert. Die Aufklärungskampagne wäre die Zielscheibe des Spotts geworden. Für die Manager wäre die Tatsache, daß sie unter Druck gesetzt werden sollten, der berühmte Tropfen, der das Faß zum Überlaufen gebracht hätte, und die Kollegen, von denen die meisten teilzeitbeschäftige Studenten waren, wären über die Bestrafung verärgert gewesen und hätten unter Umständen zu kostspieligeren Formen der Sabotage gegriffen.

Da der Geschäftsleitung der Fast-food-Kette all diese möglichen Konsequenzen bekannt und sie sicher waren, daß es sich eindeutig um Sabotage handelte (ein Angriff der Machtlosen auf die Mächtigen), entsandten sie einen Personalberater in die Abteilung. Der Berater führte sogenannte «Meckerstunden» ein, die regelmäßig einmal in der Woche abgehalten wurden. Außerdem entwarf er ein Prämienprogramm, im Rahmen dessen sämtliche Mitarbeiter einer Filiale bei besonderer Leistung einen Ferienaufenthalt gewinnen konnten. Über Dinge wie Verschwendung, Sabotage oder steigende Kosten wurde kein Wort verloren. Nach ein paar Monaten war nicht nur das Problem verschwunden, sondern das Kosten/Nutzen-Verhältnis der Filiale entwickelte sich günstiger als das der übrigen.

Der Personalberater hatte ganz richtig erkannt, daß ein Fall von Sabotage vorlag und daß die *Sabotagehandlungen Symptome für die Unzufriedenheit* der Angestellten waren. Anstatt nun die Symptome zu bekämpfen, wandte er sich direkt gegen die eigentlichen Ursachen. Und als den Beschwerden der Mitarbeiter Rechnung getragen war, löste sich damit das Problem.

Es kann allerdings leicht passieren, daß ein Manager Sabotage nicht erkennt. Wenn Fälle von Verschwendung, Unachtsamkeit, unentschuldigtem Fernbleiben, Beschädigung von Firmeneigentum oder ähnliches eintreten, neigen viele Manager dazu, dies ganz allgemein mit mangelnder Verantwortung seitens der Arbeitnehmer, Gleichgültigkeit und fehlender Motivation zu erklären. Jedoch betreiben in vielen, wenn nicht gar in den meisten Fällen, die Mitarbeiter bewußte oder unbewußte Sabotage, und erst wenn die Ursachen für die Beschwerden der Mitarbeiter beseitigt worden sind, verschwindet auch das Problem.

In einem Fall, an dem ich persönlich beteiligt war, waren die Leiter einer Produktionsanlage mit der Produktivität in einer ihrer Fabriken nicht zufrieden. Fachleute wurden entsandt, die die Effizienz des Herstellungsverfahren überprüfen und gegebenenfalls Lösungsvorschläge unterbreiten sollten.

Die Fachleute stellten fest, daß die Temperatur in der Fabrik zu hoch war, wodurch ihrer Meinung nach die Arbeiter lethargisch wurden. Sie schlugen daher vor, allmählich die Temperatur von 23 Grad auf 18 Grad zu senken, so daß die Arbeiter keinen abrupten Wechsel feststellen konnten. Die Geschäftsleitung ging auf den Vorschlag ein, doch es kam zu keinerlei Reaktion, weder positiv noch negativ. Es kam zwar gelegentlich zu Beschwerden gegenüber den Vorgesetzten. Doch wenn diese sagten, daß man nichts dagegen tun könne, ließen die Beschwerdeführer die Sache auf sich beruhen. Es gab keine Beschwerden an die Gewerkschaft, keine Anträge an die Geschäftsleitung und keine Versammlung von unzufriedenen Arbeitern außerhalb der Arbeitszeit.

Dafür blieben immer häufiger Mitarbeiter ihrem Arbeitsplatz unentschuldigt fern, die Beschädigung von Ausrüstung nahm zu und die Produktivität ab. Die Geschäftsleitung war ratlos und verstand überhaupt nicht, warum die sorgfältig ausgearbeitete Lösung der Fachleute sich als wirkungslos erwiesen hatte.

Das war der Stand der Dinge, als ich hinzugezogen wurde. Schon bald fand ich heraus, daß die niedrigere Temperatur kontraproduktiv war. Ich empfahl daher der Unternehmensleitung, die Temperatur allmählich wieder anzuheben, ohne diese Änderung offiziell bekanntzugeben, und gleichzeitig Prämienprogramme einzuführen, die je nach Steigerung der Produktivität ausfallen sollten. Prompt erreichte die Produktivität ihren alten Stand und stieg sogar noch etwas an. So leicht habe ich mein Geld selten verdient!

Lassen Sie mich noch einmal betonen, daß die Arbeiter in der Fabrik aller Wahrscheinlichkeit nach nicht absichtlich Sabotage betrieben haben. Sie hatten einfach zunehmend Grund zur Verärgerung über die Bedingungen an ihrem Arbeitsplatz. Folglich blieben sie immer häufiger der Arbeit fern und gingen nicht mehr so achtsam mit der Ausrüstung um. Wie auch immer, die gesunkene Produktivität kann als direkte Folge des Vorgehens der Geschäftsleitung, die Temperatur in der Fabrik zu senken, gesehen werden.

Ich möchte es nochmals betonen: Sabotage ist nicht der Konflikt selbst, sondern nur eine Folge und ein Symptom desselben. Und falls Sie glauben, daß Sabotage ein recht seltenes Phänomen ist, möchte ich Ihre Aufmerksamkeit auf ein paar Statistiken lenken.

Aus einer Studie, die 1983 von der Universität Minnesota im Auftrag des amerikanischen Justizministeriums durchgeführt wurde, geht hervor, daß ein Drittel aller Beschäftigten im Einzelhandel, in der Produktion und in Krankenhäusern seinen Arbeitgeber schon einmal bestohlen hat. Mehr als zwei Drittel zeigten darüber hinaus ein «kontraproduktives Verhalten», wie überlange Pausen, zu lässige Arbeitseinstellung überhaupt, Mißbrauch von Krankschreibungen, Arbeiten unter Alkoholeinfluß oder Drogen, und so weiter. Nach dieser Studie kosten Diebstähle, die von den eigenen Mitarbeitern ausgeführt werden, amerikanische Unternehmen etwa 10 Milliarden Dollar pro Jahr.

Ein Ergebnis der Studie war, daß die Beschäftigten viel häufiger aus der Einstellung heraus, daß «sie ausgenutzt wurden», Diebstähle begingen als aus wirtschaftlicher Notwendigkeit. Das galt besonders für die Altersgruppe zwischen 16 und 25 Jahren. Dabei stellte sich auch heraus, daß sie nicht nur unzufriedener waren als die übrigen Mitarbeiter, sondern für sie die drohende Entlassung wegen Diebstahls auch keine Abschreckung war.

In der Studie wurde festgestellt, daß die Unternehmen häufig den dienstältesten Mitarbeitern auch die besten Sozialleistungen zur Verfügung stellten. Und genau das war nach Meinung der Wissenschaftler das Schlimmste, was ein Unternehmen tun kann, da durch eine solche Einstellung Diebstahl und Unregelmäßigkeiten am Arbeitsplatz stark begünstigt werden.

Sehr zu ihrer Verwunderung mußten die Wissenschaftler weiterhin feststellen, daß die Arbeitgeber dem Problem kaum Bedeutung zumaßen, und so kamen sie zu folgendem Schluß: «Drastische Sicherheitsmaßnahmen wie Kameras, Spiegel, die von einer Seite durchsichtig sind und ähnliches können auf potentielle Ladendiebe zwar abschreckend wirken. Wenn sie jedoch gegen die eigenen Mitarbeiter eingesetzt werden, werden sie als Zeichen von Mißtrauen verstanden. Wir möchten aufgrund unserer Studie vorschlagen, daß soziale Kontrollen und keine physischen, langfristig gesehen die beste Abschreckung gegen Diebstahl in Unternehmen sind.»

«Soziale Kontrollen» ist natürlich nur eine Bezeichnung dafür, daß ein Klima geschaffen werden muß, in dem sich die Mitarbeiter wie gewünscht verhalten, weil sie es von sich heraus möchten.

So viel zu den destruktiven Konsequenzen von Konflikten. Doch wie wir sehen werden, können Konflikte durchaus auch *produktive* Folgen haben. Tatsächlich können sich Konflikte viel positiver auswirken, als sie möglicherweise Schaden anrichten können. Dies haben einige Organisationen bereits erkannt und fördern aus diesem Grund bestimmte Konfliktsituationen, um auf diese Art Leistungssteigerungen zu erzielen.

Unter dem verstorbenen Wernher von Braun, dem Leiter des United States Marshall Space Flight Centers, dem damaligen Hauptquartier des amerikanischen Raumfahrtprogramms, wurde jeder Mitarbeiter, der einen Mangel an der Ausrüstung feststellte, sofort zum Leiter einer Sondergruppe ernannt, deren Ziel es war, den Mangel zu beseitigen. Es konnte dabei durchaus vorkommen, daß ein einfacher, ziviler Angestellter Chef eines Unternehmens oder sogar Vorgesetzter von Offizieren wurde.

Der Wettbewerb, der durch diese Art der Fehlersuche ausgelöst wurde, war zwar für die höhergestellten Angehörigen der Organisation in gewisser Weise demoralisierend. Er bewirkte aber auch eine wesentlich bessere Qualitätskontrolle. (Immerhin wurden unter von Braun Menschen in den Weltraum geschickt, ohne daß es zu einem schweren oder gar tödlichen Unfall gekommen wäre.)

Ein anderes Beispiel für den konstruktiven Einsatz von Konflikten finden wir im Profi-Football. Dort geben die Trainer erst in allerletzter Minute die Aufstellung des Teams für die nächste Saison bekannt, so daß die Spieler bis zuletzt um jede Position kämpfen müssen. Zwar kommt es dadurch zu einem Konkurrenzkampf zwischen den einzelnen Spielern, der nur auf Kosten der anderen gewonnen werden kann. Doch auf der anderen Seite werden die Spieler zu größerer Leistung angespornt, als es ohne diesen Konkurrenzdruck möglich wäre.

«Liebet euren Gegner», ist der Wahlspruch von Joe Paterno, einem Football-Trainer aus Pennsylvania, «denn er ist derjenige, der euch dazu zwingt, so gut zu sein, wie ihr könnt.»

Wer Konflikt an sich als Übel ansieht, wird sich bei der Vorstellung schwertun, daß er auch konstruktiv eingesetzt werden kann. Es ist nicht zu leugnen, daß einige der größten gesellschaftlichen Errungenschaften eine Folge von Konfliktsituationen sind.

Konflikte veranlassen die Menschen, oder zumindest sollten sie es tun, ihre Probleme zu erkennen und Lösungen dafür zu finden. Die Menschen neigen aber eher dazu, erst nach der Flut den Damm zu bauen. Sie kümmern sich auch erst wieder um ihre Gesundheit, wenn sie zuvor schwer erkrankt waren.

Einige Organisationen sind bereits dazu übergegangen, sogenannte «Kontrolleinheiten» einzurichten, um konstruktive Konflikte zu fördern. Mit anderen Worten heißt das, daß diese Organisation eine Person oder eine Gruppe von Personen einsetzen, die als «Wachhunde» gegen andere Angehörige der Organisation fungieren sollen.

Der Leiter des Rechnungswesens beispielsweise hat innerhalb einer Organisation eine solche Funktion inne, der Bundesrechnungshof auf anderer Ebene oder der Generalinspekteur der Streitkräfte. Der eigentliche Zweck dieser Kontrolleinheiten ist es, Probleme im Keim zu ersticken. Wenn Sie einen Konflikt frühzeitig erkennen, bevor ein anderer Gelegenheit bekommt, ihn auszuweiten, sind Ihre Aussichten gut, ihn rasch zu lösen.

Eine andere, zumindest ebenso hilfreiche Funktion dieser Kontrolleinheiten besteht darin, daß die Leute stets aufmerksam sind. Wenn sie wissen, daß sie beobachtet werden, ist die Chance gering, daß sie etwas tun, das sie eigentlich lassen sollten.

Der Soziologe Irving L. Janis untersucht in seinem Buch «Victims of Groupthink» die Gefahren, die gegeben sind, wenn keine Kontrolleinheiten eingesetzt werden. In diesem Buch führt Janis zahlreiche Beispiele an, in denen sowohl bei staatlichen als auch bei privaten Unternehmen großer Schaden angerichtet worden ist, nur weil keiner den Mut hatte, gegen etwas zu sein, das von allen anderen favorisiert wurde. Wenn wir die Zeitung aufschlagen, finden wir zahlreiche andere Beispiele dafür, daß Nachteile entstehen, nur weil niemand gewagt hat seine Stimme zu erheben.

Der Ford Motor Company war zum Beispiel bekannt, daß ihr Modell Pinto mit einem Benzintank ausgerüstet war, der bei Auffahrunfällen leicht explodieren konnte. Das Unternehmen beschloß, das Modell nicht einzuziehen, weil das kostspieliger gewesen wäre als mögliche Schadensersatzansprüche von Leuten, die bei Unfällen verletzt worden wären. Niemand in dem ganzen Unternehmen war bereit, sich gegen das Modell durchzusetzen oder zu fordern, daß es vom Markt genommen würde. Es trat auch niemand an die Öffentlichkeit, als die Unternehmensleitung knallhart entschied, daß die geliebte Bilanz durch ein paar verkohlte Leichen wahrscheinlich nur geringen Schaden nehmen würde.

Während der Eisenhower-Ära, als «Gruppendenken» an der Tagesordnung war, galt die unausgesprochene Regel, daß jeder Ansatz von Konflikt zu vertuschen sei und auf keinen Fall an die Öffentlichkeit dringen dürfte. Im Gegensatz dazu wurden unter Kennedy Konflikte im Weißen Haus außerordentlich gefördert. Robert, der Bruder des Präsidenten, fungierte sozusagen als eingebaute Kontrolleinheit und machte sich selbst zum Advocatus Diaboli, zum «Anwalt des Teufels», wenn es darum ging, kontroverse Ideen zu diskutieren.

Ehemalige Mitarbeiter von Kennedy berichten von Sitzungen, in denen, als eine allgemeine Übereinstimmung erreicht schien, der Präsident den Raum verließ und sein Bruder heftig gegen die soeben gefaßten Beschlüsse sprach. Die Kabinettsmitglieder und andere Regierungsvertreter redeten dann, als der Präsident nicht mehr zugegen war, wesentlich freier, insbesondere wenn sie der Meinung waren, den Bruder des Präsidenten auf ihrer Seite zu haben!

Die Idee von Kontrolleinheiten geht natürlich nicht auf die Kennedy-Familie zurück. Alfred Sloan, der aus einer Reihe von unrentablen Werkstätten General Motors eines der größten Industrieunternehmen der Welt schuf, war dafür bekannt, daß er jede Idee, die von seinen Mitarbeitern widerspruchslos aufgenommen wurde, attackierte. Er fragte in einem solchen Fall immer: «Ist denn niemand in der Lage, einen Grund zu nennen, warum wir das nicht tun sollten?»

Und lange, lange Zeit vor Sloan verfügten die alten Perser über eine ganz besondere Art von Kontrolleinheit. Der griechische Historiker Herodot beschreibt sie wie folgt:

«Es ist bei ihnen gang und gäbe, wichtige Dinge bei einem guten Glas Wein zu behandeln. Die so gefaßten Beschlüsse werden ihnen am nächsten Tag mit klarem Kopf noch einmal von der Person vorgelegt, in deren Haus sie am Abend zuvor versammelt waren. Wenn sie die gefaßten Beschlüsse immer noch für gut heißen, werden sie durchgeführt. Ansonsten müssen die Dinge erneut besprochen werden. Ebenso wird alles, was sie völlig nüchtern behandeln, ein zweites Mal überdacht, wenn sie etwas getrunken haben.»

Diese Idee hat auch in anderen Kulturen ihren Einzug gehalten. So ist uns durch den Römer Valerius Maximus im ersten Jahrhundert nach Christus ein Appell überliefert, «den Philip der Betrunkene an Philip den Nüchternen» richtete. Und sieben Jahrhunderte später schreibt Lawrence Sterne:

«Die alten Goten in Deutschland ... hatten den weisen Brauch, alle wichtigen Dinge des Staates zweimal zu diskutieren. Einmal im betrunkenen und einmal im nüchternen Zustand. Betrunken, um ihren Argumenten den nötigen Nachdruck zu verleihen, und nüchtern, um Besonnenheit zu üben.»

Im Laufe der Jahre hatte ich bei meiner Arbeit häufig Gelegenheit, die eine oder andere Art von Kontrolleinheit zu schaffen, um auf diese Weise das «Gruppendenken» innerhalb einer Organisation zu bekämpfen und um kreative Spannungen zu erzeugen. Eine der einfachsten Vorgehensweisen besteht darin, ad hoc eine solche Einheit zu schaffen, die wöchentliche Sitzungen abhält. In diesen Sitzungen bekommt dann jeder Mitarbeiter Gelegenheit, die einzelnen Handlungen der anderen Mitarbeiter zu kritisieren, ohne daß ihm daraus Nachteile erwachsen.

Ich wurde einmal von einem Krankenhaus in Kalifornien zu Rate gezogen, in dem es zu großen unkontrollierten Konflikten gekommen war, für die Klatsch, Verleumdung und Negativismus bezeichnend waren. Eine meiner ersten Handlungen bestand darin, wöchentliche Sitzungen anzuberaumen. Jeden Freitagvormittag traf ich mit den Verantwortlichen des Krankenhauses zusammen. Die einzigen Regeln, die für unser Treffen aufgestellt wurden, bestanden darin, daß 1) nur Dinge besprochen wurden, die sich in der vorangegangenen Woche ereignet hatten, 2) jeder an jedem Kritik üben durfte und 3) niemand für das, was er während der Sitzungen sagte, bestraft wurde.

Mit Hilfe dieser Sitzungen konnten wir folgende Ziele erreichen:

Konflikte zwischen den leitenden Angestellten wurden auf diese eine Stunde pro Woche begrenzt. Sie fühlten sich dadurch nicht länger bemüßigt, in ihrer übrigen Arbeitszeit nach Fehlern der anderen zu suchen, oder Unterstützung für ihre Anliegen bei Kollegen oder Vorgesetzten zu erbitten. Jeder wußte nämlich, daß er Freitagmorgen Gelegenheit bekommen würde, sein Anliegen vorzubringen, und daß die Konflikte, die bei diesen Treffen besprochen wurden, in der Regel in einer vernünftigen und emotionsfreien Atmosphäre gelöst wurden. Natürlich konnten die Konflikte nicht immer zur Zufriedenheit aller gelöst werden. Doch zumindest erhielt jeder Gelegenheit, die anderen von seinem Standpunkt zu überzeugen, und alle Anwesenden konnten sicher sein, daß eine endgültige Entscheidung erst dann getroffen würde, wenn alle Meinungen gehört waren.

Allein durch die Tatsache, daß wir diese Sitzungen angesetzt und regelmäßig abgehalten hatten, überzeugten wir die Mitarbeiter, daß ihre Meinungen gefragt waren und auch Gewicht hatten. Sie hatten keinen Grund mehr zu ihrer bisherigen Annahme, «daß hier allen alles egal ist».

Als Sitzungsleiter konnte ich dafür sorgen, daß niemand ausfallend wurde oder mit rhetorischen Tricks die anderen überfuhr. In gewisser Weise übernahm ich dabei die Funktion eines Richters. Nicht, daß ich die Macht (oder den Wunsch) gehabt hätte, anderen meinen Willen aufzuzwingen, sondern ich lenkte nur den Gesprächsverlauf und achtete darauf, daß sich alle an die Regeln hielten. Bei Sitzungen dieser Art ist es ganz wichtig, daß ein Außenstehender die Leitung übernimmt. Er ist unparteiisch, und das ist seine beste Empfehlung. Sollten Zweifel an seiner Unparteilichkeit bestehen, liegt es an dem Geschick eines Versammlungsleiters, diese rasch zu zerstreuen.

Bei unseren Sitzungen arbeiteten wir das Positive heraus und versuchten, nützliche Programme zu entwickeln. Der Schwerpunkt unserer Bemühungen lag dabei vielmehr darin, Lösungen zu finden als festzustellen, wie das Problem entstanden ist und wer verantwortlich dafür war. So hatten die Anwesenden bei diesen Sitzungen ein gutes Gefühl. Sie wußten, daß der

Diskussion Maßnahmen folgten und daß ihre Zeit gut genutzt war. Die Sitzungen waren die ganze Woche über eine Art «unsichtbarer Polizist» für alle Teilnehmer. Jeder wußte, verstand und schätzte, daß alle seine Handlungen kritisiert werden konnten, während in der Vergangenheit viele Dinge, negative und positive, gänzlich unbemerkt geblieben waren.

Ich möchte an dieser Stelle betonen, daß die Art und Weise, in der solche Sitzungen geleitet werden, sehr wichtig ist. Die Teilnehmer müssen davon überzeugt sein, daß sie zusammenarbeiten, um ein Problem zu lösen, von dem sie alle betroffen sind. Diese Sitzungen dürfen nicht als reine «Meckerstunden» oder als Gelegenheit angesehen werden, endlich einmal seine Aggressionen abzuladen. Der Dreh- und Angelpunkt muß vielmehr darin bestehen zusammenzuarbeiten, um die Situation zu verbessern.

Irving Janis bietet in seinem Buch «Victims of Groupthink» neun Regeln an, die für jeden unentbehrlich sind, der bemüht ist, den destruktiven Einsatz von Konflikten zu vermeiden und den konstruktiven zu fördern. Hier sind diese Regeln und meine Anmerkungen dazu:

1. Schaffen Sie eine Atmosphäre, in der die Anwesenden sich frei fühlen, Einwände zu erheben.

Ermutigen Sie die Anwesenden, Einwände zu erheben. Wenn sie sich nicht trauen zu sagen, was ihrer Meinung nach falsch ist, verlieren Sie dadurch eine unschätzbare Gelegenheit, Probleme zu erkennen, bevor sie kritisch werden. Außerdem fördern Sie sonst den Eindruck, daß individuelle Beiträge nicht zählen, «denn was ich hier sage, ist doch sowieso egal».

2. Wenn Sie die Anwesenden auffordern, ihre Meinung zu sagen, lassen Sie dabei völlig offen, welche Ergebnisse Sie erwarten.

Lassen Sie auf keinen Fall durchblicken, was Sie erwarten oder was wünschenswert wäre. Denn Sie möchten doch sicher nicht, daß Ihnen die Leute das sagen, was Sie ihrer Meinung nach hören wollen. Sie möchten sie doch vielmehr überzeugen, daß es ungefährlich, ja sogar vorteilhaft ist, das zu sagen, was Sie nicht hören möchten.

3. Gründen Sie mehrere unabhängige Gruppen, die die Vorgehensweise festlegen.

Machen Sie es sich zunutze, daß es durch diese Konkurrenzsituation zwangsläufig zu einer Leistungssteigerung kommt. Das gleiche gilt für das unabhängige Denken, das sich einstellt, wenn verschiedene Gruppen ein und dasselbe Problem angehen, ohne zu wissen, was die andere Gruppe macht.

4. Gibt es nur ein paar Teilnehmer, unterteilen Sie die Gruppe trotzdem von Zeit zu Zeit in mehrer Untergruppen.

Mit anderen Worten, gehen Sie soweit wie möglich, um die Ziele der Regel Nummer 3 zu erreichen.

5 Bestimmen Sie aus jeder Gruppe eine Kontaktperson.

Es ist zweckmäßiger, den Informationsaustausch zwischen den Gruppen über eine Kontaktperson laufen zu lassen, als daß sich jedes Mitglied der einen Gruppe mit jedem Mitglied der anderen Gruppe unterhalten muß. Die Unterteilung dient dazu, unkoordiniertes Handeln zu vermeiden, was leider oft gegeben ist, wenn zu viele Menschen gleichzeitig ein und dasselbe Problem angehen. (Fragen Sie zur Verdeutlichung dieses Aspektes nur einmal 50 oder 60 Leute, wo man zum Mittagessen hingehen sollte.) Sind in einer Gruppe fünf oder mehr Mitglieder, so hat es sich als außerordentlich hilfreich erwiesen, mehrere Alternativen vorzuschlagen, über die dann abgestimmt werden muß. Andernfalls kann sich die Diskussion bis in die Nacht hinziehen.

6. Fordern Sie Fachleute auf, die kein Mitglied einer Gruppe sind, die Meinungen der Gruppenmitglieder zu kritisieren.

Erinnern Sie sich an meine Rolle bei den Sitzungen im Krankenhaus? Jemand, der unabhängig ist, wird sich in der Regel auch freier äußern. Außerdem werden von einem Außenstehenden oft wichtige Fragen angesprochen, die die Insider völlig außer acht lassen, da sie für sie selbstverständlich sind. Darüber hinaus wird die Meinung eines Außenstehenden objektiv bewertet. Meinungen eines Gruppenmitgliedes hingegen werden oft im Zusammenhang mit der Einstellung bewertet, die die übrigen Mitglieder der Gruppe dem Betreffenden gegenüber hegen.

7. Fordern Sie jemanden auf, den «Anwalt des Teufels» zu spielen. Bei dieser Art des Vorgehens gibt es zwar den Punkt «des abnehmenden Ertrages». Das heißt, wenn diese Person, alles aber auch alles kritisiert, was gesagt wird, tendieren die Leute rasch dazu zu denken, daß es sich gar nicht lohnt, überhaupt irgend etwas zu sagen. Ein guter Advocatus Diaboli jedoch kann außerordentlich konstruktiv sein. Er ermuntert die Zurückhaltenden und Schüchternen, auch ihre Meinung zu sagen, oder erreicht, daß die Vortragenden ihre Ideen zunächst kritisch beleuchten.

8. Versuchen Sie, sich in die Situation Ihres Konkurrenten zu versetzen. Sie können Ihre Probleme am besten erkennen, wenn Sie Ihr eigenes Verhalten aus dem Blickwinkel derjenigen Person sehen, die versucht, Sie auszustechen, indem Sie Ihre Schwäche ausnützt.

9. Bevor Sie eine Entscheidung annehmen, halten Sie ein zweites Treffen ab, bei dem Sie das Thema noch einmal überdenken und etwaige Zweifel ausräumen.

Denken Sie dabei an die alten Perser, die auch jedes Thema zweimal behandelten − einmal nüchtern und einmal unter Alkohol.

8

«Ja» ist nicht genug

Oder: Die theoretisch perfekte Lösung von Konflikten

Welche Lösung eines Konfliktes ist die beste?
1. Sie gewinnen.
2. Ihr Gegner gewinnt.
3. Keine der beiden Lösungen.

Auch wenn es Ihnen widerstrebt, die richtige Lösung ist Nummer 3. Ja, ich weiß, die meisten von uns sind so erzogen worden, daß wir wenn irgend möglich siegen sollen. Die ganz Extremen unter uns stimmen vielleicht sogar dem Football-Trainer Vince Lombardi zu, der sagt: «Siegen ist nicht alles, es ist das einzige!»

Bei dieser Einstellung besteht die einzig mögliche Lösung eines Konfliktes darin, daß wir unseren Gegner zur bedingungslosen Kapitulation zwingen. Doch meiner Meinung nach ist dies nicht unbedingt die wünschenswerte Lösung. Häufig ist sie sogar die schlechteste, und das nicht nur für den Verlierer, sondern auch für den Gewinner.

Warum? Das liegt doch auf der Hand. Die unterlegene Seite ist sicherlich verärgert und nicht mehr bereit, sich auch künftig mit Ihnen auseinanderzusetzen, oder sie versucht, Ihnen die Niederlage heimzuzahlen. Damit ist durch den vermeintlichen Sieg entweder jede zukünftige Beziehung zu der anderen Partei unmöglich, oder es ist durch die Lösung gleich neuer Zündstoff für den nächsten (unnötigen) Konflikt gegeben.

Überdenken wir doch einmal die Beziehungen. Es kann zwar durchaus zu einem Konflikt kommen, der nichts mit einer bestehenden Beziehung zu tun hat. So werden Sie von einem anderen Autofahrer gerammt, und beide glauben Sie, daß der andere schuld ist. Die meisten Konflikte jedoch entstehen in Beziehungen, die schon seit einiger Zeit bestehen und auch noch weiterbestehen sollen. Ein Beispiel:

Ihre Frau möchte eine Lampe mit einem beigen Schirm kaufen, Sie selbst bevorzugen einen pfirsichfarbenen.

Sie haben in einem Kaufhaus Ihr Kundenkonto wiederholt überzogen. Als Folge davon wird Ihnen Ihr Kreditrahmen gekürzt.

Nachdem Sie Ihr Kind in einem Internat angemeldet haben, stellt Ihnen dieses eine sogenannte «Unterrichtsversicherung» in Rechnung. Die Versicherung garantiert Ihnen die Rückerstattung des Schulgeldes für ein Jahr, das Sie im voraus bezahlt haben, wenn Ihr Kind aus dem einen oder anderen Grund das Schuljahr nicht beendet. Die Prämie ist zwar verhältnismäßig gering – 55,90 Dollar –, doch Sie sind aus Prinzip dagegen, zumal Ihnen niemand vorher gesagt hat, daß das Internat den Abschluß der Versicherung zur Bedingung macht.

In allen drei Situationen könnte der Konflikt einfach durch die Beendigung der Beziehung gelöst werden. Melden Sie Ihr Kind in einem anderen Internat an. Kaufen Sie ab sofort in einem anderen Kaufhaus und lassen Sie sich von Ihrer Frau scheiden.

Der Punkt jedoch ist, daß Sie die Beziehung gar nicht beenden wollen. Sie lieben Ihre Frau und möchten mit ihr verheiratet bleiben. Sie kaufen gerne in dem Kaufhaus, obwohl Ihnen die Art und Weise mißfällt, in der die Kreditabteilung auf Ihre Unregelmäßigkeiten reagiert hat. Und obwohl Sie über die nachträgliche Berechnung der Versicherungsprämie verärgert sind, glauben Sie, daß es im ganzen Land keine bessere Schule für Ihr Kind gibt.

Das Problem besteht also nicht darin, wie Sie Ihren Widersacher in die Knie zwingen, sondern es gilt eine Lösung zu finden, mit der Sie beide zufrieden sind, so daß Ihre Beziehung auch nach Beilegung des Konfliktes auf die gleiche Art fortbestehen kann, wie es zuvor der Fall war.

Selbst auf die Gefahr hin, daß Sie es für zu simpel halten, werde ich meine Behauptung etwas näher beleuchten. Fangen wir mit dem Problem des neuen Lampenschirms für das Wohnzimmer an. Ihre Frau möchte ihn in beige, Sie pfirsichfarben. Überlegen Sie einmal, wie wir diesen Konflikt lösen könnten. Bevor Sie weiterlesen, möchte ich Sie bitten, mindestens fünf verschiedene Lösungen für diese Situation aufzuschreiben, wobei es gleichgültig ist, ob die Beziehung weiterbestehen soll oder nicht. Wenn Ihnen keine fünf vernünftigen Lösungen einfallen, schreiben Sie auch die unvernünftigen auf. Auf jeden Fall dürfen Sie erst weiterlesen, wenn Sie mindestens fünf Lösungen auf dem Papier haben.

Haben Sie Ihre fünf zusammen? Gut, Ihre nächste Aufgabe besteht darin, weitere fünf aufzuschreiben. «Unmöglich» sagen Sie? Nun, versuchen Sie es wenigstens. Lassen Sie dabei Ihrer Phantasie freien Lauf. Es kommt uns im Augenblick darauf an, daß Sie möglichst viele Lösungen finden, die nicht unbedingt auch praktikabel sein müssen. Bitte lesen Sie wirklich erst weiter, wenn Sie mindestens fünf weitere gefunden haben.

Gut, Sie haben also jetzt zehn mögliche Lösungen vor sich. Ich zeige Ihnen jetzt 22, einige sind praktikabel, andere absurd, wieder andere passen in keine der beiden Kategorien. Vergleichen Sie jetzt bitte Ihre Lösungsvorschläge mit meinen.

1. Bringen Sie Ihre Frau um. (Damit wäre zwar der Konflikt gelöst, doch auch Ihre Beziehung eindeutig beendet!)

2. Geben Sie auf. Mit anderen Worten, überlassen Sie Ihrer Frau die Farbauswahl. (Sie sind vielleicht nicht glücklich damit, doch zumindest ist der Konflikt beendet.)

3. Tun Sie so, als würden Sie nachgeben, erste Variante. Sie überlassen Ihrer Frau die Wahl des Lampenschirms. Wenn er dann montiert ist, machen Sie ihn nieder. Ihre Frau wird sich dadurch ein für allemal merken, daß sie sich nicht zu widersetzen hat, wenn Sie einmal etwas beschlossen haben. (Wenn Ihre Frau daraufhin den Lampenschirm umtauscht, machen Sie auch den neuen nieder. Das wiederholen Sie einfach so lange, bis Ihre Frau Ihnen die Wahl überläßt.)

4. Tun Sie so, als würden Sie nachgeben, zweite Variante. Sie überlassen Ihrer Frau die Wahl des Lampenschirmes. Wenn er dann montiert ist, nörgeln Sie ständig daran herum. Sorgen Sie dafür, daß Ihre Frau sich richtig schlecht darüber fühlt, daß sie sich in diesem Konflikt durchgesetzt hat. Auf diese Art können Sie sich abreagieren, Ihrer Frau die Freude an dem neuen Lampenschirm nehmen und gleichzeitig noch den Widerstand Ihrer Frau bei künftigen Konflikten schwächen.

5. Schüchtern Sie Ihre Frau ein, erste Variante. Drohen Sie Ihrer Frau an, daß Sie sie in irgendeiner Form bestrafen werden, wenn Sie sich nicht Ihrem Willen fügt, indem Sie beispielsweise ständig über den Lampenschirm nörgeln werden oder sich weigern, Gäste im Wohnzimmer zu empfangen. (Wenn Sie Ihrer Frau einigermaßen glaubwürdig mit etwas drohen, das sie stark beunruhigen würde – wie zum Beispiel mit Selbstmord, kommt Ihre Frau sicherlich zu dem Schluß, daß die Farbe des Lampenschirms wirklich nicht so wichtig ist.)

6. Schüchtern Sie Ihre Frau ein, zweite Variante. Verbringen Sie die Wochenenden bei einem Freund, und sagen Sie Ihrer Frau, daß Sie erst zurückkommen, wenn der Lampenschirm Ihrem Geschmack entspricht.

7. Unternehmen Sie einseitige Schritte. Kaufen Sie den Lampenschirm, den Sie wollen, und montieren Sie ihn, ohne mit Ihrer Frau darüber geredet zu haben. Es kommt dadurch sicherlich zu einem Streit. Doch nach dem Streit ist der Lampenschirm immer noch da, und dazu genau in Ihrer Farbe (es sei denn, Ihre Frau greift zu der Lösung nach Punkt 3 oben! In diesem Fall müssen Sie sich eine andere Taktik ausdenken).

Das sind also sieben verschiedene Möglichkeiten. Durch jede von ihnen könnte der Konflikt gelöst werden. Zufrieden wäre dabei aber niemand. Wenn der Konflikt tatsächlich durch einen der vorstehenden Vorschläge zur Zufriedenheit einer der Parteien gelöst werden kann, bin ich sicher, daß der eigentliche Konflikt ganz woanders liegt, als in dem unterschiedlichen Geschmack bei der Farbe des Lampenschirms.

Haben Sie bemerkt, daß alle sieben Lösungen eines gemeinsam haben? In allen Fällen obsiegt eine Partei. Es kommt zu keinen Verhandlungen, und es wird auch nicht versucht, für beide Seiten akzeptable Kompromisse zu finden. Eine Partei gewinnt, die andere verliert. Basta!

Sehen wir uns jetzt einmal Möglichkeiten an, bei denen beide Seiten zusammenarbeiten, anstatt sich gegenseitig zu bekämpfen, um zu siegen.

8. Spielen Sie abwechselnd den Diktator. Mit anderen Worten kommen Sie mit Ihrer Frau überein, daß die Situation nicht zu beider Zufriedenheit gelöst werden kann und daß eine Partei, um den Hausfrieden zu bewahren, dieses Mal nachgibt und sich den Wünschen der anderen beugt. Allerdings muß es bei dem nächsten Konflikt genau anders herum gehen.

9. Versuchen Sie, eine für beide Seiten akzeptable dritte Wahl zu treffen, erste Variante. Beige und Pfirsich werden gestrichen, und Sie versuchen eine andere Farbe zu finden, die Ihnen beiden gefällt.

10. Versuchen Sie, eine für beide Seiten akzeptable dritte Wahl zu treffen, zweite Variante. Beige und Pfirsich werden wieder gestrichen. Wenn Sie sich auf keine andere Farbe einigen können, versuchen Sie mit Hilfe eines Punktesystems eine andere Farbe für den Lampenschirm zu finden, die Ihnen beiden am meisten entspricht. So können Sie alle Farben, außer Beige und Pfirsich, mit Punkten zwischen 1 und 10 bewerten. Wenn Sie alle möglichen Farben berücksichtigt haben, können Sie Ihre beiden Ergebnisse vergleichen und die Farbe nehmen, die die höchste Punktzahl erreicht hat.

11. Probieren Sie beide Farben aus, bevor Sie sich endgültig entscheiden. Versuchen Sie den Verkäufer zu überreden, Ihnen beide Lampenschirme für eine Woche zur Ansicht zu überlassen. Wenn Sie den Lampenschirm an Ort und Stelle in den beiden Farben sehen können, entscheiden Sie sich vielleicht doch für die Wahl des anderen. Oder zumindest finden Sie die andere Farbe ganz akzeptabel. Ansonsten müssen Sie andere Wege suchen, um Ihren Konflikt zu lösen.

12. Setzen Sie einen Preis fest für das Recht, die freie Wahl zu haben. So können Sie beispielsweise festlegen, daß derjenige, der die Farbe bestimmen darf, den Lampenschirm aus eigener Tasche bezahlen muß. Wenn Sie bei dieser Lösung doch noch beide Ihren Geschmack durchsetzen wollen, versteigern Sie die Wahlmöglichkeit: Derjenige, der am meisten bietet, bekommt den Zuschlag. Der Betrag, der über den Kaufpreis hinausgeht, fällt an die unterlegene Partei.

13. Schalten Sie einen Vermittler ein. Bitten Sie jemanden, dessen Geschmack Sie beide kennen und schätzen, daß er oder sie die endgültige Entscheidung trifft, welcher Lampenschirm nun Ihr Wohnzimmer verschönern soll, der beige, der pfirsichfarbene oder ein ganz anderer.

Haben Sie bemerkt, daß die Möglichkeiten 8 bis 13 den Konflikt zumindest ebenso gut lösen wie die ersten sieben? Bestimmt. Der entscheidende Unterschied zwischen den beiden Gruppen besteht darin, daß für beide Seiten die Lösungen aus der zweiten Gruppe aller Wahrscheinlichkeit nach bei weitem akzeptabler sind als aus der ersten. Die Beziehung zwischen den Parteien wird nicht durch die Art und Weise beeinträchtigt, in der der Konflikt angegangen wird. Mann und Frau haben viel eher das Gefühl, daß sie gestärkt aus dem Konflikt hervorgegangen sind, da sie beide gemeinsam auf ein Ziel hingearbeitet haben.

Doch es gibt noch andere Lösungsmöglichkeiten für unseren Konflikt. Sehen wir sie uns einmal an. Gelegentlich passiert es mir, daß ich völlig phantasielos bin und mir überhaupt keine kreativen Lösungen einfallen. In solchen Situationen konfrontiere ich einfach Kinder mit dem Problem und fordere sie auf, ihrer Phantasie freien Lauf zu lassen. Die folgenden Vorschläge verdanke ich drei jungen Damen, vier- bis achtjährig, den Töchtern von Freunden.

14. Kaufen Sie einen Schirm, in dem beide Farben enthalten sind. So sind beide Teile zufrieden.

15. Stellen Sie einfach eine Lampe, die Sie beide mögen, die jedoch in einem anderen Zimmer steht, ins Wohnzimmer.

16. Kaufen Sie gar keine Lampe. Nehmen Sie statt dessen Kerzen.

17. Kaufen Sie zwei Lampen, eine beige und eine pfirsichfarbene.

18. Kaufen Sie eine Lampe ohne Schirm.

19. Ziehen Sie Nummern, oder lösen Sie Kreuzworträtsel. Der Sieger darf wählen.

20. Werfen Sie eine Münze. Auch hier darf der Gewinner wählen.

21. Laden Sie Freunde ein, und bitten Sie diese zu sagen, welche Farbe ihnen am besten gefällt. Und dieser Entscheidung beugen Sie sich dann.

22. Schließen Sie einen Handel ab. Derjenige, der bestimmte unangenehme Aufgaben erfüllt, darf dafür die Farbe des Lampenschirms wählen, zum Beispiel ein Jahr lang abwaschen, oder den Müll runtertragen, jeden Sonntag auf die Kinder aufpassen und so weiter.

Ich überlasse es Ihnen zu entscheiden, welche der Lösungen die besten sind, Ihre, meine oder die der Kinder. Ich vertrete die Auffassung, daß eine Beeinträchtigung oder gar Zerstörung der Beziehung auf jeden Fall verhindert werden muß, denn die Beziehung ist immer viel wichtiger als jeder Konflikt.

Da dies auf die meisten Fälle zutrifft, möchte ich die Aussage, diesmal groß geschrieben, noch einmal wiederholen:

Die Beziehung ist immer viel wichtiger als jeder Konflikt!

Wenn Sie glauben, daß ich hier eine Selbstverständlichkeit überbetone, so denken Sie einmal an Konflikte zurück, an denen Sie beteiligt waren und bei denen es passierte, daß die Beziehung gelitten hat, nur weil eine oder beide Parteien versucht haben zu gewinnen, anstatt den Konflikt zu lösen.

Ich bin sicher, daß Ihnen dazu mehr als eine Situation einfallen wird. Wenn Sie älter als 25 sind, fallen Ihnen gewiß mehr als ein Dutzend dazu ein. Leider denken die meisten von uns, wenn sie in einer Konfliktsituation sind, viel zu oft an das Gewinnen, das Siegen, obwohl es viel mehr im Interesse aller Beteiligten läge, daß die Beziehung zwischen den Konfliktparteien aufrechterhalten bleibt.

Sicherlich würden die meisten Eheleute, wenn man sie direkt mit der Frage des Lampenschirms konfrontieren würde, behaupten, daß für sie selbstverständlich die Ehe wichtiger wäre. Doch viele von uns lassen es entweder in der Ehe, in dem Verhältnis zu unseren Kindern, bei Freunden oder am Arbeitsplatz leider zu, daß eine Beziehung zerstört wird oder zumindest darunter leidet, weil wir glauben, zu einer bestimmten Frage eine bestimmte Haltung einnehmen zu müssen. Wir schütten sozusagen das Kind mit dem Bade aus, oder wir verlangen wie der römische Kaiser Marcus Aurelius Antonius «fiat voluntas meas et pereat mundus», was frei übersetzt soviel heißt wie «Ich bestimme, was geschieht, auch wenn die Welt dabei untergeht».

Die Frage, wie Beziehungen aufrechterhalten werden können, während nach einer Lösung für den Konflikt gesucht wird, wird von Roger Fisher und William Ury, Professoren an der Harvard Universität, in ihrem Bestseller «Getting to Yes: Negotiating Agreement without Giving in», zu deutsch: «Das Harvard-Konzept: Sachgerecht verhandeln, erfolgreich verhandeln.» Campus, Frankfurt/M. 1986.

Ich bin mit vielem, was die beiden sagen, völlig einverstanden, behaupte jedoch, daß der Untertitel «Negotiating Agreement without Giving in» (Wie komme ich zu einer Einigung, ohne nachgeben zu müssen) nicht nur ein Widerspruch an sich, sondern einfach unmöglich ist. Sie können keine Einigung erzielen, ohne nicht auch nachzugeben. Wenn Sie niemals nachgeben, verhandeln Sie auch nicht. Sie zwingen nur Ihre Gegenpartei dazu, sich Ihrem Willen zu beugen.

Fisher und Ury beginnen mit einer überzeugenden Behauptung:
«Jede Verhandlungsweise sollte man am besten aufgrund von drei Kriterien bewerten: Sie sollte eine vernünftige Übereinkunft zustandebringen – sofern Übereinkunft möglich ist. Sie sollte effizient sein. Und sie sollte das Verhältnis zwischen den Parteien verbessern oder zumindest nicht zerstören. (Eine vernünftige Übereinkunft kann man folgendermaßen definieren: die legitimen Interessen jeder Seite werden in höchstmöglichem Maße erfüllt; eine gerechte Lösung bei Interessenkonflikten; sie ist von Dauer und stellt auch die Interessen der Allgemeinheit Beteiligten in Rechnung.)» (S. 18)

(Dieses und die folgenden Zitate sind dem oben zitierten Buch von Fisher und Ury entnommen. Die Seitenangaben beziehen sich auf die deutsche

Ausgabe, 5. Auflage 1986.) Die Autoren behaupten weiter, daß es vorteilhaft ist, zwischen den Streitenden und dem Streit selbst Abstand herzustellen:

«Bildlich gesprochen sollten sich die Partner Seite an Seite sehen, wie sie gemeinsam das Problem angehen — und nicht, wie sie aufeinander losgehen.» (S. 27)

«Verhandelnde, die um Positionen feilschen, tendieren dazu, sich schließlich in dieser Position selbst zu fangen. Je deutlicher Sie Ihre Position machen und dann gegen Angriffe verteidigen, umso stärker sind Sie selbst daran gebunden...

Je mehr Aufmerksamkeit man den Positionen widmet, umso weniger dringt man zu den dahinterliegenden Problemen der Parteien vor. Übereinkunft wird immer unwahrscheinlicher. Jede erreichte Vereinbarung spiegelt dann eher eine mechanische Aufteilung unterschiedlicher End-Positionen wider als eine sorgfältig ausgetüftelte Lösung unter Berücksichtigung legitimer Interessen der Parteien. Das Ergebnis ist häufig eine Übereinkunft, die für beide Seiten weniger befriedigend ist, als es tatsächlich möglich wäre.» (S. 19/20)

Und:

«Man vergißt leicht, daß Verhandlungen keine Bundestagsdebatten und auch keine Gerichtsverhandlung sind. Es geht nicht darum, Dritte zu überzeugen. Die Person, die Sie überzeugen müssen, sitzt mit Ihnen am Tisch. Will man Verhandlungen mit einem Gerichtsprozeß vergleichen, so kann man hier allenfalls die Situation zweier Richter bei der Urteilsfindung heranziehen. Versuchen Sie sich in eine solche Rolle zu versetzen: Behandeln sie die Gegenseite wie einen Richter-Kollegen, mit dem Sie gemeinsam ein Urteil fällen sollen.» (S. 59)

«Als Verhandlungspartner wird man fast immer nach Lösungen suchen, die die Gegenseite möglichst zufriedenstellen ... Ein Ergebnis, bei dem die Gegenseite absolut keinen Gewinn hat, ist ungünstiger für Sie, als wenn die anderen zufriedengestellt sind. In nahezu jedem Fall wird Ihre eigene Befriedigung davon abhängen, wie zufrieden die Gegenseite mit dem Ergebnis ist, mit dem sie ja auch leben möchte.» (S. 108)

Meiner Meinung nach ist das alles sehr vernünftig und ausgezeichnet formuliert. Fisher und Ury geraten jedoch in Schwierigkeiten, wenn sie vorschlagen, Streitigkeiten beizulegen, indem objektive Kriterien aufgestellt werden, die dann bei der Beilegung des Konflikts zugrundegelegt werden. Hierzu sagen sie:

«Wie gut Sie auch immer die Interessen der Gegenseite verstehen, wie genial Sie auch die Interessen zusammenbringen, wie hoch Sie auch die künftigen gegenseitigen Beziehungen einschätzen mögen — immer werden Sie mit der harten Wirklichkeit einander widerstreitender Interessen konfrontiert sein ... Üblicherweise suchen Verhandlungspartner solche Konflikte durch das Feilschen um Positionen zu lösen − mit anderen Worten, indem sie über das reden, was sie akzeptieren wollen und was nicht ...

Ob das Ganze nun zu einem Wettbewerb darüber wird, wer der hartnäckigste ist oder wer der großzügigste sein mag − solche Verhandlungsprozesse beziehen sich nur auf das, was jede Seite als Übereinkunft haben *möchte* ... Kaum eine Verhandlung wird effektiv oder gütlich verlaufen, wenn Sie nur Ihren Willen gegen den der anderen setzen, gleichgültig, ob am Ende Sie nachgeben oder die anderen. Ob Sie einen Platz zum Essen suchen, ein Geschäft organisieren oder über das Sorgerecht für Ihr Kind verhandeln: Sie werden kaum ein vernünftiges Übereinkommen auf der Grundlage objektiver Prinzipien zustandebringen, wenn Sie nicht einen entsprechenden Standard in ihre Verhandlung einbauen.

Hat die Lösung von Differenzen durch Willenskampf also hohe Kosten zur Folge, so sollte der bessere Ansatz darin bestehen, daß man auf einer vom beiderseitigen Willen *unabhänigen* Basis verhandelt − das heißt also, auf der Basis von objektiven Kriterien.» (s. 119/120)

Ich bin ebenfalls der Auffassung, daß das bloße Aushandeln von Positionen, auf das ich etwas später noch ausführlich eingehen werde, keine gute Idee ist. Bei der Vorstellung jedoch, daß es objektive Kriterien gibt, auf die sich die Streitparteien einigen können, müßten wir davon ausgehen, daß eine der Streitparteien entweder naiv ist oder die andere eine enorme Überzeugungskraft besitzt.

In den Kapiteln 5 und 6 habe ich mich ausführlich (und hoffentlich überzeugend) darüber ausgelassen, daß es bei einem Konflikt keine Objektivität gibt. Das Problem besteht normalerweise nicht darin, daß Sie Recht haben und ich Unrecht oder umgekehrt, sondern darin, daß Sie und ich glauben, daß wir Recht haben und die andere Seite im Unrecht ist.

Ich denke, daß Fischer und Ury es so sehen, daß jede Partei glaubt, daß die Position der anderen genau gegensätzlich zu und völlig unvereinbar mit der eigenen ist. Folglich sind beide Parteien blind gegenüber Entgegenkommen oder Kompromissen. Tatsächlich sehen die Parteien nur das, was sie sehen wollen. Sie sind für jede Interpretation, die am ehesten mit ihren vorgefaßten Zielen vereinbar ist, empfänglich. Sie beurteilen ihre Handlungen anders als die der Gegenpartei. Des einen Freud ist nicht unbedingt des anderen Leid.

Zusammengefaßt können wir sagen, daß es bei keinem Konflikt allgemeingültige Normen darüber gibt, was Recht oder Unrecht ist. Es gibt keine objektiven Kriterien. Jede der Konfliktparteien spricht von ihrem Standpunkt aus gesehen und hat ihre ganz speziellen Bedürfnisse. Wer kann dabei sagen, daß meine richtig und Ihre falsch sind, oder andersherum?

Fisher und Ury empfehlen ihren Lesern, bestimmte rhetorische Tricks anzuwenden, um den Gegner zu überzeugen, daß bestimmte «objektive Kriterien» in jeder beliebigen Situation Anwendung finden, wie beispielsweise folgende:

«Gestalten Sie persönliche Angriffe in sachbezogene Auseinandersetzungen um.»

Wenn die Gegenseite Sie persönlich angreift — wie das häufig geschieht — , dann sollten Sie der Versuchung widerstehen, sich zu verteidigen oder Ihrerseits die Gegenseite anzugreifen. Lehnen Sie sich statt dessen in Ihrem Stuhl zurück und gestatten Sie den anderen, ihren Dampf abzulassen. Hören Sie ihnen zu, zeigen Sie, daß Sie sie verstehen, und lenken Sie danach die persönlichen Angriffe auf eine sachliche Auseinandersetzung mit dem Problem. Sie sagen, daß ein Streik zeigt, wie wenig wir uns um die Firmenbelange kümmern. Ich ersehe daraus, daß es Ihnen um das Wohl der Firma geht. Sie dürfen sicher sein, daß wir diese Sorge gemeinsam haben. Und darum möchten wir den Ausstand auch so schnell wie möglich beenden, damit wir weiterarbeiten können. Was also können wir gemeinsam unternehmen, damit wir baldigst ein Übereinkommen erreichen?» (S. 160)

Diese herablassende Art des Vorgehens, so als besäße der Redner alle Wahrheit, Redlichkeit und Erleuchtung, und in dem er so tut, als bestünde seine Mission darin, einen widerspenstigen Gegner zu erziehen, kann zwar unter Umständen funktionieren, allerdings nur dann, wenn die gegnerische Seite aus Dummköpfen besteht, und bisher noch nie mit Rhetorik zu tun hatte. Wenn Sie jedoch auf einen Widersacher treffen, der einige Erfahrung in der verbalen Auseinandersetzung besitzt, bekommen Sie wahrscheinlich eine ähnliche Antwort wie diese:

«Also hören Sie mal, nehmen Sie Ihr ‹ich sehe Ihre Bedenken› und stecken Sie es sich an den Hut. Was denken Sie sich eigentlich? Ich brauche von meinem Gegner keinen Vortrag über die Bedeutung von Teamwork. Denn wenn Sie daran tatsächlich interessiert sind, hören Sie auf, sich wie ein aufgeblasener Idiot zu benehmen, und gehen Sie lieber an das eigentliche Problem heran, und hier insbesondere die Punkte zwei, vier und fünf. Sie sagen, Sie möchten, daß die Kinder wieder unterrichtet werden. Gut, inwieweit kommen Sie uns dann bei den Fragen des Gehalts, der Mittagspause und der medizinischen Versorgung entgegen? Oder stellen Sie sich etwa vor, daß wir ganz auf Ihre Forderungen eingehen? Sind Sie hier, um zu verhandeln oder um uns vor die Wahl zu stellen: Friß oder stirb! Und wenn Sie nicht zu Verhandlungen bereit sind, habe ich keine Lust, hier mit Ihnen meine Zeit zu verschwenden?»

Fisher und Ury verwenden sehr gerne rhetorische Tricks. Sehen Sie sich daher einmal ihr folgendes Beispiel «aus dem Leben» an. Es ist ein Gespräch, das zwischen Mrs. Jones, einer Vermieterin, und Turnbull, ihrem Mieter geführt wird, der glaubt, daß er zu viel Miete zahlen muß:

«*Turnbull:* Mrs. Jones, eben erfahre ich − bitte korrigieren Sie mich, wenn etwas falsch ist − , daß unsere Wohnung der Mietpreisbindung unterliegt. Wir haben gehört, daß die gesetzlich vorgeschriebene Höchstmiete 233 Dollar im Monat ist. Sind wir da falsch informiert?»

Analyse von Fisher und Ury:

«Grundlage des sachbezogenen Verhandelns ist das Offenbleiben und sich Überzeugenlassen durch objektive Faktoren und Prinzipien. Turnbull gibt nun die objektiven Fakten unter Vorbehalt weiter und setzt damit einen Dialog mit Frau Jones in Gang, indem er um Korrektur bittet. Er animiert sie, an dem Prozeß teilzuhaben, indem sie den objektiven Tatsachen entweder zustimmt oder diese zurechtrückt. Dieser Spielzug macht sie zu zwei Kollegen, die Tatsachen feststellen wollen. Hätte Turnbull die Fakten einfach als solche wiedergegeben, hätte sich Frau Jones bedroht und in die Defensive gedrängt gefühlt. Sie hätte möglicherweise die Tatsachen einfach geleugnet. Die Verhandlungen hätten nicht konstruktiv begonnen.» (S. 168)

Ich bin mit dieser Analyse überhaupt nicht einverstanden. Ich halte sie für vollkommen verkehrt.

Wenn wir zunächst einmal davon ausgehen, daß Turnbull sich seiner Sache sicher ist und daß Mrs. Jones ihr Handwerk versteht, weiß sie sehr wohl, daß die gesetzlich zulässige Höchstmiete bei 233 Dollar liegt. Sie weiß auch, daß Turnbull sich diesen Betrag nicht aus den Fingern gesogen hat. Er hat sich offensichtlich vorher informiert und konfrontiert sie jetzt mit der Tatsache, daß sie eine zu hohe Miete von ihm verlangt. Wenn er vorgibt (indem er die objektiven Fakten unter Vorbehalt weitergibt), Mrs. Jones aufzufordern, die Fakten gegebenenfalls zu berichtigen, fordert er sie eigentlich dazu auf zuzugeben, daß er sie auf frischer Tat ertappt hat.

Damit hat Turnbull Mrs. Jones in eine Ecke gedrängt, und jemandem, der in einer solchen Position ist, bleibt oftmals nichts anderes übrig als zu kämpfen. Er weiß, sie ist sich bewußt, daß sie ihn betrogen hat. Weiterhin weiß er: Ihr ist bekannt, daß er Kenntnis hat von der gesetzlichen Höchstmiete für seine Wohnung (233 Dollar).

Glaubt er, daß sie ihm jetzt sagt, diese Zahl sei falsch? Und auch wenn sie es täte, was würde das seiner Sache nützen? Und selbst wenn er davon ausgeht, daß sie ihm die Richtigkeit des Betrages bestätigt, (was wahrscheinlich hinter der Strategie «bitte korrigieren Sie mich, wenn ich falsch unterrichtet sein sollte» steckt), glaubt er dann etwa, daß sie ihm gegenüber zugesteht, daß sie ihn betrogen hat und freiwillig anbietet, das Geld zurückzuzahlen?

Wenn er das alles tatsächlich erwartet, ist er sehr naiv, da er versucht, sie zur Kapitulation zu bewegen, während er sie gleichzeitig mit rhetorischen

Tricks verärgert. Es ist schlimm genug, wenn man in die Ecke gedrängt worden ist. Wenn dies aber auch noch durch einen selbstzufriedenen Meister der Rhetorik geschehen ist, der die andere Seite obendrein mit seinen spritzigen verbalen Manövern verhöhnt, dann ist sie nicht nur verletzt, sondern wird auch noch beleidigt.

Meiner Meinung nach wird Mrs. Jones etwa wie folgt antworten:

«Junger Mann, wenn Sie ein rechtliches Gutachten über Mietpreisbindung wollen, müssen Sie sich an einen Anwalt wenden. Und wenn Sie mit ihm reden, können Sie gleich fragen, welches Honorar er verlangt, um Sie bei einer Räumungsklage zu vertreten, denn das ist genau das, was Sie erwartet, wenn Sie mir noch weiterhin mit der zu hohen Miete kommen.»

Ich schlage vor, in dem Konflikt zwischen Turnbull und Mrs. Jones wie folgt zu verfahren:

«Schauen Sie Mrs. Jones, wir haben da ein Problem, und das kann uns beide viel Zeit und Geld kosten. Ich hoffe jedoch, daß wir uns einigen können. Allerdings bin ich durchaus bereit, mit der Sache vor Gericht zu gehen, wenn Sie mir keine andere Wahl lassen. Die Sache ist die: Jemandem aus Ihrem Büro ist bei der Festsetzung meiner Miete offensichtlich ein Fehler unterlaufen. Richtig wären nämlich 233 Dollar, und nicht 300, wie im Mietvertrag aufgeführt. Bitte, ich möchte jetzt keinen Wirbel darum machen, denn ich nehme an, daß es sich nur um ein Versehen handelt. Außerdem gefällt mir die Wohnung. Ich bin allerdings bereit, länger darin wohnen zu bleiben, wenn meine Miete nach den gesetzlichen Vorschriften angeglichen wird. Ich möchte Sie daher um folgendes bitten: Gehen Sie der Angelegenheit nach. Wenn ich richtig informiert bin und die Höchstmiete tatsächlich nur 233 Dollar betragen darf, setzen Sie sich wieder mit mir in Verbindung. Wir können dann überlegen, ob Sie mir die zuviel gezahlte Miete per Scheck zurückzahlen, ob wir den Betrag mit künftigen Mietzahlungen verrechnen sollen oder auf welche andere Art wir die Sache regeln können.»

Wenn Sie genau hingeschaut haben, haben Sie festgestellt, daß «mein» Turnbull nicht direkt gelogen hat, als er sagte, «ich nehme an, daß es sich nur um ein Versehen handelt». Auf jeden Fall hat Turnbull nicht um den heißen Brei geredet oder hat nicht versucht, als Schlaumeier aufzutreten, der versucht, Licht in eine Angelegenheit zu bringen, über die er sich selbst nicht im klaren ist («Bitte korrigieren Sie mich, wenn ich mich irren sollte»). Er hat ihr klipp und klar seinen Standpunkt dargelegt und es ihr überlassen zu entscheiden, wie sie die Sache lösen will.

Noch wichtiger ist die Tatsache, daß er sie, indem er sagt, daß es sich wahrscheinlich um ein Versehen von jemandem aus ihrem Büro handelt, nicht bloßstellt. Das heißt, er hat es ihr ermöglicht, ihm das zu geben, was er will, ohne daß sie dabei zugeben muß, daß sie versucht hat, ihn zu betrügen.

Wenn er ihr vorgeworfen hätte, daß sie versucht hat, ihn zu betrügen, hätte sie ihn aller Wahrscheinlichkeit nach bekämpft, weil sie versucht hätte, ihm zu beweisen, daß sie keine Betrügerin ist. Indem Turnbull sagt, daß jemandem aus dem Büro ein Versehen passiert ist, macht er es Mrs. Jones leicht zu sagen: «Sie hatten tatsächlich Recht. Es war ein Fehler, ein Versehen, für das jemand anderes verantwortlich ist. Hier haben Sie Ihr Geld zurück.»

Bitte beachten Sie gleichfalls, daß er ihr Zeit gegeben hat, die Sache zu überdenken. Wenn er darauf bestanden hätte, daß sie sofort nachgibt, hätte er sie dadurch in die Defensive gebracht. Sie hätte wahrscheinlich das Gefühl gehabt, daß alles viel zu schnell geschieht. Außerdem hätte sie befürchtet, daß sie durch ein Eingeständnis des Versehens sich in Schwierigkeiten gebracht hätte, selbst wenn sie dadurch nur stillschweigend zugegeben hätte, daß es tatsächlich zu diesem «Fehler» gekommen ist.

Ich möchte Sie bei dieser Gelegenheit nachdrücklich darauf hinweisen, daß es eine ganz wichtige Regel für die Lösung von Konflikten gibt, bei denen Sie alle Trümpfe in der Hand haben und von der anderen Partei eine bedingungslose, oder zumindest teilweise, Kapitulation verlangen:

Lassen Sie der Person Zeit, die Angelegenheit noch einmal zu überdenken, und drängen Sie auf keine Entscheidung.

Ich sage dies, denn eine Partei, die eventuell kapitulieren wird, sich aber unter Zeitdruck fühlt, wird ängstlich, das heißt, sie fürchtet genau das eine (die Kapitulation), in die sie hineingedrängt wird. Nach meiner Erfahrung neigen die Menschen in Situationen dieser Art dazu zu kämpfen, und zwar nicht, weil sie von der Gerechtigkeit ihrer Sache überzeugt sind, nicht weil sie sicher sind, daß einer gewinnen wird, sondern rein instinktiv, denn wenn wir uns bedroht fühlen, ist kämpfen die normale Reaktion darauf.

Sie als angehender Sieger müssen Ihrem Gegner Zeit lassen sich zu entscheiden, das heißt zu kapitulieren, denn er muß davon überzeugt sein, daß das auch die richtige Entscheidung ist. Die andere Seite kann bei dieser Art des Vorgehens die Entscheidung als ihre eigene akzeptieren, die sie in aller Ruhe und nach reiflicher Überlegung getroffen hat. Und – immer vorausgesetzt, Sie halten alle Trümpfe in der Hand – kann sich die andere Seite dabei erleichtert fühlen, daß Sie ihr die Möglichkeit gegeben haben, so aus einer Sackgasse herauszukommen.

Stellen wir uns jetzt einmal vor, wie Mrs. Jones auf den Turnbull von Fisher und Ury reagiert hätte:

«Verflixt, dieser Kerl hat mich doch tatsächlich erwischt. Dabei sieht er so naiv aus. Doch jetzt kommt er einfach daher mit seiner Forderung. Nun, ich glaube, daß ich nicht unbedingt nachgeben muß. Wenn er die Miete für den nächsten Monat nicht über den vollen Betrag zahlt, kann ich die Wohnung zwangsräumen lassen. Allerdings jetzt, wo er die gesetzlich zulässige Höchstmiete ins Felde führt, stehe ich schlecht da.

Er hat mich in der Hand. Ich kann nur noch wählen zwischen sofort oder später zahlen.

Auf der anderen Seite will er offensichtlich auch nicht gerne vor Gericht gehen, denn sonst hätte er das gleich getan, ohne mich vorher noch einmal angesprochen zu haben. Das bedeutet, daß er eine friedliche Regelung vorzieht. Er ist ja sogar bereit, auf sein Geld zu warten, denn er bietet an, daß wir den zuviel gezahlten Betrag mit den künftigen Mietzahlungen verrechnen.

Außerdem sagt er, daß ihm die Wohnung gefällt. Er möchte dort wohnen bleiben und ist aus dem Grund zur Zusammenarbeit bereit. Vielleicht warte ich ein, zwei Tage und lade ihn dann auf eine Tasse Kaffee zu mir ein. Bei dieser Gelegenheit kann ich ihm dann erklären, daß ich der Angelegenheit nachgegangen bin und den Fehler gefunden habe. Ich kann mich entschuldigen, und er wird damit wohl zufrieden sein. Vielleicht kann ich sogar die Miete noch um zehn oder zwanzig Dollar über die gesetzlich zulässige Höchstsumme hinaus erhöhen, indem ich ihm sage, daß wir einige Modernisierungsarbeiten an dem Gebäude vorgenommen haben, seitdem das Gesetz erlassen wurde.»

Worauf das alles hinausläuft? Nun, wenn Sie alle Trümpfe in der Hand haben, müssen Sie nicht clever sein. Und wenn Sie nicht alle Trümpfe in der Hand haben, sollten Sie gar nicht erst versuchen, clever zu sein.

Die meisten Menschen werden erkennen, wenn Sie rhetorische Tricks anwenden. Sie erkennen auch, wenn Sie «eine Schau abziehen», und lehnen dies ab. Sie weigern sich, verbale Schlachten zu schlagen, und sie lehnen ganz entschieden die Art ab, in der Sie dadurch ihre Intelligenz beleidigt haben. Ich glaube, daß es viel nützlicher ist, die Dinge geradeheraus anzugehen, und den Gegner genauso zu behandeln, wie wir es andersherum für uns erwarten.

Doch lassen wir alle rhetorischen Tricks jetzt einmal beiseite. Worum es mir hier noch viel mehr geht: Das Ziel von Verhandlungen sollte nicht nur darin bestehen, ein «ja» zu bekommen, das heißt, die andere Seite mit allen Mitteln dazu zu bewegen, sich Ihrem Willen zu fügen, sondern darüber hinaus sollte es darin bestehen, den Konflikt auf eine Art zu lösen, die beiden Parteien gerecht wird, und damit zu einer harmonischen und langfristigen Beziehung beiträgt.

Richtig, nicht alle Beziehungen sind langfristig angelegt. Einige sind schon von ihrer Art her kurzfristiger Natur. Sie denken sicher nicht an eine lang anhaltende Beziehung, wenn die Polizei Sie wegen Überschreitens der Höchstgeschwindigkeit angehalten hat oder wenn Sie mit Ihrem Auto in eine Reparaturwerkstatt geschleppt werden müssen, die 2000 Kilometer von zu Hause entfernt ist.

Trotzdem glaube ich, daß Sie Konflikte, die in einer kurzfristigen Beziehung entstehen, mit denselben Mitteln lösen können, die Sie auch anwenden würden, wenn es um die Aufrechterhaltung einer langfristigen Verbindung ginge. Darüber hinaus werden Sie in der Mehrzahl der Konfliktfälle, seien sie privater oder geschäftlicher Art, doch darauf bedacht sein, die Beziehung fortzuführen. Wenn Sie an einem Fortbestehen nicht interessiert sind, wäre es verhältnismäßig einfach, den Konflikt zu lösen, indem Sie in diesem einen Fall einen Verlust hinnehmen. «Sie schreiben die Angelegenheit einfach ab», und fertig.

Das führt mich wieder zurück zu den drei Musterkonflikten, die ich bereits in diesem Kapitel vorgestellt habe. Wir haben uns ausführlich genug mit dem Ehepaar beschäftigt, das sich nicht über die Farbe des Lampenschirmes einigen konnte. Doch lassen Sie uns die anderen beiden doch wenigstens noch kurz beleuchten:

Sie sind mit den Tilgungszahlungen bei Ihrem Kundenkonto in Verzug geraten, und das Kaufhaus hat daraufhin Ihren Kreditrahmen gekürzt.

Wie ich bereits in diesem Kapitel schon angedeutet habe, wäre es einfach, den Konflikt zu beenden, indem Sie die Beziehung aufgeben. Sie kaufen einfach in diesem Kaufhaus nicht mehr ein. Und wenn Sie dann noch Rache üben wollen, gleichen Sie einfach Ihr überzogenes Konto nicht aus. Warten Sie ab, bis das Kaufhaus Sie verklagt. Dann finden Sie einen Grund, eine Gegenforderung aufzustellen (vielleicht indem Sie behaupten, daß bestimmte Artikel, die Sie gekauft haben, falsch ausgezeichnet waren). Sie können mit dieser Vorgehensweise einigermaßen sicher sein, daß Ihr Fall die Gerichte fünf bis zehn Jahre lang beschäftigen wird. Und am Ende müssen Sie vielleicht nur die Hälfte oder sogar noch weniger der eigentlichen Forderung zahlen.

Doch leider kaufen Sie sehr gerne in dem besagten Kaufhaus ein. Sie sind zwar verärgert über die Art und Weise, in der die Kreditabteilung auf Ihre Überziehungen reagiert hat, doch Ihr Wunsch, Kunde zu bleiben, überwiegt. Außerdem wissen Sie die Vorteile zu schätzen, die eine bargeldlose Zahlungsweise mit sich bringt. Ihr Ziel bei diesem Konflikt besteht darin, daß Sie auch weiterhin in dem Kaufhaus einkaufen können und gleichzeitig den größtmöglichen Kreditrahmen eingeräumt bekommen. (Bitte nehmen Sie zur Kenntnis, daß ich von Ihrem Ziel geredet habe. Das ist ein Punkt, auf den ich noch einige Male in diesem Buch zu sprechen komme.)

Nun gut, Sie möchten den Konflikt lösen und Ihren Kreditrahmen beibehalten, wenn möglich gar erhöhen, ansonsten auf jeden Fall die Kürzung desselben auf ein Mindestmaß beschränken. Das (und das vergessen Sie bitte nie) ist Ihr Ziel. Sie dürfen sich im Verlaufe der Verhandlungen nicht von diesem Ziel durch Zwischenlösungen abbringen lassen, die sich vielleicht ergeben, indem Sie beispielsweise einen unfreundlichen kleinen Angestellten beschimpfen, an den Ihre Beschwerde weitergeleitet wurde.

Welche Vorgehensweise ist jetzt die beste, um Ihr Ziel zu verfolgen? Sie könnten zum Beispiel an den Vorstandsvorsitzenden des Konzerns, dem «Ihr» Kaufhaus angehört, einen Brief schreiben, und ihm darin sagen, daß Sie ein langjähriger Kunde des Kaufhauses sind und sich beschweren möchten, weil man Sie so ungerecht behandelt hat.

Oder Sie können einen Freund, der den zuständigen Manager des Kaufhauses persönlich kennt, bitten, ein Treffen zwischen Ihnen zu arrangieren, damit Sie Ihr Anliegen direkt vortragen können.

Oder Sie könnten den Leiter der Kreditabteilung anrufen und ihm drohen, sich über seinen Kopf hinweg bei seinem Vorgesetzten zu beschweren, wenn er nicht bereit ist, die Entscheidung rückgängig zu machen.

Oder aber, Sie könnten Ihren Stolz überwinden, sich mit den Gegebenheiten abfinden und versuchen, die Verbindung zu dem Kaufhaus wiederherzustellen, das heißt mit anderen Worten, daß Sie es durch die Kürzung Ihres Kreditrahmens nicht zu einer Konfliktsituation kommen lassen. Sie nehmen in Zukunft Ihre Zahlungen ganz pünktlich vor, oder sogar noch vor dem eigentlichen Fälligkeitstermin, und beantragen dann nach Ablauf eines Jahres unter Hinweis auf Ihre gute Zahlungsmoral eine Erhöhung der Kreditlinie.

Ein Kollege von mir war tatsächlich in einer solchen Situation. Er entschied sich dafür, einen eher kämpferischen Weg einzuschlagen und schrieb einen Brief an den Vorstandsvorsitzenden des Konzerns, dem das Kaufhaus gehörte. Darin warf er dem Leiter der Kreditabteilung und dessen Mitarbeitern vor, sehr unfreundlich und unwillig auf seine Bitte reagiert zu haben, die Gründe für seine verspäteten Zahlungen darlegen dürfen. Er verwies auf die langjährige Beziehung zwischen ihm und dem Kaufhaus und drohte damit, wegen unfairer Geschäftspraktiken vor Gericht zu gehen, wenn er nichts von dem Vorgesetzten des Leiters der Kreditabteilung hören sollte.

Der Zufall will es, daß mein Kollege Kaukasier ist. In seinem Schreiben an den Vorstandsvorsitzenden ließ er wohlüberlegt anklingen, daß er Angehöriger einer Minderheitengruppe sei. Wenn sein Kreditantrag also zurückgewiesen würde, liefe das Kaufhaus Gefahr, wegen Diskriminierung von Minderheiten angegriffen zu werden. Wenn er tatsächlich nachweisen könnte, daß das Kaufhaus an einen anderen Kaukasier, der weniger kreditwürdig ist als er, Darlehen gewährt hätte, hätte er sogar Grund gehabt, vor dem Bundesgerichtshof ein Verfahren wegen Verletzung der Grundrechte anzustrengen.

Der Vorstandsvorsitzende antwortete mit einem persönlichen Schreiben, und ein paar Tage darauf erhielt mein Kollege einen Anruf von dem Leiter des Kaufhauses, der sich für die Angelegenheit entschuldigte. Angeblich seien wieder einmal die Computer schuld an der ganzen Sache gewesen. Außerdem sagte er noch so etwas wie: «Schließlich hat der Leiter der Kreditabteilung nur seine Arbeit getan.» Auf jeden Fall wurde meinem Freund mit sofortiger Wirkung der ursprüngliche Kreditrahmen wieder eingeräumt.

Wie ich bereits weiter vorne gesagt habe, besteht ein ganz wesentliches Element von Konflikten darin, alle Parteien in einem Konflikt zu identifizieren. In dem vorstehenden Fall bestand der Konflikt hauptsächlich zwischen meinem Kollegen und dem Konzern, dem das Kaufhaus gehörte, und nicht zwischen dem Leiter der Kreditabteilung des betreffenden Kaufhauses. Mein Kollege schaltete den Leiter der Kreditabteilung als Konfliktpartei einfach aus, indem er ihn umging, und es gelang ihm, den Konflikt prompt und zufriedenstellend zu lösen. Sie können sicher sein, daß der Leiter der Kreditabteilung künftig sehr sorgfältig vorgehen wird, wenn es irgendwelche Schwierigkeiten mit dem Konto meines Kollegen geben sollte.

Nächstes Beispiel:

Sie werden sich vielleicht wundern, warum ich gerade einen Fall aufgezeigt habe, in dem eine Partei sich sehr kämpferisch zeigte und damit versuchte, zum Ziel zu kommen. Vor nicht allzu langer Zeit habe ich doch noch behauptet, daß ein wesentliches Ziel von Verhandlungen darin bestünde, mehr als nur ein «ja» zu bekommen, das heißt, den Willen der anderen Parteien nicht mit allen Mitteln zu unterdrücken, sondern vielmehr bemüht zu sein, den Konflikt auf eine Art zu lösen, die beiden Seiten gerecht wird, und zu einer harmonischen und dauerhaften Beziehung beiträgt.

Richtig, doch darin besteht kein Widerspruch. Ich habe nämlich nie behauptet, daß alle Konflikte zur Freude aller beteiligten Parteien gelöst werden sollten. Ich habe auch nie gesagt, daß alle glücklich von dannen ziehen müßten. Tatsächlich habe ich nicht einmal gesagt, daß zumindest eine Partei froh über den Ausgang eines Konfliktes sein müßte, obwohl es natürlich besser wäre, wenn alle glücklich dabei wären.

Ich habe lediglich gesagt, daß Ihr Ziel darin bestehen sollte, den Konflikt auf eine Art zu lösen, die beiden Parteien am meisten gerecht wird und zu einer harmonischen und dauerhaften Beziehung beiträgt.

Wenn eine Partei ein «absoluter Schurke» ist (was leider nicht selten der Fall ist), muß er mit allen zur Verfügung stehenden Mitteln «eins aufs Dach» bekommen, denn das ist genau das, was den Interessen beider Parteien am meisten dient und zu einer harmonischen und dauerhaften Beziehung beiträgt.

Um es einmal ganz zynisch zu formulieren, eine erzwungene Knechtschaft, wenn Knechtschaft überhaupt erzwungen werden kann, ist für jeden Konflikt die optimale Lösung. Stalin und Franco wurde niemals vorgeworfen, nicht mit Konflikten umgehen zu können. Oder wie Lyndon Johnson, der weit weniger Erfolg mit dieser Methode hatte, es einmal formulierte: «Man muß sie nur hart genug anfassen, dann parieren sie schon!»

Damit will ich auf keinen Fall sagen, daß wir uns bemühen sollten, die andere Seite zu demütigen und zu unterwerfen. Wir müssen hier unterscheiden zwischen dem moralisch und dem strategisch Guten. Ich möchte Ihnen nur Gelegenheit geben, sich die gesamte Palette einmal anzusehen, die uns und unseren Widersachern zur Lösung von Konflikten zur Verfügung steht, denn sonst können wir sehr leicht von einem Gegner, der sich besser vorbereitet hat als wir, überrascht werden. Und wir sollten auch nicht zögern, mit Gegnern, bei denen sanfte Methoden sich als wirkungslos erwiesen haben, so hart wie moralisch akzeptabel zu verfahren.

Zusammenfassend möchte ich sagen, daß wir, wenn wir mit Leuten zu tun haben, die nett sein wollen, ebenfalls nett sein sollten. Wir sollten sogar den Anfang machen und freundlich auf den anderen zugehen, und uns bemühen, noch netter zu sein als er. Denn kein Konflikt wird zu einem glücklicheren Ende geführt als einer, in dem beide Parteien bemüht sind, nett und freundlich zueinander zu sein.

Allerdings dürfen wir nicht vergessen, daß es tatsächlich solch unfaire Gegner gibt, die versuchen werden, sich unsere Schwäche zunutze zu machen. Sie hätten weder Stalin noch Franco dazu gebracht nachzugeben, indem Sie ihnen bewiesen hätten, wie nett Sie sind und daß Ihr Herz am rechten Fleck sitzt. Wenn Sie sich gegen solche Gegner durchsetzen wollen, müssen Sie einfach bereit sein, ihr Spiel zu spielen. Und außerdem verlieren nicht immer die netten Jungen. Ganz im Gegenteil. Nach meiner Erfahrung liegen sie meistens ganz vorne. Allerdings gibt es Situationen, in denen wir es uns einfach nicht leisten können, nett zu sein. Wenn Sie bei der Lösung von Konflikten erfolgreich sein wollen, müssen Sie einfach lernen zu unterscheiden, wann Sie nett sein können und wann nicht.

Das führt uns zu der Frage der Macht. Wer besitzt Macht in einem Konflikt? Wie kann sie ausgeübt werden? Was sollten Sie tun, wenn Sie keine Macht haben? Im folgenden Kapitel werde ich diese Fragen ausführlich beantworten.

9

Aus einer starken Position heraus verhandeln

Oder: Wie bringe ich andere dazu, mir Macht zu geben, um einen Konflikt zu lösen?

Sie können sich Macht nicht einfach nehmen. Selbst wenn Sie Ihre Mitmenschen mit Waffengewalt bedrohen, die Macht muß Ihnen gegeben werden, und zwar von denjenigen, über die Sie die Macht anschließend ausüben wollen. In einer Beziehung zwischen A und B hat A nur in dem Maße Macht über B, wie B von A zur Erreichung seiner Ziele abhängt, und umgekehrt.

In einigen Situationen sind Macht und Abhängigkeit genau definiert und können nicht so einfach ausgetauscht werden. Die Macht der Schulaufsichtsbehörde für die Festsetzung der Gehälter der Lehrer ist unumstritten, ebenso wie die Abhängigkeit der Lehrer von ihren Gehältern (und im weiteren Sinne dann eben auch von der Schulaufsichtsbehörde). An dieser Situation wird sich auch so schnell nichts ändern.

Die Macht der Schulaufsichtsbehörde wird jedoch in gewissem Sinn ausgeglichen durch die Bereitschaft der Lehrer, ihre Forderungen gegebenfalls mit einem Streik durchzusetzen. Die Abhängigkeit der Lehrer wird gemildert durch die Streikkassen der Gewerkschaft, die Forderung der Eltern, keinen Unterricht ausfallen zu lassen, und die öffentliche Meinung, daß Lehrer unterbezahlt seien. So kann es also unter bestimmten Umständen zu einer Verschiebung der Macht kommen, obwohl die einzelnen Bereiche deutlich abgegrenzt sind. Unter bestimmten Umständen ist es sogar möglich, daß Lehrer durch einen langen Streik die Wähler veranlassen können, Druck auszuüben, damit die Angehörigen des Schulausschusses aus ihren Ämtern entfernt werden!

Situationen, bei denen Macht und Abhängigkeit nicht genau definiert sind, können noch wesentlich schwieriger sein.

Wenn beispielsweise sechs Passagiere eines Fluges, die gültige Flugscheine besitzen, von der Liste gestrichen werden, weil die Maschine versehentlich übersetzt wurde, so erscheinen doch alle sechs gleichermaßen machtlos, gegen diese Situation etwas zu unternehmen. Einer der sechs ist jedoch der Vorstandsvorsitzende eines großen Unternehmens, das häufig mit dieser Fluggesellschaft zusammenarbeitet. Wenn dieser Mann also bei der Fluggesellschaft anruft und sich gleich höheren Ortes beschwert, ist es sehr wahrscheinlich, daß er mitfliegen kann. Ich selbst war einmal Zeuge einer solchen Situation. Unmittelbar vor dem Start wurde dieser anscheinend sehr wichtige Mann unter direktem Verstoß gegen die Flugsicherheitsbestimmungen zum Cockpit geleitet, wo er den Platz bekam, der normalerweise nur einem zusätzlichen Piloten oder einem Vertreter der Flugsicherungsbehörde vorbehalten ist.

Auch wenn keiner der sechs in der glücklichen Lage ist, daß die Luftfahrtgesellschaft in gewisser Weise von ihm abhängt, kann er oder sie doch eine Situation herbeiführen, in der er Macht besitzt. Wenn er beispielsweise mit den entsprechenden gesetzlichen Bestimmungen vertraut ist oder zumindest so tut, als wäre er es, kann er verlangen, daß er an Stelle einer der Personen, die nach ihm eingecheckt haben, an Bord gehen darf. Oder er ist mit dem Abfertigungspersonal befreundet, oder er versucht mit Bestechung weiterzukommen, oder er macht einfach einen solchen Wirbel um die Angelegenheit, daß das Abfertigungspersonal bereit ist, an seiner Stelle einen anderen Passagier, der schon im Flugzeug sitzt, zurückzuholen, nur damit er sich beruhigt.

Ähnlich ist es zwischen einem großen Unternehmen, das übermächtig erscheint und einem verärgerten Kunden. Wenn dieser aber bereit ist, seine Zeit und Geld in die Sache zu stecken, um seiner Forderung den nötigen Nachdruck zu verleihen, kann es ihm durchaus gelingen, den Riesen in die Knie zu zwingen.

Die schlimmste Form von Macht ist meines Erachtens Terrorismus. Es steht außer Zweifel, daß jedes Land stärker ist als eine Gruppe von Fanatikern, die mit der Politik ihres Landes nicht einverstanden sind. Wenn diese Fanatiker aber beispielsweise zu Mitteln wie Flugzeugentführung und Geiselnahme greifen, kann es so weit kommen, daß sich das betroffene Land ihrem Willen beugen muß.

Da Terroristen bereit sind, Risiken einzugehen, vor denen die meisten zurückschrecken, kann eine Handvoll Fanatiker mehr Macht ausüben als eine ganze Nation, die unter Umständen sogar von ihnen abhängig ist (bei einer Geiselnahme beispielsweise). Durch diese Abhängigkeit haben die Terroristen Macht über eine ganze Nation, es sei denn, diese ist bereit, das Leben der Geiseln aufs Spiel zu setzen, um die Terroristen zu überwältigen.

Dieser Grundsatz von Macht und Abhängigkeit ist im täglichen Leben ebenso gültig wie bei großen Konflikten. Sehen wir uns doch einmal ein paar Beispiele für Macht und Abhängigkeit an, wie sie in einem Industriebetrieb gegeben sind.

Der Produktionsleiter hat zumindest offiziell eine gehörige Portion Macht über seine Vorarbeiter. Er kann sie einstellen und auch wieder entlassen, er entscheidet über Beförderungen und Gehaltserhöhungen. Er kann Vergünstigungen vergeben, wie die Einteilung zur Tag- und zur Nachtschicht, oder wer an der neuen Anlage arbeiten darf oder nicht.

Für einen Außenstehenden kann der Eindruck entstehen, daß die Macht des Produktionsleiters über seine Vorarbeiter absolut ist. Doch der Eindruck täuscht, denn auch die Vorarbeiter haben eine gewisse Macht über den Produktionsleiter. Ohne ihre Unterstützung kann er nämlich beispielsweise seine Produktionsziele nicht erreichen. Er ist von ihnen in Fragen wie Kostendämpfung, Qualitätskontrolle und fristgemäße Erledigung von Aufträgen abhängig. Er muß sich darauf verlassen können, daß sie ihm Verzögerungen im Produktionsablauf umgehend melden, und gleichzeitig versuchen, die Ursachen dafür zu finden. Und außerdem ist ein Vorarbeiter derjenige, der am besten die Arbeitsmoral seiner Kollegen beurteilen und weitermelden kann. Wenn die Vorarbeiter dem Produktionsleiter nicht zuarbeiten, verliert dieser seinen Job.

Aus diesem Grund besteht eine gegenseitige Abhängigkeit zwischen Produktionsleiter und Vorarbeitern. Keiner kann ohne die Hilfe des anderen zufriedenstellend arbeiten, und jeder kann dem anderen bei dem Erreichen seines Ziels hinderlich sein.

Bitte bedenken Sie hierbei, daß die Beziehung zwischen Produktionsleiter und Vorarbeitern eindeutig geregelt ist. Die Verteilung der Machtverhältnisse ist schwieriger zu erkennen, wenn zwei Personen betroffen sind, die nicht unmittelbar voneinander abhängen, wie der Produktionsleiter und ein Angestellter aus der Personalabteilung zum Beispiel.

Zunächst mag es den Anschein haben, daß der höhere Angestellte (der Produktionsleiter) dem Mitarbeiter aus der Personalabteilung gegenüber mit viel mehr Macht ausgestattet ist. Doch das muß nicht unbedingt der Fall sein. Ganz im Gegenteil, es kann auch genau anders herum kommen.

So kann der Angestellte derjenige sein, der das Gehalt für den Produktionsleiter anweist. Somit hängt dieser von dem Kollegen aus der Personalabteilung ab, der ihm rechtzeitig sein Geld überweisen muß. Kommt es hierbei zu einer Verzögerung, kann das für den Produktionsleiter unangenehme Folgen haben. Er muß vielleicht eine Hypothek fristgerecht zurückzahlen, was er aber nicht kann, wenn das Gehalt nicht überwiesen ist. Das kann schließlich sogar soweit führen, daß er mit den Tilgungszahlungen so sehr in Rückstand gerät, daß sein Haus zwangsversteigert werden muß.

Der Angestellte aus der Personalabteilung wiederum ist in keiner Weise abhängig von dem Produktionsleiter, denn er ist nur dem Leiter des Rechnungswesens gegenüber verantwortlich. Mit dem Produktionsleiter hat er nichts zu tun, denn dieser beurteilt weder seine Leistung, noch kann er darüber entscheiden, ob er eine Gehaltserhöhung bekommt oder nicht. So gesehen hat der Produktionsleiter überhaupt keine Macht über den Mann in der Personalabteilung.

In Wirklichkeit jedoch hat er da viele Möglichkeiten. Der Produktionsleiter kann sich, wie jeder andere aus dem Unternehmen auch, über die mangelhafte Leistung des Angestellten beschweren. Wenn außer ihm auch noch andere ihr Gehalt verspätet überwiesen bekommen haben, erfolgt sicherlich eine offizielle Rüge, wobei es ganz entscheidend sein dürfte, daß es hier ein Produktionsleiter ist, der sich beschwert. In letzter Konsequenz könnte dies die Entlassung des Angestellten zur Folge haben.

Im Gegensatz zu mittleren Angestellten verkehrt der Produktionsleiter mit dem Vorgesetzten des Angestellten auf gleicher Ebene. So kann bereits eine Beschwerde, von Führungskraft zu Führungskraft sozusagen, dem Angestellten ernsthafte Schwierigkeiten bereiten. Sollte sich der Leiter des Rechnungswesens der Sache nicht annehmen wollen, könnte der Produktionsleiter sie immer noch dem zuständigen Vorstandsmitglied vortragen und verlangen, daß der Angestellte entlassen wird.

Unter normalen Umständen ist es unwahrscheinlich, daß der eine über den anderen Macht ausüben würde. Doch lassen Sie uns zur Verdeutlichung diese Situation weiterspielen, und sehen wir einmal, was im Extremfall daraus werden könnte.

Nehmen wir einmal an, der Angestellte parkt sein Auto auf dem firmeneigenen Gelände neben dem des Produktionsleiters. Als er abends zurückkehrt, ist das Auto des Produktionsleiters schon fort. Dafür hat der Kotflügel seines Wagens einen breiten Kratzer. Der Angestellte nimmt an, daß der Produktionsleiter dies absichtlich getan hat. Er spricht ihn am nächsten Tag darauf an und verlangt Schadensersatz. Der Produktionsleiter jedoch weist jede Schuld von sich und weigert sich, auch nur einen Pfennig zu bezahlen.

Die meisten von uns würden jetzt an Stelle des Angestellten die Sache auf sich beruhen lassen. Schließlich ist es durchaus möglich, daß den Produktionsleiter tatsächlich keine Schuld trifft, oder zumindest läßt sie sich nicht nachweisen. Doch unser Angestellter ist von der Schuld des Produktionsleiters überzeugt und sehr verärgert darüber, daß dieser alles abstreitet und sich weigert, den Schaden wiedergutzumachen. Aus Rache entschließt sich der Angestellte, am Monatsende das Gehalt nicht zu überweisen.

Im guten Glauben an die rechtzeitige Überweisung seines Gehalts geht der Produktionsleiter nun am Monatsende hin und stellt einen Scheck für die Tilgung seiner Hypothek aus. Als er jedoch erkennen muß, daß keine Deckung auf seinem Konto vorhanden ist, wendet er sich umgehend an den Leiter des Rechnungswesens. Dieser sichert ihm zu, sich persönlich um die Angelegenheit zu kümmern, fügt jedoch hinzu, daß eine Überweisung erst dann vorgenommen werden kann, wenn geklärt ist, was mit der ersten geschehen ist. Bei den Nachforschungen stellt sich natürlich heraus, daß das Gehalt überhaupt noch nicht angewiesen worden war, was umgehend nachgeholt wurde. Doch leider war inzwischen der Scheck des Produktionsleiters für die Tilgungszahlung geplatzt.

Verärgert darüber machte der Produktionsleiter bei der nächsten Sitzung des erweiterten Vorstandes dem Leiter des Rechnungswesens heftige Vorwürfe und beschuldigte ihn, seine Abteilung nicht richtig im Griff zu haben. Dieser wiederum, dem es sehr peinlich war, vor allen Kollegen so angegriffen zu werden, feuerte wutentbrannt den verantwortlichen Mann aus der Personalabteilung.

Dieser fühlte sich ungerecht behandelt, zumal ihm nicht nachgewiesen worden war, daß es sich nicht um ein Versehen seinerseits gehandelt hatte, und er beschwerte sich wegen seiner Kündigung beim Betriebsrat und der zuständigen Gewerkschaft. Sein Vorgesetzter war darauf vorbereitet und hatte sich eine Liste von tatsächlichen und konstruierten Fehlern des Angestellten zusammengestellt.

Die Kündigung wurde aufrechterhalten. Voller Rachegefühle brachte der Angestellte daraufhin ein Rundschreiben in Umlauf, in dem er sämtliche Gehälter der leitenden Angestellten preisgab. Als damit seine Rachegelüste immer noch nicht gestillt waren, schickte er eine Aufstellung von nicht verbuchten, sogenannten «Erstattungszahlungen» an das Finanzamt, woraufhin mehrere Ermittlungsverfahren wegen Steuerhinterziehung gegen verschiedene Angestellte des Unternehmens eingeleitet wurden. Sozusagen als Schlußpunkt seines Rachefeldzuges vernichtete er sämtliche Gehaltsunterlagen des Unternehmens.

Durch dieses Verhalten machte der Angestellte seine Chancen auf einen neuen Job in einer anderen Firma weitestgehend zunichte. Außerdem drohten ihm jetzt ein Strafverfahren und Schadensersatzforderungen. Doch der Angestellte war offensichtlich bereit, all diese Konsequenzen in Kauf zu nehmen, (oder aber er hatte sie sich nicht vor Augen geführt). Auf jeden Fall erkennen wir, daß er wesentlich mehr Macht ausüben konnte, als wir es aufgrund seiner Stellung erwartet hätten.

Doch die Geschichte muß hier noch nicht enden. Lassen Sie uns den Faden weiterspinnen. Da sämtliche Gehaltsunterlagen vernichtet waren, kam es bei den nächsten Überweisungen zu erheblichen Verzögerungen. Die Fließbandarbeiter waren darüber so verärgert, daß sie einen wilden Streik ausriefen. Dadurch kam die gesamte Produktion zum Erliegen. Aufträge konnten nicht mehr fristgerecht ausgeführt werden, und Bestellungen bei Zulieferanten wurden rückgängig gemacht, woraufhin diese wiederum ihre Produktion umstellen mußten. Somit hat der Angestellte nicht nur über sein Unternehmen Macht ausgeübt, sondern über andere ebenfalls. Die Zulieferanten von Ersatzteilen mußten nämlich Bestellungen von Rohstoffen rückgängig machen. Die Lieferanten dieser Rohstoffe wiederum konnten daraufhin ihre Rechnungen nicht mehr bezahlen und mußten Konkurs anmelden.

Nach ihrem Konkurs konnten die Lieferanten selbstverständlich auch ihre Darlehen nicht zurückzahlen, woraufhin deren Hausbanken, die den Verlust nicht auffangen konnten, ihre Schalter schließen mußten.

Daraufhin hoben Kunden anderer Banken, die befürchteten, daß ihre Bank ebenfalls schließen müßte, ihr gesamtes Geld ab, so daß sich diese Banken ihrerseits an die Bundesversicherungszentrale für Bankeinlagen wenden mußten, um allen Anträgen nachkommen zu können.

Schließlich waren die Mittel der Versicherungszentrale ebenfalls erschöpft, so daß diese sich an das Finanzministerium wenden mußte.

Die Sowjetunion, die die Wirtschaftskrise in den Vereinigten Staaten aufmerksam verfolgt hatte, beschloß, daß dies genau der richtige Zeitpunkt sei, die Vereinigten Staaten anzugreifen.

Die Russen zündeten daraufhin ihre Raketen, die Vereinigten Staaten schlugen zurück, und schon bald war in diesem furchtbaren Krieg die Welt ausgelöscht — und das alles nur wegen eines unzufriedenen Angestellten in der Personalabteilung eines Unternehmens.

Doch lassen wir dieses zugegebenermaßen extreme Beispiel eines eskalierten Konfliktes einmal beiseite. Trotzdem bleibt die Tatsache bestehen, daß in jeder Beziehung alle Parteien Macht besitzen. Jeder in einer Beziehung verfügt über ein gewisses Maß an Macht, der eine über mehr, der andere über weniger. Wenn Sie jemandem etwas geben können, das der oder die andere haben möchte, haben Sie Macht über die andere Person, wobei es egal ist, wer diese andere Person ist und was Sie ihr bieten können. Genauso haben Sie Macht, wenn Sie etwas zurückhalten, was die andere gerne haben möchte.

Kehren wir noch einmal zu dem Beispiel des Produktionsleiters zurück. Wenn alle seine Vorarbeiter ihre Arbeit gleichermaßen zufriedenstellend ausführen, wird derjenige befördert, der besonders eifrig ist und dem Produktionsleiter meldet, daß ein Fließband nicht in Ordnung ist und sicher bald reißen wird. Der Vorarbeiter hat dem Produktionsleiter Informationen gegeben, durch die es diesem möglich ist, seine Arbeit effektiver zu gestalten. Als Belohnung dafür bekommt der Vorarbeiter das, was er sich gewünscht hat — eine Beförderung.

Doch leider ist es nicht immer so einfach zu erkennen, was die anderen wollen. Wir müssen uns ein Urteil darüber bilden, was die anderen tatsächlich wollen, wobei das etwas ganz anderes sein kann, als sie vorgeben, haben zu wollen.

Ein Beispiel: Der Leiter der Presseabteilung beantragt ein Fotokopiergerät für sein Büro, da seine Sekretärin sonst angeblich zu viel Zeit damit verliert, bei jeder Gelegenheit in die Poststelle zu laufen, wo das für sie nächste Gerät steht. Zwar kann das der tatsächliche oder zumindest der hauptsächliche Grund sein, warum er eine eigene Maschine möchte. Ebenso gut kann der Fotokopierer aber auch nur ein Symbol für etwas sein, das er eigentlich haben will.

114

Wenn der Leiter der Presseabteilung als einziges Mitglied der Geschäftsleitung keinen Fotokopierer hat, möchte er ihn einzig und allein aus dem Grund, weil er dieselbe Stellung haben will wie seine Kollegen. Der rasche Zugriff zum Fotokopierer hat so vielleicht nur wenig, wenn überhaupt etwas mit seinem Antrag zu tun. Vielleicht sagt er nur, daß er das Gerät braucht, obwohl das eigentlich nicht der Fall ist, weil es ihm als Mittel zum Erreichen eines anderen Zweckes dient.

Oder er beantragt einen neuen Teppich für sein Büro. Der alte Belag war noch völlig in Ordnung, und der neue hätte keinen symbolischen Wert gehabt, da es in den seltensten Fällen jemand merkt, weil die Farbe der Teppiche in Büros fast immer dieselbe ist. Der eigentliche Grund, warum der Leiter der Presseabteilung den neuen Teppich beantragt hatte, bestand darin, daß er das ihm im Haushalt zugewiesene Geld ausgeben wollte. Wenn nicht innerhalb eines Haushaltsjahres alles Geld ausgegeben wird, kann es passieren, daß der Etat für das nächste Jahr um den nicht ausgegebenen Betrag gekürzt wird. Er wollte mit der Bestellung verhindern, daß er unter Umständen Haushaltsmittel verliert.

Der erfahrene Manager muß in einem solchen Fall genügend Psychologe sein, um zu erkennen, daß die vorgebrachte Forderung eigentlich nicht das ist, was derjenige tatsächlich haben möchte. Obwohl es sich durchaus um materielle und praktische Wünsche handeln kann, wie beispielsweise eine neue Schreibmaschine, sind die Gründe dafür unter Umständen ganz andere als die angegebenen.

So behauptet die Sekretärin A, daß sie eine neue Schreibmaschine braucht, weil ihre alte defekt ist. Es ist vielleicht aber gar nicht nötig, eine neue Schreibmaschine anzuschaffen, um das Problem zu lösen. Was die Sekretärin tatsächlich möchte, ist eine funktionierende Schreibmaschine, nicht unbedingt also eine neue. Sie ist eventuell sogar schon zufrieden, wenn ihre alte Schreibmaschine repariert wird.

Doch nehmen wir einmal an, die Sekretärin A bekommt eine neue Schreibmaschine. Prompt will Sekretärin B auch eine. Zwar funktioniert die von B noch ganz ausgezeichnet. Doch B ist schon viel länger in dem Unternehmen als A und ist aus diesem Grund davon überzeugt, daß, wenn einer eine neue Schreibmaschine bekommt, sie es doch wohl sein müßte. Sekretärin B will also keine neue Schreibmaschine, sondern eine Bestätigung ihrer Wichtigkeit. Vielleicht ist sie daher schon zufrieden, wenn sie nur einen neuen Titel bekommt, wie beispielsweise «Verwaltungsassistentin», der mit ein paar zusätzlichen Kompetenzen verbunden ist.

Doch jetzt möchte die Sekretärin C auch noch eine neue Maschine. Zwar funktioniert ihre alte Schreibmaschine noch ganz vorzüglich, und sie ist auch an der Unternehmenspolitik nicht interessiert. Tatsächlich findet sie ihre Arbeit und die Firma scheußlich. Aber die Sekretärin möchte genau aus diesem Grund das Unternehmen bestrafen, indem sie dafür sorgt, daß 1000 Dollar unnötigerweise ausgegeben werden. Zufrieden wird sie durch die neue Schreibmaschine auf keinen Fall. Das wird sie wahrscheinlich erst sein, wenn sie den Arbeitsplatz gewechselt hat.

Ganz oben auf der Wunschliste der meisten Menschen rangiert Geld. Fast jeder möchte mehr davon, wenn möglich viel mehr sogar. Dabei können wir sehr gut verstehen, daß die meisten Leute Geld haben wollen, um sich schöne Dinge zu kaufen. Doch wir sollten nicht vergessen, daß Geld für viele auch Symbolcharakter besitzt. Sie mögen zwar die Richtigkeit der Aussage: «Ich verdiene mehr Geld als du, also bin ich auch wichtiger» bestreiten, existieren tut sie trotzdem.

Beim Militär werden Symbole sehr wirkungsvoll als Belohnung eingesetzt. Abzeichen und Medaillen sind nichts anderes als die materielle Anerkennung einer guten Leistung. Der Geldwert dieser Auszeichnungen ist zwar sehr gering. Doch viel wichtiger ist dabei die Tatsache, daß die Auszeichnung den besonderen Wert des Soldaten beweist. Er hat die Medaille verdient, weil er eine ihm gestellte Aufgabe lobenswert ausgeführt hat.

In der Geschäftswelt bestehen die Auszeichnungen in Form von Vergünstigungen wie Bonus oder Gratifikationen, die beide in der Regel einen beträchtlichen Geldwert haben. In einem Punkt aber ist es für die Geschäftswelt nachahmenswert, sich so wie das Militär zu verhalten, nämlich in der Vergabe von geldmäßig gesehen wertlosen Titeln.

So ist der Titel des Präsidenten «besser» als der des Vizepräsidenten, dessen Titel wiederum besser ist als der des Direktors, und dessen wieder als der des Abteilungsleiters, und so weiter. Dabei ist es ganz interessant und bedeutsam, daß der gleiche Titel von Unternehmen zu Unternehmen eine andere Wertigkeit haben kann. In dem einen Fall ist der Präsident die mächtigste Person im ganzen Unternehmen, in dem anderen ist er nur der Stellvertreter des Abteilungsleiters.

Wichtig ist aber hier zu bedenken, daß inzwischen viele Institutionen den Wert dieser Symbole (Titel) erkannt haben, die manchmal wesentlich begehrter sind als Geld.

Der Aufhänger ist hier das Wort «begehrt». Der Schlüssel zur Macht in der Geschäftswelt liegt darin, zu erkennen, was Sie und Ihre Kolleginnen und Kollegen tatsächlich wollen. Sie haben ganz richtig gelesen. Ich habe gesagt, daß Sie erkennen müssen, was Sie wollen, oder um es genauer zu sagen, was Sie *tatsächlich* wollen. Denn wie viele andere auch, können Sie vielleicht behaupten (und auch glauben), daß Sie etwas haben möchten, das Sie tatsächlich gar nicht wollen.

Stellen Sie fest, ob Sie sich wirklich um das bemühen, was Sie möchten, oder ob Sie nicht nur hinter einem Symbol dafür herlaufen. Bestehen Sie zum Beispiel darauf, daß Sie eine eigene Sekretärin bekommen, weil Sie so viele neue Projekte übernommen haben, die Sie ohne die Hilfe einer Vollzeitkraft nicht mehr bearbeiten können? Oder möchten Sie eine eigene Sekretärin, weil Sie der Meinung sind, daß jemand in Ihrer Position einfach ein solches Statussymbol haben muß? Bezahlen Sie vielleicht als selbständiger Unternehmer von ihrem schwerverdienten Geld eine Sekretärin, nur weil Sie den Anschein erwecken möchten, daß Sie so wichtig sind? Ich sage nicht, daß daran etwas falsch ist. Ich meine nur, daß es wichtig ist zu erkennen, warum Sie das tun, was Sie tun.

Lassen Sie mich noch einmal wiederholen. Der Wunsch nach Zeichen des Erfolges und der Anerkennung ist nicht unbedingt schlecht. Die meisten, wenn nicht gar alle von uns, möchten für gute Leistungen eine entsprechende Anerkennung. Doch einige Symbole, Zeichen sind für unsere wahren Zwecke besser als andere.

Kehren wir noch einmal zu dem Beispiel mit der Sekretärin zurück. Sie möchten eine Sekretärin, weil Sie glauben, daß Sie wichtig genug dafür sind. Durch die Sekretärin wird Ihren Kollegen, Ihren Kunden, Ihrer Familie und Ihren Freunden klar, welche Bedeutung Sie haben.

Ihr Vorgesetzter allerdings kann durch Ihre Forderung zu ganz anderen Schlüssen kommen, denn alle Ihre Vorgänger waren bisher in der Lage, die Position mit Hilfe des Schreibpools und einer Empfangsdame auszufüllen. Wenn Sie also auf der einen Seite die Umsätze nicht steigern und andererseits trotzdem eine Sekretärin verlangen, kann leicht der Eindruck entstehen, daß Sie Ihrer Aufgabe nicht gewachsen sind. Somit kann sich die Forderung nach einer Sekretärin für Ihre Beförderung durchaus nachteilig auswirken. Und wenn es Ihnen eigentlich um eben diese Beförderung geht, haben Sie durch Ihre Forderung nach einem Symbol des Erfolges Ihren eigentlichen Wunsch verspielt. Sie hätten in diesem Fall besser mehr Verantwortung verlangen sollen. Indem Sie dann bewiesen hätten, wozu Sie alles in der Lage sind, hätten Sie die Aussichten auf eine Beförderung erheblich gesteigert.

Gut, Sie haben inzwischen also festgestellt, was Sie wirklich wollen. Als nächstes müssen Sie sich den größeren Rahmen näher ansehen, oder genauer gesagt, stellen Sie eine Liste auf mit Dingen, die Sie in Ihrer jetzigen Situation und in nächster Zukunft möchten. Anschließend beleuchten Sie diese Wünsche ganz kritisch. Warum möchten Sie sie? Für das, was sie wirklich sind, oder für das, was sie darstellen? Wenn sie etwas darstellen, was ist das für Sie? Gibt es eine bessere Möglichkeit, das zu bekommen, was Ihre Wünsche darstellen? Wenn Sie mit Ihrer Liste fertig sind, ordnen Sie Ihre Wünsche nach ihrer Wichtigkeit. Sie möchten vielleicht beides, eine Gehaltserhöhung und ein größeres Büro. Sie möchten mehr Geld, da Sie trotz Ihrer bescheidenen Lebensführung am Monatsende kaum etwas übrig behalten. Sie möchten aber auch ein größeres Büro, um mehr Platz zu haben und um mehr darstellen zu können.

Wenn für Sie nun Ansehen und Bequemlichkeit nicht so wichtig sind wie eine finanzielle Absicherung, sollten Sie der Gehaltserhöhung den Vorzug geben. Wenn Sie auf der anderen Seite finanziell ganz gut zurechtkommen und auch nicht wer weiß wie viel sparen wollen, Ihr Büro jedoch so klein ist, daß Sie deswegen nur ungern zur Arbeit gehen, sollten Sie dem größeren Büro den Vorrang geben.

Nach der Aufstellung und Bewertung Ihrer Wünsche müssen Sie in einem nächsten Schritt herausfinden, wer das, was Sie wollen, kontrolliert, und wer oder was dabei im Weg steht, Ihr Ziel auch tatsächlich zu erreichen. Gehen Sie bei dieser Aufgabe sehr sorgfältig vor, denn genauso leicht, wie Sie Ihre eigentlichen Wünsche verkennen, kann es Ihnen passieren, daß Sie nicht sehen, wer tatsächlich die Kontrolle darüber hat, beziehungsweise wer oder was Ihnen im Weg steht.

Nehmen wir zum Beispiel einmal an, Sie möchten Partner in der Werbeagentur werden, in der Sie bisher angestellt sind. Ihr Titel ist Kundenbetreuer, und Ihr Vorgesetzter ist der Vizepräsident, der wiederum dem Präsidenten unterstellt ist. Der Präsident ist gleichzeitig einer der Partner der Agentur. Auf den ersten Blick sieht es nun so aus, als würde Ihr Wunsch – die Partnerschaft – von den gegenwärtigen Partnern kontrolliert, die darüber entscheiden, wer von den Angestellten in den erlauchten Kreis aufgenommen wird. Darüber hinaus hat es den Anschein, als stünde Ihr Vorgesetzter, der Vizepräsident, Ihnen im Weg, da er sicherlich ebenfalls bestrebt ist, ein Partner der Agentur zu werden, und er ist eher an der Reihe als Sie.

Doch diese Schlußfolgerungen können von der Wahrheit weit entfernt sein! Bevor Sie jetzt darüber nachdenken, ob sie richtig oder falsch sind, gehen Sie zunächst einmal in sich, und versuchen Sie herauszufinden, warum Sie das möchten, was Sie behaupten, haben zu wollen.

Nehmen wir einmal an, Sie möchten die Partnerschaft aus den folgenden Gründen: 1. Sie möchten mehr Verantwortung, um die Firmenstrategie mitbestimmen zu können, anstatt immer nur Dinge auszuführen, die andere beschlossen haben. 2. Durch die Partnerschaft sind Sie auch finanziell an der Agentur beteiligt, und diese Beteiligung fließt einmal in Ihren Nachlaß ein, was bei Ihrem Tod für Ihre Erben sehr wichtig ist. 3. Selbstverständlich ist es ein Prestigegewinn, wenn Sie vom einfachen Angestellten zum Partner aufsteigen. Ihr Ansehen in der Branche steigt, Sie werden aufgefordert, in anderen Firmen Vorträge zu halten, und so weiter. 4. Ihr bisheriger Job ist Ihnen zu sehr zur Routine geworden, und Sie möchten neue Aufgaben haben. 5. Als Partner beziehen Sie ein wesentlich höheres Gehalt. Die Reihenfolge der vorstehenden Wünsche entspricht genau ihrer Bedeutung.

Bitte denken Sie stets daran: Je mehr Sie wissen, was Sie wollen und warum Sie es wollen, desto größer sind Ihre Aussichten, ans Ziel zu kommen. Bevor wir jetzt also dazu übergehen herauszufinden, wer das, was Sie möchten, kontrolliert und wer Ihnen dabei im Weg steht, wollen wir die Annahme kritisch beleuchten, daß eine Partnerschaft für Sie die beste Lösung ist, um an Ihre Ziele zu gelangen.

Wenn es Ihnen darum geht, die Firmenpolitik mitzustimmen, können Sie Ihr Ziel wahrscheinlich eher erreichen, wenn Sie in eine kleine Agentur überwechseln, bei der es nicht so viel Reglementierungen und auch nur wenige leitende Angestellte gibt, die zwischen Ihnen und einer Partnerschaft stehen. Oder wenn Sie viel Risiko und Verantwortung wollen, machen Sie sich doch einfach selbständig. Unternehmer sind ihre eigenen Chefs, wobei sich allerdings viele wünschen, sie hätten die Annehmlichkeiten und Sicherheit ihrer alten Arbeitsstelle nicht aufgegeben.

Was die Beteiligung an der Agentur, die für Ihre Erben sehr wichtig ist, anbelangt, steht es außer Zweifel, daß dies ein starkes Bedürfnis ist. Doch können Sie Ihren Nachlaß nicht auch durch andere Dinge aufbauen, als nun gerade durch eine Partnerschaft? Erkunden Sie sich doch einfach einmal. Vielleicht ist eine Lebensversicherung in Ihrem Fall viel günstiger.

Prestige? Zugegeben, durch die Partnerschaft würde Ihr Ansehen in der Branche gesteigert. Doch auch in diesem Fall gibt es andere Möglichkeiten, das Ziel zu erreichen. Organisieren Sie zum Beispiel für einen Kunden eine besondere wirkungsvolle Werbekampagne. Oder machen Sie sich selbständig, und sorgen Sie dafür, daß Sie bald ein gutgehendes Geschäft haben. Sie können auch einen neuen, wichtigen Kunden für Ihre Agentur gewinnen. All das bringt Ihnen sicherlich rasch großes Ansehen ein.

Keine neuen Aufgaben? Das könnten Sie auch in Ihrer bisherigen Position erreichen. So können Sie beispielsweise versuchen, neue Kunden zu gewinnen, die aus einer ganz anderen Branche kommen als Ihre bisherigen. Entwerfen Sie eine Strategie, mit der die Agentur eine bestimmte Gruppe neuer Kunden ansprechen kann, wie beispielsweise Kapitalanlagegesellschaften oder Regierungsstellen. Oder Sie versuchen, sich abends und an Wochenenden nebenher Ihr eigenes Geschäft aufzubauen.

Mehr Geld? Auch das können Sie erreichen, ohne gleich Partner werden zu müssen. Wenn es Ihnen gelingt, einen neuen, wichtigen Kunden für die Agentur zu gewinnen, können Sie sicherlich mehr Geld verlangen, das Ihnen dann auch gezahlt wird.

Ich will mit all dem nicht gesagt haben, daß die Idee einer Partnerschaft schlecht oder kein wirkungsvoller Weg ist, Ihre Ziele zu erreichen. Mir geht es vielmehr darum, daß Sie sich überlegen, warum Sie etwas wollen, um danach beurteilen zu können, ob das, was Sie wollen, Ihnen tatsächlich dabei behilflich ist, Ihre Ziele zu erreichen.

So, Sie haben sich jetzt also genau überlegt, was Sie wollen und warum Sie es wollen. Dabei sind Sie zu dem Schluß gekommen, daß Sie durch eine Partnerschaft in Ihrer Agentur alle Ihre Ziele am schnellsten erreichen können. Wenden wir uns daher der Frage zu, wer das, was Sie wollen, kontrolliert und wer Ihnen für das Erreichen Ihres Zieles im Weg steht. Ich möchte die Punkte noch einmal wiederholen, die ich zuvor bereits schon einmal aufgeführt habe, und möchte Sie jetzt bitten, sie noch einmal mit mir durchzugehen:

Das, was Sie wollen — eine Partnerschaft — wird durch die Partner der Agentur kontrolliert, die darüber entscheiden, wer von den Angestellten in ihren Kreis aufgenommen wird.

Ihr Vorgesetzter, der Vizepräsident, steht Ihnen im Weg, da er selbstverständlich auch gerne ein Partner wäre und er vor Ihnen an der Reihe ist.

Beide Annahmen können richtig sein. Vielleicht ist es daher für Sie am besten, wenn Sie sich hocharbeiten. Das können Sie erreichen, indem Sie Ihrem Vorgesetzten so gut wie möglich zuarbeiten. Dadurch wird er zum Partner befördert, und Sie nehmen seine Stelle ein. Sie können dabei sicher sein, daß er Sie wohlwollend fördern wird, da Sie ihm ja auch bei seiner Karriere behilflich sind. Doch vielleicht gibt es wirkungsvollere Methoden, um an Ihr Ziel zu kommen.

Sie können nicht nur an die Spitze eines Unternehmens vordringen, indem Sie sich mühsam über alle Stufen hocharbeiten. Wenn Sie Ihre Augen offenhalten und flexibel genug sind, gibt es sicherlich Möglichkeiten, schneller ans Ziel zu gelangen. Wenn Sie als Abteilungsleiter beispielsweise einen Assistentenposten bei einem Vorstandsmitglied annehmen, was viele für eine Rückstufung halten würden, kann es durchaus sein, daß man dadurch viel eher an oberster Stelle auf Sie aufmerksam wird als in der Position eines Abteilungsleiters. Wenn Sie sich daher wirklich ganz sicher sind, daß eine Partnerschaft für Sie das wichtigste Ziel ist, sollten Sie sich überlegen, ob es zum Erreichen dieses Ziels nicht gut sein könnte, vorübergehend einen Posten anzunehmen, der vielleicht schlechter dotiert ist als Ihr jetziger. Wir sind bisher immer davon ausgegangen, daß Ihr Vorgesetzter ebenfalls bestrebt ist, ein Partner der Agentur zu werden. Doch was ist, wenn er diesen Ehrgeiz gar nicht hat? Vielleicht ist er mit seiner jetzigen Position vollauf zufrieden, und er möchte gar nicht mehr Verantwortung oder ein Mitspracherecht bei den Entscheidungen der Unternehmenspolitik. Es kann sich daher für Sie als völlig nutzlos erweisen, wenn Sie versuchen, hinter ihm die Leiter emporzusteigen, um an Ihr Ziel zu gelangen. Wenn Sie also genügend Phantasie haben, um zu erkennen, daß es mehrere Wege gibt, ans Ziel zu kommen, können Sie viel eher Erfolg haben, indem Sie vermeintliche Umwege in Kauf nehmen.

Sehen wir uns nun einmal die Behauptung an, daß die derzeitigen Partner der Agentur das kontrollieren, was Sie haben möchten. Das ist natürlich insofern richtig, als sie diejenigen sind, die darüber entscheiden können, wer als neuer Partner aufgenommen wird. Dabei können wir davon ausgehen, daß sie ihre Entscheidungen nicht willkürlich treffen, sondern gute Gründe dafür haben. Und diese Gründe hängen aller Wahrscheinlichkeit nach davon ab, was für das Unternehmen am besten ist.

Nehmen wir einmal an, daß es Ihnen gelungen ist, einen neuen Kunden zu gewinnen, der bereit ist, Aufträge über beträchtliche Summen an Ihre Agentur zu vergeben. Wie, glauben Sie, würden die Partner reagieren, wenn Sie wie folgt auftreten würden: «Meine Herren, ich habe hier in meiner Tasche den Auftrag eines neuen, wichtigen Kunden, der bereit ist, so umfangreiche Aufträge zu vergeben, daß dadurch die Einnahmen der Agentur um 46 Prozent pro Jahr gesteigert werden könnten.» Was glauben Sie? Wären die Partner in diesem Fall bereit, Sie als Gegenleistung für das neue Geschäft als gleichberechtigten Partner aufzunehmen? Wahrscheinlich würden sie Sie sogar an einen Stuhl fesseln und Sie erst wieder losbinden, wenn Sie geruhen, ihr Angebot über eine Partnerschaft anzunehmen!

In dieser Situation also, in der die Partner zwar immer noch das kontrollieren, was Sie wollen, ist es tatsächlich doch so, daß Sie die größere Kontrolle ausüben, da Sie in der Lage sind, der Agentur diesen neuen, wichtigen Kunden zu vermitteln. Wir können hier wieder eine wichtige Lektion lernen:

Wenn die anderen das, was Sie wollen, kontrollieren, und Sie kontrollieren das, was die anderen wollen, haben Sie Kontrolle über das, was Sie selbst wollen.

Natürlich kontrollieren Sie im eigentlichen Sinne, und das ist sehr wichtig, nicht das, was Sie wollen. Selbst wenn Sie den fertigen Vertrag in der Tasche haben, so hat ihn doch jemand dort hineingetan. Das heißt mit anderen Worten, daß jemand oder etwas es Ihnen möglich gemacht hat, das zu kontrollieren, was Ihre Partner wollen.

Wer oder was hat es Ihnen möglich gemacht? Es kann sein, daß die Firma, die der neue Kunde der Agentur werden soll, Ihrem Schwiegervater gehört. Oder die Firma ist auf Sie persönlich aufmerksam geworden, weil Sie für deren Konkurrenz einen sehr erfolgreichen Werbefeldzug gestartet haben. Vielleicht haben Sie die Firma auch damit überzeugt, daß Sie ihnen ein so überzeugendes Angebot für eine Werbekampagne ausgearbeitet haben, daß die Firma unbedingt Sie damit beauftragen will, egal ob Sie nun in der jetzigen Agentur arbeiten oder woanders.

In allen drei Fällen war Ihre Kontrolle alles andere als absolut. Gut, Sie haben zwar einige wertvolle Dinge getan, und wenn Sie sich nur den richtigen Schwiegervater ausgesucht haben. Doch Sie hatten keine Garantie dafür, daß das, was Sie getan haben, auch zwangsläufig zu der Partnerschaft führen würde. Das hing vielmehr davon ab, wie bestimmte Leute auf Sie reagiert haben, etwas also, das Sie zwar beeinflussen, jedoch nicht kontrollieren konnten.

Gehen wir hier noch einen Schritt weiter. Nehmen wir einmal an, daß Sie in Ihrem Bestreben, Partner der Agentur zu werden, beschlossen haben, daß Sie zum Erreichen Ihres Zieles einen wichtigen, neuen Kunden gewinnen müssen. Sie fangen an, Firmen zu untersuchen, die Kunden von Konkurrenzunternehmen sind. Sie stellen fest, welche Firmen in der letzten Zeit Marktanteile verloren haben und ob dies eventuell mit einer einfallslosen Werbung zusammenhängt. Sie kommen dabei auf zwölf Firmen, von denen Sie sich drei heraussuchen. Als nächstes beauftragen Sie einen Texter und einen Grafiker, ein Konzept zu erstellen, das Sie diesen Firmen vorlegen wollen. Sie verwenden sehr viel Zeit und Sorgfalt auf die Ausarbeitung der Vorschläge. Und das zahlt sich aus: Sie gewinnen einen neuen Kunden.

Sagen Sie mir jetzt, wer hat unter diesen Umständen Ihren Aufstieg zum Partner der Agentur kontrolliert? Gut, die Partner müssen zwar letztlich noch die Entscheidung treffen. Und richtig, Sie hatten die Idee und den Schneid, neue Kunden zu gewinnen. Doch Ihre Kollegen aus der anderen Agentur haben wohl auch nicht sehr überzeugend gearbeitet, da der Kunde relativ leicht zu gewinnen war. Und was ist mit dem Texter und dem Grafiker aus Ihrer Agentur? Die haben doch schließlich die Ideen entwickelt, die Sie später in Ihrer Präsentation verwendet haben, und somit ebenfalls ein gewisses Maß an Kontrolle ausgeübt.

Kehren wir noch einmal zu unserer ersten Überlegung zurück. Wir sind dabei davon ausgegangen, daß die Partner der Agentur das kontrollieren, was Sie möchten, und daß Ihr Vorgesetzter derjenige war, der Ihnen beim Erreichen Ihres Zieles im Wege stand. Doch inzwischen sind wir zu einer fast diametral entgegengesetzten Meinung gekommen, nach der Sie und Ihre Mitarbeiter (eventuell noch mit Hilfe eines Zufalls und der Unfähigkeit der Konkurrenz) effektiv die Kontrolle über die wesentlichen Elemente haben, die dafür ausschlaggebend sind, daß Sie das, was Sie wollen, auch tatsächlich bekommen und daß Ihnen nichts im Weg steht.

Wie ich bereits schon früher einmal erwähnt habe, müssen wir Abhängigkeit stets von zwei Seiten sehen. Sie sind bei einer Beförderung zwar abhängig von Ihrem Chef, doch dieser braucht Sie auch, damit Sie die von ihm übertragene Arbeit auch ordnungsgemäß ausführen. Das gleiche gilt auch für Sie. Ohne zuverlässige Kollegen, die Ihnen zuarbeiten, können Sie nichts oder nur sehr wenig erreichen.

Sie werden in jeder Konfliktsituation, ob zu Hause oder am Arbeitsplatz, feststellen, daß es einige Mittel gibt, über die Sie Kontrolle haben, und andere, die eben die andere Seite kontrolliert. Der Trick bei der ganzen Sache ist, daß Sie herausfinden, wie Sie sich gegenseitig dabei behilflich sein können, das zu bekommen, was jeder von Ihnen will.

Dazu ein Beispiel:

In Ihrer Nachbarschaft wohnt ein Mann, der gerne Vorsitzender des

Haus- und Grundbesitzervereins werden möchte. Sie, ebenso wie die meisten anderen Nachbarn, mögen ihn nicht besonders. Doch möchte keiner von Ihnen das Amt des Vorsitzenden wahrnehmen.

Dieser Nachbar bittet Sie also, seine Kandidatur zu unterstützen. Anstatt Sie ihm nun sagen, daß er Ihrer Meinung nach ein aufgeblasener und geltungssüchtiger Idiot ist, fragen Sie ihn lieber, was er von dem Plan der Stadt hält, den Spielplatz für Kinder unter sieben Jahren einzuzäunen.

Da Ihr Nachbar keine Kinder hat, ist es ihm zwar völlig egal, ob der Zaun errichtet wird oder nicht. Er weiß aber, daß Sie zwei kleine Kinder haben und aus diesem Grund für den Vorschlag der Stadt sind, ebenso wie viele Ihrer Nachbarn. Sie versprechen ihm, ihn zu wählen, wenn er als Vorsitzender des Haus- und Grundbesitzervereins den Antrag der Stadt nachdrücklich unterstützt. Er sagt dies zu, und Sie wählen ihn.

Niemand hat gesagt, daß Sie den Mann mögen müssen. Tatsache ist, daß Sie etwas kontrollieren, was er will − Ihre Stimme bei der Wahl. Sie konnten Ihre Stimme im Tauschgeschäft für sein Versprechen zusagen, sich für die Errichtung des Zaunes einzusetzen (etwas, das er kontrollierte). Wie heißt es doch so schön, eine Hand wäscht die andere.

Es ist gleichgültig, wer Sie sind oder wo Sie sind, es gibt immer Mittel, die Sie kontrollieren. Das gilt innerhalb Ihrer Familie, der Gesellschaft allgemein und im Geschäftsleben. Es gilt ganz besonders im Geschäftsleben, da dort Randbedingungen wie familiäre Loyalität oder gesellschaftliche Stellung gar nicht existieren und nicht vom Kern der Sache ablenken können. Und das ist immer gültig, egal auf welcher Stufe der Karriereleiter Sie stehen.

Denken Sie daran, selbst wenn Sie nur am Fließband arbeiten und Schrauben auf Muttern drehen, kontrollieren Sie genau diesen Teil des Fließbandes. Sie bestimmen, wie schnell und wie fest die Schrauben auf die Muttern gedreht werden. Selbstverständlich sind auch hier Ihren Möglichkeiten Grenzen gesetzt, beispielsweise durch den menschlichen Körper, der nur bestimmte Dinge ausführen kann, oder durch die Möglichkeiten der Maschine, die von Menschenhand bedient wird. Zugegeben, es mag nach oben hin Grenzen für das geben, was Sie tun können, nach unten hin jedoch nicht. Sie können jederzeit aufhören zu arbeiten.

Wenn Ihre Arbeit am Fließband nicht den Anforderungen entspricht, werden Sie wohl auch nicht lange Freude daran haben, daß Sie einen bestimmten Teil kontrollieren können. Solange Sie aber Ihren Job haben, besteht für Sie die Möglichkeit, zumindest vorübergehend, das ganze Fließband anzuhalten.

Um es noch einmal zu wiederholen: Abhängigkeit hat zwei Seiten, und Sie haben, unabhängig von Ihrer Situation, die Kontrolle über bestimmte Mittel, die für andere vorteilhaft sein können.

All dies bringt uns noch zu einem anderen Punkt, dem vorletzten in diesem Kapitel: Wenn Sie bestimmt haben, was Sie tatsächlich wollen und wer das kontrolliert, müssen Sie herausfinden, welche Mittel Sie kontrollieren.

Nehmen wir einmal an, Sie sind in der Buchhaltung eines Unternehmens beschäftigt und damit befaßt, Schecks, die von den zuständigen Personen abgezeichnet wurden, in ein Journal einzutragen. Sie kontrollieren damit, wie schnell und wie genau die Eintragungen vorgenommen werden. Außerdem können Sie am besten über die einzelnen Buchungen Auskunft geben.

Ist das deutlich genug? Gut. Doch unter Umständen kontrollieren Sie noch andere Mittel, die Ihnen vielleicht gar nicht so bewußt sind. Sie verbringen also Ihren Tag damit, Schecks und Rechnungen durchzusehen. Wenn Sie dabei mitdenken, wissen Sie bald ebensogut wie der Vorstand, wofür das Unternehmen seine Barmittel ausgibt. Und da Sie an der Quelle sitzen, fallen Ihnen wahrscheinlich auch zuerst Unregelmäßigkeiten auf. So stellen Sie fest, daß eine ungewöhnlich große Anzahl von Zahlungen an einen bestimmten Papierlieferanten gehen. Obwohl die Schecks mit offensichtlich korrekten Rechnungen belegt sind, können Sie sich einfach nicht vorstellen, wie die in der Zentrale in einer Woche so viel Papier verbrauchen können. Sie werden mißtrauisch und sehen in den Unterlagen früherer Jahre nach. Und richtig, in diesem Jahr hat das Unternehmen bisher das zehnfache an Papier ausgegeben als in den Jahren zuvor. Daraufhin suchen Sie die Bestellungen für das Papier heraus und stellen fest, daß diese alle von ein und derselben Person aufgegeben wurden.

Sie teilen das Ergebnis Ihrer Nachforschungen dem Leiter der Finanzabteilung mit. Dieser ist so froh darüber, daß die Unterschlagungen endlich aufgedeckt worden sind, daß er Ihnen nicht nur eine Gehaltserhöhung gibt, sondern Sie außerdem zum stellvertretenen Leiter der Buchhaltung befördert. Dies bringt uns nun zu dem letzten Schritt, nämlich wie wir andere dazu bringen können, uns Macht zu geben.

Wenn Sie herausgefunden haben, welche Mittel Sie kontrollieren, stellen Sie fest, wer diese Mittel haben möchte.

Dazu gehen wir noch einmal zu dem Beispiel mit der Unterschlagung zurück. Es gibt in Ihrer Firma sicherlich mehrere Leute, die an der Information, die Sie an den Leiter der Finanzabteilung weitergeleitet haben, Interesse gehabt hätten. Da wäre zunächst einmal Ihr Vorgesetzter gewesen, der die Information genauso wie Sie hätte verwenden können. Wenn Sie also mit Ihren Erkenntnissen zunächst zu Ihrem Chef gegangen wären, hätte dieser die Informationen weiterleiten können. Dadurch wären Sie vielleicht beide belohnt worden.

Auf den ersten Blick mag es so aussehen, als wäre es auf jeden Fall besser, wenn Sie sich, ohne Ihren Vorgesetzten einzuschalten, direkt an den Leiter der Finanzabteilung wenden. Auf diese Art müssen Sie Ihre Belohnung nicht teilen. Da Ihr Chef jedoch direkte Kontrolle über Ihre Arbeit hat, wäre es vielleicht besser gewesen, Sie hätten sich die Ehre und das Lob mit ihm geteilt, mit der Aussicht, daß sich Ihr Vorgesetzter bei Ihnen gelegentlich revanchiert.

Sicherlich ist es auch möglich, daß Ihr Chef die Informationen als Ergebnis seiner Nachforschungen weitergegeben und alles Lob für sich in Anspruch genommen hätte, ohne Sie auch nur zu erwähnen. Auf der anderen Seite hätten Sie in diesem Fall ein Druckmittel gegen ihn in der Hand, da Sie ohne Mühe nachweisen könnten, wer die Unterschlagung tatsächlich entdeckt hat.

Und da gibt es noch jemanden, der an Ihrem Mittel (der Information) interessiert gewesen wäre, und das ist der Veruntreuer selbst. Wenn Sie ihm Ihre Entdeckung mitgeteilt hätten, hätte er Ihnen für Ihr Schweigen vielleicht Geld geboten.

Ich will damit nicht sagen, daß Sie den einen oder anderen Schritt hätten unternehmen sollen oder nicht. Ich will lediglich darauf hinweisen, daß es ganz wichtig ist, daß Sie die Mittel erkennen, die Sie kontrollieren, ebenso wie die der anderen, und daß Sie wissen müssen, wer die Mittel, die Sie kontrollieren, haben möchte.

Und das ist etwas grob gesprochen genau die Art, wie Sie aus einer starken Position heraus verhandeln können, indem Sie nämlich die anderen dazu bringen, Ihnen die Macht zu verleihen, mit der Sie den Konflikt lösen können. Lassen Sie mich abschließend die wichtigsten Punkte dieses Kapitels noch einmal zusammenfassen:

Macht entsteht aus der Abhängigkeit eines anderen. Wenn Sie jemandem etwas geben können, das er sich wünscht, haben Sie Macht über diese Person, egal, wer diese Person ist oder was es ist, das Sie ihr geben können. Sie haben aber auch Macht, wenn Sie etwas *zurückhalten* können, das der andere haben möchte.

Zu verstehen, was die anderen wollen, ist nicht immer leicht. Sie müssen beurteilen können, was eine Person *tatsächlich* will, wobei dies etwas ganz anderes sein kann, als die Person *vorgibt,* haben zu wollen.

Der Schlüssel zur Macht besteht darin zu erkennen, was Sie und die anderen tatsächlich wollen. Stellen Sie sicher, daß Sie sich nur um etwas bemühen, das Sie auch tatsächlich haben wollen, damit Sie keinem Symbol Ihres Wunsches hinterherlaufen.

Wenn Sie sicher sind, daß Sie etwas wollen, sehen Sie es sich in einem größeren Rahmen an. Um es noch deutlicher zu sagen: Erstellen Sie eine Liste der Dinge, die Sie in Ihrer jetzigen Situation und auch in absehbarer Zukunft möchten. Danach bewerten Sie diese ganz kritisch. Möchten Sie die Dinge für das, was sie tatsächlich sind, oder für das, was sie darstellen? Wenn sie etwas darstellen, was bedeutet das für Sie? Gibt es keinen anderen, besseren Weg, das zu erreichen, was sie darstellen?

Werten Sie Ihre Wünsche in der Reihenfolge ihrer Wichtigkeit. Erkennen Sie, daß Sie vielleicht etwas weniger Wichtigeres opfern müssen, um das eigentlich Wichtige zu erreichen.

Stellen Sie fest, wer das, was Sie wollen, kontrolliert, und wer oder was Ihnen bei dem Erreichen Ihres Ziels im Weg steht. Denken Sie immer daran: Je mehr Sie verstehen, was Sie wollen und warum Sie es wollen, desto mehr Aussichten haben Sie auch, es zu bekommen. Untersuchen Sie mehrere Alternativen, um ans Ziel zu kommen. Sie können unter Umständen effektiver und sogar einfacher sein als das, was zunächst als einziger Weg erschien.

Identifizieren Sie die Mittel, die Sie kontrollieren, und ebenso die Leute, die sie haben wollen.

Wenn Sie all das getan haben, ist der Rest verhältnismäßig einfach. Sie müssen jetzt nur noch das, was Sie haben, austauschen gegen das, was die andere Seite hat und was Sie gerne haben möchten.

Es kann enorm schwierig sein, die Lösung eines Konfliktes auszuhandeln, bei der alle Parteien zufriedengestellt werden, das heißt mit anderen Worten, eine Lösung zu finden, die über ein bloßes «ja» hinausgeht. Doch ich möchte behaupten, daß die Schwierigkeiten alle mechanischer, technischer Natur sind, wie bei den Schrauben und Muttern. Wenn die Parteien eines Konfliktes erst einmal erkannt haben, was die andere Seite möchte und wie sie zur Befriedigung der Wünsche der anderen Partei beitragen können, ist die Schlacht schon halb gewonnen.

Nur wenn es Ihnen gelingt, Ihren Widersacher davon zu überzeugen, daß Sie mindestens ebensoviel zu bieten haben (sei es durch Anreize oder Abschreckung) wie er, können Sie bei der Lösung Ihres Konfliktes Macht ausüben. Wenn Ihnen das erst einmal gelungen ist, ist der Rest reine Verhandlungssache. Selbstverständlich verhandeln wir alle, doch im nächsten Kapitel können Sie sehen, wie professionelle Verhandlungsführer arbeiten.

10

Verhandlungsprofis über die Schulter geschaut
Aushandeln von Positionen gegen Aushandeln von Interessen

Laien können häufig nicht zwischen Verhandlung und Diskussion unterscheiden. In einer Diskussion sind die Ansichten diametral entgegengesetzt, und die Teilnehmer versuchen, den anderen zu besiegen. (Bedingungslose Kapitulation ist hier die beste Lösung.) Auch bei Verhandlungen können die Standpunkte genau gegensätzlich sein, zumindest am Anfang, doch die Widersacher sind bemüht, eine Kompromißlösung zu finden.

Bei einer Diskussion und bei dem, was noch bis vor ein paar Jahren als Verhandlung bezeichnet wurde, sind die Positionen festgelegt: A und B versuchen beide zu beweisen, daß sie «Recht» haben. Die Vertreter des Aushandelns von Positionen gehen im wesentlichen ebenso vor.

Sie formulieren bestimmte Forderungen (ihre «Positionen») und messen ihren Erfolg daran, inwieweit der Gegner nachgibt. Bei dem Aushandeln von Positionen gibt es nur die zwei Möglichkeiten, entweder Sie gewinnen oder ich, entweder gibt es eine Mehrheit für Ihre Positionen oder für meine. Einer Kompromißlösung nähern wir uns dabei nur insofern, daß wir beide eine bestimmte Anzahl von Punkten gewinnen und uns bei dem ungeklärten Rest auf halbem Weg entgegenkommen.

Die Vertreter des Aushandelns von Interessen versuchen indessen herauszufinden, was der Gegner tatsächlich will, was von den geäußerten Forderungen stark abweichen kann. Sie stellen sich die Frage: Jetzt wissen wir also, was die Leute angeblich haben wollen. Doch was wollen sie in Wirklichkeit haben? Wie können wir sie zufriedenstellen? Die Anhänger dieser Art der Verhandlungstechnik gehen anschließend hin und versuchen, die Wünsche ihrer Gegner zu erfüllen, indem sie ihnen unter anderem etwas anbieten, das sich unter ihrer Kontrolle befindet im Austausch gegen etwas, das sie möchten und das vom Gegner kontrolliert wird.

So fordert ein Angestellter beispielsweise eine Gehaltserhöhung. Der Arbeitgeber ist jedoch der Meinung, daß diese nicht gerechtfertigt ist oder daß er im Fall eines Eingehens auf die Forderung andere Mitarbeiter ermuntert, Gleiches zu verlangen.

Als Vertreter des Aushandelns von Positionen würde der Arbeitgeber seine Gründe nennen, warum er keine Gehaltserhöhung gewährt, um sich anschließend, wenn überhaupt, höchstens auf eine geringfügige Erhöhung einzulassen. Der Angestellte würde daraufhin entweder kündigen oder nur sehr widerwillig die geringe Erhöhung akzeptieren und aller Wahrscheinlichkeit nach in Zukunft nur noch mit wenig Einsatz seiner Arbeit nachgehen.

Wie auch immer die Dinge sich entwickeln, beide Teile wären zumindest verärgert: Der Arbeitgeber, weil er glaubt, mehr zu zahlen, als der Angestellte tatsächlich verdient, und der Angestellte, weil er meint, unterbezahlt zu sein.

Erfahrene Verhandlungsführer würden natürlich diesen Ausgang der Verhandlung voraussehen und versuchen, durch Übersteigern ihrer Positionen die Situation zu ihrem Vorteil zu verändern. So würde der Angestellte, der eine zehnprozentige Gehaltserhöhung möchte, zwanzig Prozent verlangen, wobei er davon ausgeht, daß er seine zehn Prozent selbst dann bekommt, wenn er sich mit dem Arbeitgeber auf halbem Weg einigt.

Doch dieses Spiel können selbstverständlich beide Parteien spielen. Wenn der Arbeitgeber glaubt, daß der Angestellte zu hoch gereizt hat, kann er gleich entsprechend tief einsteigen. Er bietet dabei nicht eine geringere Gehaltserhöhung, als sie der Angestellte verlangt hat, sondern fordert ihn vielmehr auf, eine zwanzigprozentige Kürzung hinzunehmen. Die begründet er mit einem allgemeinen Rückgang der Geschäfte, einer gesunkenen Produktivität und ähnlichem. Anschließend bietet der Arbeitgeber an, daß sie sich auf halbem Weg treffen, womit beide Parteien wieder an ihrer Ausgangsposition angelangt wären.

Wie auch immer die Lösung in einem solchen Fall aussieht, ich bin mir ziemlich sicher, daß beide Parteien über den Ausgang verärgert sein werden. Jeder hat dabei nur an seine Bedürfnisse gedacht, nicht an die des anderen. Die eine Partei hat angegriffen, die andere verteidigt, doch keine Seite hat versucht, die andere zufriedenzustellen, und keiner von beiden bekam das, was er wollte.

Sehen wir uns jetzt einmal an, wie der Arbeitgeber sich verhalten hätte, wenn er ein Anhänger des Aushandelns von Interessen gewesen wäre. Dabei würde er zunächst einmal herauszufinden versuchen, warum der Angestellte eine Gehaltserhöhung möchte. Ist es tatsächlich eine Frage des Geldes, um vielleicht die gestiegenen Lebenshaltungskosten aufzufangen? Oder benötigt er mehr Geld, weil sein Kind zur Universität gehen möchte und er das Geld für die Ausbildung braucht?

Ist die Gehaltsforderung etwa nur ein Symbol, da der Angestellte glaubt, mehr zu arbeiten als seine Kollegen, die jedoch ein höheres Gehalt beziehen? Oder geht es ihm dabei um eine Art Ausgleich für andere Dinge, die ihm vorenthalten werden, wie beispielsweise ein Titel, ein größeres Büro oder mehr Urlaub?

Sobald der Arbeitgeber erkannt hat, was der Angestellte wirklich möchte, kann er versuchen, ihm diesen Wunsch, oder zumindest einen akzeptablen Ersatz dafür, zu erfüllen, ohne daß sich dadurch die Probleme ergeben würden, die eine Gehaltserhöhung mit sich brächte.

Nehmen wir beispielsweise einmal an, der Arbeitgeber erkennt, daß sein Mitarbeiter mehr Geld benötigt, um die gestiegenen Lebenshaltungskosten auffangen zu können. Doch es ist ihm nicht möglich, der Bitte um mehr Geld nachzukommen. Denn wenn er darauf eingehen würde, müßte er auch die Gehälter aller übrigen Angestellten in vergleichbaren Positionen anheben. Das würde zwangsläufig bei unveränderter Qualität die Produktionskosten erhöhen, was nicht auf den Preis der Produkte umgelegt werden könnte.

Außerdem konnte der Angestellte nicht nachweisen, daß eine Gehaltserhöhung überhaupt gerechtfertigt ist. Mit anderen Worten, er arbeitet weder besser noch schneller oder geschickter als seine Kollegen. Das bedeutet aber, daß er, im Vergleich zu den anderen, auch keine Gehaltserhöhung verdient hat.

Wir könnten die Aufgabe des Arbeitgebers wesentlich erleichtern, indem wir davon ausgehen, daß er den Mitarbeiter jederzeit durch einen anderen ersetzen könnte. Tatsächlich wäre in einem solchen Fall sein Konflikt nur ein ganz geringer, es sei denn, er hätte ein besonderes Verantwortungsgefühl gegenüber seinen Mitarbeitern. So könnte der Arbeitgeber den Konflikt (oder vielmehr den Pseudokonflikt) dadurch lösen, daß er den unzufriedenen Mitarbeiter einfach durch einen anderen ersetzt, der nicht nur bereit, sondern sogar erpicht darauf ist, die Stelle seines Kollegen einzunehmen.

Doch so einfach wollen wir es dem Arbeitgeber wieder nicht machen. Nehmen wir daher an, daß der betreffende Angestellte für das Unternehmen sehr wertvoll ist, so daß er nur unter erheblichen Einbußen ausgetauscht werden könnte: Die Suche nach einem geeigneten Nachfolger und dessen anschließende Einarbeitung würde auf fünf Jahre umgerechnet ebensoviel kosten wie die von dem Angestellten geforderte Gehaltserhöhung.

Gehen wir weiter davon aus, daß der Arbeitgeber nicht kleinlich ist. Er zahlt allen seinen Mitarbeitern das Gehalt, das er realistisch gesehen glaubt zahlen zu können. Wenn er für diese Art von Arbeit mehr zahlen müßte, bliebe ihm nichts anderes übrig, als die Geschäftstätigkeit einzustellen, denn höhere Löhne müßten auf den Preis seiner Produkte umgelegt werden, wodurch seine Wettbewerbsfähigkeit verlorenginge. Und außerdem ist der Arbeitgeber tatsächlich um seine Mitarbeiter besorgt. Er möchte ohne Berücksichtigung ihres Beitrages zum Geschäft stets ihr Bestes.

Gut, fragen wir uns als Vertreter des Aushandelns von Interessen nicht, was der Mitarbeiter wollte, sondern, warum er es wollte.

Sie werden sich erinnern: Der Angestellte verlangte eine Gehaltserhöhung, das heißt, eine Erhöhung des Geldbetrages, der für eine bestimmte Arbeit gezahlt wird. Doch ist es das, was der Mitarbeiter tatsächlich wollte? Oder wollte er einfach nur mehr Geld?

Sie sehen da keinen Unterschied? Dann denken Sie doch bitte einen Augenblick darüber nach.

Eine Gehaltserhöhung bedeutet mehr Geld für die gleiche Arbeit. Ist es möglich, daß der Mitarbeiter froh darüber wäre, mehr zu arbeiten und folglich dann auch mehr Geld zu verdienen? Anders ausgedrückt, wäre der Angestellte vielleicht zufrieden, wenn er die Gelegenheit bekäme, Überstunden zu machen, die dann entsprechend vergütet würden? Oder wäre er damit zufrieden, einen Bonus zu erhalten, wenn er ein vorgegebenes Produktionsziel überschreitet? Kann es sein, daß er mit der Möglichkeit zufrieden ist, durch eine Provision an den von ihm getätigten Umsätzen beteiligt zu werden?

Bitte nehmen Sie hierbei zur Kenntnis, daß es bei allen diesen Vorschlägen darum geht, daß der Mitarbeiter das bekommt, was er tatsächlich möchte (mehr Geld), anstatt wie von ihm formuliert eine «Erhöhung», ohne daß dadurch eine zusätzliche Belastung für den Arbeitgeber gegeben wäre. Wenn der Arbeitgeber als Vertreter des Aushandelns von Interessen es in diesem Fall versäumt hätte, sich zu fragen, warum der Angestellte eine Erhöhung wollte, hätte er die Gelegenheit verpaßt, die für beide Seiten beste Lösung zu finden.

Doch sehen wir uns jetzt eine andere Frage an, die ich kurz vorher gestellt habe, nähmlich, warum der Angestellte eine Erhöhung verlangt hat. Braucht er das Geld für einen bestimmten Zweck, wie beispielsweise für die Ausbildung seines Kindes? Wenn das der Fall ist, gibt es vielleicht andere Möglichkeiten, das Ziel zu erreichen.

Vielleicht hat der Arbeitgeber Beziehungen zu einem College und könnte sich dafür einsetzen, daß das Kind seines Mitarbeiters ein Stipendium bekommt. Oder er könnte niedrig verzinste Ausbildungskredite für die Kinder seiner Angestellten anbieten, die diese erst nach Abschluß ihrer Ausbildung zurückzahlen müßten.

Sie sehen, wenn die Kosten für die Ausbildung des Kindes der wahre Grund für die Bitte um Gehaltserhöhung wäre, könnten hier rasch andere, viel brauchbarere Lösungen gefunden werden.

Noch einfacher wäre der Fall zu lösen, wenn es dem Mitarbeiter nur um den symbolischen Wert ginge. Vielleicht ist er schon mit einem Titel, einem schöneren Büro oder ähnlichem zufrieden. Der Arbeitgeber stellt jedoch nur dann fest, welche Art von Belohnung für den Angestellten geeignet ist, wenn er hinter seiner Forderung nach einer Gehaltserhöhung sieht und dabei feststellt, was er tatsächlich will.

Leider bilden wir uns alle zu oft eine Meinung darüber, was unsere Mitmenschen wollen, indem wir davon ausgehen, was sie vorgeben zu wollen, ohne jemals zu versuchen, sozusagen hinter die Kulissen zu schauen, um so den eigentlichen Grund für eine Forderung zu erkennen. Und nur allzu oft verlieren wir wertvolle Mitarbeiter oder beeinträchtigen eine Beziehung, weil wir die Aussagen unserer Mitmenschen unbesehen hinnehmen.

Mir fällt dabei ein Freund ein, der Verleger ist. Dieser Freund hatte eine hervorragende junge Frau als seine persönliche Assistentin, die jedoch sehr zu seinem Leidwesen mit niemandem aus dem ganzen Verlag zurechtkam. Sie lag mit buchstäblich jedem im Clinch, vom Drucker, über die Grafiker und Journalisten bis hin zu den Kolleginnen und Kollegen in der Poststelle.

Viele von uns wären an Stelle meines Freundes zu dem Schluß gekommen, daß die Frau so starke Persönlichkeitskonflikte hat, daß es zu schwierig gewesen wäre, sich der Sache anzunehmen. Wir hätten sie wahrscheinlich entlassen und dadurch eine sehr wertvolle Mitarbeitern verloren.

Ein Vertreter des Aushandelns von Positionen hätte die Situation genau studiert und versucht, die Kollegin dazu zu bewegen, ihr Verhalten zu ändern, vielleicht indem er ihr einen Tauschhandel vorgeschlagen hätte. «Wenn Sie aufhören, sich mit jedem im Verlag zu streiten, gebe ich Ihnen eine Gehaltserhöhung, und außerdem bekommen Sie einen neuen Schreibtisch, einen neuen Stuhl und eine neue Schreibmaschine.»

Ein Anhänger des Aushandelns von Interessen hingegen hätte versucht, die Gründe für ihr Verhalten zu erforschen, um anschließend Mittel und Wege zu finden, die Ursache für ihr unerwünschtes Verhalten zu beseitigen.

Vielleicht war die Assistentin der Meinung, daß sie einige Aufgaben erledigen mußte, die unter ihrem Niveau waren: Kaffeekochen beispielsweise, das Öffnen der Post oder das Beantworten des Telefons und die Entgegennahme von Nachrichten für Kolleginnen und Kollegen, die außerhalb ihres Einflußbereiches waren. Wenn es meinem Freund nun gelingen würde, ihr diese Pflichten abzunehmen, könnte er dadurch ihre Einstellung zur Arbeit verbessern, wodurch sich zumindest längerfristig auch ihr Verhalten gegenüber den Kolleginnen und Kollegen bessern würde.

Wenn es ihm nicht gelingen sollte, sie von allen ungenehmen Pflichten zu entbinden, so könnte er es zumindest mit einer oder zweien versuchen. Auch dadurch wären die Chancen zur Verbesserung der Situation schon gestiegen.

Doch mein Freund war ein Vertreter des Aushandelns von Positionen, und so stellte er ihr statt dessen folgendes Ultimatum: Entweder sie reißt sich zusammen, oder sie muß gehen. Sie entschied sich für den letzten Vorschlag. Außer meinem Freund war jeder im Verlag froh über ihr Fortgehen, verschwand mit ihr doch eine Quelle ständigen Streits. Nur mein Freund war mit der Lösung nicht glücklich, da er in ihr eine wertvolle Mitarbeiterin verloren hatte.

Hätte er sie ändern können? Hätte er sie dazu bewegen können, sich mit den anderen zu arrangieren? Vielleicht. Meiner Meinung nach besteht der Trick dabei darin, von ihr nicht zu verlangen, daß sie sich ändert, sondern Anreize zu schaffen, die sie dazu bewegen, sich zu ändern. Das jedoch setzt voraus, daß Sie verstehen, was tatsächlich hinter dem Problem steckt. Mit anderen Worten, Sie müssen herausfinden, welche Interessen und Anliegen die Leute haben, mit denen Sie verhandeln. Ich möchte Ihnen ein weiteres Beispiel für das Aushandeln von Interessen geben. Es handelt sich in diesem Fall wieder um einen Freund von mir, einen Anwalt.

Im Gegensatz zu vielen Kolleginnen und Kollegen war mein Freund kein Sozius in einer Kanzlei. Er hatte sein eigenes, kleines Büro und eine Sekretärin. Er vertrat viele Fälle von sogenanntem «öffentlichen Interesse», was bedeutete, daß er zum Wohle der Allgemeinheit tätig wird, ohne dafür eine angemessene Entschädigung zu erhalten.

Eines Tages bat ihn seine Sekretärin um eine Gehaltserhöhung. Sie war eine Vertreterin des Aushandelns von Positionen und hatte sich auf das Gespräch gut vorbereitet. Ganz in der Art von Fisher und Ury (s. Kapitel 8) kam sie mit «objektiven» Fakten und wies darauf hin, daß die meisten ihrer Kolleginnen und Kollegen am Ort 30 bis 50 Prozent mehr verdienen würden als sie. Außerdem hatte sie genau ausgerechnet, wie teuer es für meinen Freund wäre, eine Nachfolgerin für sie einzuarbeiten, und wie viel Zeit er dabei verlieren würde. Ihr Hauptargument bestand darin, daß er bei ihrem Fortgehen so viel in die Einarbeitung einer Nachfolgerin oder eines Nachfolgers stecken müßte, daß er damit drei Jahre lang ihre Gehaltserhöhung zahlen könnte.

Ihre Argumente waren zweifellos logisch. Es stand außer Zweifel, daß sie bei einem anderen Anwalt mehr verdienen könnte und daß mein Freund viel Zeit investieren müßte, um einen Nachfolger einzuarbeiten, ganz abgesehen einmal von dem außerordentlich guten Arbeitsverhältnis, das er mit dieser tüchtigen Kraft hatte.

Wenn mein Freund jetzt ebenfalls versucht hätte, Positionen auszuhandeln, hätte er wie folgt argumentieren können:

«Als ich Sie seinerzeit eingestellt habe, kamen Sie direkt von der High School, so daß ich einige Zeit und als Folge davon Geld in Ihre Ausbildung stecken mußte. Wenn Sie es einmal von dieser Warte aus sehen, schulden Sie mir etwas, da Sie nicht als fertig ausgebildete Anwaltsgehilfin zu mir kamen. Ich möchte hier gar nicht an Ihre Loyalität mir gegenüber appellieren, sondern eher an Ihr soziales Gewissen. Wenn ich nicht so viel gemeinnützige Arbeit leisten würde, die, wie Sie wissen, sehr schlecht bezahlt wird, könnte ich Ihnen auch ein besseres Gehalt zahlen.»

Außerdem könnte er darauf hinweisen, daß er ihre Eltern in einem Rechtsstreit vertreten hat, ohne ein Honorar dafür zu verlangen. Und dann könnte er noch an ihren Sinn fürs Praktische appellieren, indem er Sie darauf hinweist, daß ihr Weg zur Arbeit nur fünf Minuten zu Fuß beträgt. Wenn sie für eine andere Kanzlei arbeiten würde, müßte sie dafür sicherlich wesentlich mehr Zeit und Geld aufbringen. Er wies sie auch noch auf die Tatsache hin, daß er ihr gestattet, Jeans und Freizeitkleidung im Büro zu tragen, etwas, das für eine Anwaltskanzlei durchaus ungewöhnlich ist.

Doch all diese Argumente wären für die Sekretärin nicht überzeugend. Sie hatte sich das wahrscheinlich selbst alles schon überlegt, bevor sie um eine Gehaltserhöhung bat. Nun, auf jeden Fall waren alle diese Argumente irrelevant. Egal, wer in dieser Situation «Recht» hatte und wer nicht, die Tatsache blieb doch bestehen, daß er bei seinen derzeitigen Einnahmen einfach nicht mehr Geld zahlen konnte.

Als Vertreter des Aushandelns von Positionen hätte mein Freund alle diese Argumente ins Felde führen können. Wenn sie nicht zum Erfolg geführt hätten, hätte er immer noch händeringend erklären können: «Sie sehen doch, mehr kann ich Ihnen einfach nicht zahlen!»

Da mein Freund aber ein Vertreter des Aushandelns von Interessen war, stellte er ihr ein paar Fragen und erfuhr dabei, daß sie mit ihrem Gehalt tatsächlich nur knapp über die Runden kam. Das bedeutete, sie brauchte tatsächlich mehr Geld (im Gegensatz zu einer «Erhöhung», Sie erinnern sich?). Außerdem erfuhr er in ihrem Gespräch, daß sie mit ihrer Arbeit sehr zufrieden war und sie ihr Spaß machte. Sie wäre gerne bereit, wenn möglich, mehr zu arbeiten.

Schon bald hatte mein Freund die Lösung gefunden. Er erlaubte ihr, für einen Kollegen auf seinem Textverarbeitungsgerät Schreibarbeiten zu erledigen. Außerdem gestattet er ihr noch, sein Büro zu benutzen, wenn es ihr gelingen sollte, auf freiberuflicher Basis noch zusätzliche Nebenjobs zu bekommen.

Tatsächlich konnte sie als zeitweise Freiberuflerin, die ihre «eigene» Textstation hatte, das Fünffache des Stundensatzes verlangen, den mein Freund ihr zahlen konnte (und immerhin noch das Dreifache von dem, was sie in einer anderen Kanzlei verdient hätte). Die Sekretärin arbeitete so jeden zweiten Samstag und verdiente damit viel mehr Geld, als sie durch eine Gehaltserhöhung bekommen hätte. Außerdem mußte sie auf keine der Annehmlichkeiten ihres bisherigen Jobs verzichten. Mein Freund konnte seine Tätigkeit wie bisher weiterführen. Und als seine Einnahmesituation endlich besser wurde, erhöhte er auch prompt das Gehalt seiner Sekretärin.

Nun, worauf das alles hinausläuft? Jeder Amateur kann sich beim Verhandeln unnachgiebig verhalten oder zum Beispiel vorschlagen, sich auf halbem Weg entgegenzukommen. Der professionelle Verhandlungsführer unterscheidet sich vom nichtprofessionellen Verhandlungsführer dadurch, daß er in der Lage ist, *kreative* Lösungen zu finden, bei denen die *Interessen aller Parteien berücksichtigt* werden.

Lassen Sie uns doch einmal versuchen, diesen Grundsatz auf eine Situation anzuwenden, die Ähnlichkeit hat mit der Kontroverse um die Farbe des Lampenschirms. Sie erinnern sich, es ging darum, ob dieser beige oder pfirsichfarben sein sollte. Sie und ich wollen zusammen ein Geschäft eröffnen. Sie möchten, daß die Zentrale in New York ist, ich ziehe Los Angeles vor.

Wenn wir nun beide Vertreter des Aushandelns von Positionen wären, würden wir uns gegenseitig unsere Gründe dafür aufsagen, warum wir «Recht» haben. Da keiner von uns beiden jedoch den anderen überzeugen kann, kommen wir uns auf halbem Weg entgegen. Das bedeutet, der Hauptsitz unseres Unternehmens wäre dann wahrscheinlich Kansas City.

Doch wir wollen als Vertreter des Aushandelns von Interessen an diesen Konflikt herangehen:

Schritt Nr. 1 besteht darin, daß wir uns nach dem Warum fragen. (Der erste Schritt muß immer der sein, daß wir nach dem Grund fragen!) Um es noch deutlicher zu machen, welches sind die Gründe dafür, daß Sie den Hauptsitz gerne in New York hätten, ich hingegen in Los Angeles? Gibt es darüber hinaus Gründe, aus denen Sie gegen Los Angeles sind und ich gegen New York? Ich könnte mich vielleicht nur deshalb für Los Angeles aussprechen, weil für mich auf keinen Fall New York in Frage kommt, und ich der Meinung bin, daß ich eine Alternative vorschlagen muß. Für mich kämen ebenso Houston, New Orleans oder Miami in Frage.

Ich kann behaupten – und auch fest daran glauben – daß ich für Los Angeles bin, weil dort unser größter Absatzmarkt ist und dort auch die besten Arbeitskräfte zur Verfügung stehen. Doch sind dies meine eigentlichen Gründe? Oder bestehe ich etwa auf Los Angeles, weil mir dort die Art zu leben besonders gefällt und ich daher nur einen Grund vorschieben will? Oder bin ich anders herum gesehen einfach gegen New York, weil ich die Stadt schon immer scheußlich und vollkommen überteuert fand?

Genauso können Sie behaupten – und auch fest daran glauben –, daß Sie für New York plädieren, weil es das Bankenzentrum, und auch zu den Industriestädten günstig gelegen ist, wo die meisten unserer Zulieferer ansässig sind. Doch sind das Ihre eigentlichen Gründe? Oder bestehen Sie auf New York, weil Sie an der Columbia Universität einen Lehrauftrag haben und diese interessante und lukrative Beschäftigung nicht aufgeben wollen? Oder wohnt etwa Ihre Schwiegermutter in Connecticut, und Ihre Frau würde sich schwertun, so weit von ihr entfernt zu leben? Es könnte auch sein, daß Ihre Schwiegermutter in Kalifornien wohnt und Sie sich nicht vorstellen können, ständig ganz in ihrer Nähe zu sein.

134

Für den professionellen Verhandlungsführer besteht der zweite Schritt jetzt darin zu überlegen, ob Sie dem anderen nachgeben wollen. Sie haben ganz richtig gelesen! Ich bin unbedingt dafür, daß Sie sich überlegen sollen, ob Sie sich nicht bedingungslos ergeben sollten. Nicht weil Ihr Gegner eine stärkere Position hat, sondern weil eine Kapitulation in ihrem eigenen Interesse wäre.

Gehen wir noch einmal kurz zu dem Beispiel zurück, in dem ein Angestellter eine Gehaltserhöhung verlangt. Wenn Sie über die Forderung nachdenken und das Für und Wider überlegen, können Sie zu dem Schluß gelangen, daß Ihr Mitarbeiter tatsächlich eine Gehaltserhöhung braucht (und nicht die Möglichkeit, mehr Geld zu verdienen), daß er sie verdient hat und sie auch bekommen kann, ohne daß es dadurch zu ernsteren Schwierigkeiten kommen würde. Sie erkennen, daß Sie ihm eigentlich von sich aus schon eine Gehaltserhöhung hätten geben müssen.

Nur zu, geben Sie ihm die Gehaltserhöhung. Fühlen Sie sich nur nicht verpflichtet zu verhandeln, nur weil Sie nicht nachgeben wollen. Normalerweise sind Sie nämlich gut beraten, auf jede vernünftige Forderung ein- oder sogar noch darüber hinauszugehen, wie der folgende Fall zeigen wird:

Ein Freund von mir, der von Beruf Schriftsteller ist, hatte Anfang der 60er Jahre eine Reihe von Büchern geschrieben, die im Paperback Library Verlag herausgekommen sind, der heute Warner Books ist. Der damalige Herausgeber von Paperback Library war Hy Steirman, der inzwischen zur Legende in der Welt des Taschenbuchs wurde.

Steirman hatte meinen Freund aufgefordert, einen Vorschlag für eine Romanserie auszuarbeiten, was mein Freund auch tat. Daraufhin lud Steirman ihn zum Mittagessen ein.

«Ich glaube, daß wir mit diesen Büchern ein gutes Geschäft machen können», sagte Steirman. «In welcher Höhe möchten Sie einen Vorschuß?»

Bisher hatte Steirman meinem Freund für seine Bücher Vorschüsse in Höhe von 1 500 Dollar bis 2 000 Dollar gezahlt. Mein Freund ging davon aus, daß Steirman nicht erst gefragt hätte, wenn er nicht bereit wäre, einen höheren Betrag zu geben, und verlangte daher 2 500 Dollar.

«Ich glaube, da kann ich ihnen sogar noch etwas entgegenkommen», sagte daraufhin Steirman und bot 3 000 Dollar.

Mein Freund erinnert sich heute:

«Niemand konnte Hy Steirman nachsagen, er sei dumm oder ein schlechter Verhandlungsführer. Doch er gehörte nicht zu denen, die versuchen, aus jeder Situation das letzte herauszuholen. Außerdem wußte er immer, wann es angebracht war, einen guten Preis für das zu zahlen, was er wollte. Er ging davon aus, daß ich bei einem Vorschuß von 3 000 Dollar mehr Zeit auf die Bücher verwenden könnte, als dies bei 2 000 Dollar oder 2 500 Dollar der Fall gewesen wäre. Er vertraute einfach darauf, daß ich bessere

Bücher schreiben würde, wenn er mir mehr Geld zur Verfügung stellte. Natürlich hatte er keine Garantie dafür, daß ich nicht das Geld nahm, dann ausgiebig davon Urlaub machen würde, um anschließend in aller Eile die Bücher für ihn zu schreiben. Steirman vertraute mir aber, da wir schon öfter zusammengearbeitet hatten und er meine Arbeitsweise kannte. Und er bekam für die zusätzlichen zwanzig Prozent, die er mir vorschoß, mehr als nur ein um zwanzig Prozent besseres Buch».

Ein weiteres Beispiel für eine bedingungslose Kapitulation:

Es gibt eine Geschichte von der Columbia Universität gegen Ende der 40er Jahre, als Dwight D. Eisenhower der Präsident dieser Universität war. In dieser Geschichte geht es darum, daß die damaligen Studenten offensichtlich alle Schilder mit der Aufschrift: Betreten des Rasens verboten! ignorierten. Der Rasen mußte immer wieder neu gepflanzt werden. Es wurden größere Schilder aufgestellt und Zäune gezogen. Doch es gelang der Universitätsverwaltung einfach nicht, die Studenten dazu zu bewegen, auf den angelegten Wegen zu bleiben. Sie nahmen einfach den direkten Weg von Gebäude zu Gebäude und ruinierten damit den Rasen.

Als sich die Verwaltung keinen Rat mehr wußte, trugen sie Eisenhower das Problem vor. Für den lag die Lösung des Problems auf der Hand: «Legen Sie die Wege dort an, wo jetzt der Rasen ist, und bepflanzen Sie die ehemaligen Wege einfach mit Gras. Fertig!»

Eisenhower hatte in diesem Konflikt sehr genau erkannt, daß die beste Lösung eine bedingungslose Kapitulation war. Die Studenten hatten sich einfach den direkten und damit den bequemsten und schnellsten Weg von einem Gebäude zum anderen gewählt, eine Überlegung, die die Planer völlig außer acht gelassen hatten, als sie die Wege auf dem Reißbrett anlegten.

Wenn Sie im «Unrecht» sind, und selbst manchmal, wenn Sie es nicht sind, eine praktische Vorgehensweise aber anrät, so zu tun, als ob Sie es wären, ist die bedingungslose Kapitulation eine hervorragende Lösung. Das heißt, wenn die Einsätze niedrig sind, lohnt es sich oftmals gar nicht, sich auf eine Auseinandersetzung einzulassen. Überlassen Sie Ihrem Gegner den Sieg! Für den Fall, daß Ihr Gegner «Recht» hat, wie bei Eisenhower und den Studenten, die einfach die kürzeste Verbindung gewählt hatten, achten Sie darauf, daß Ihr Wunsch zu «siegen» nicht übermächtigt wird und Sie davon abhält, die rascheste Lösung eines Problems zu wählen. Es kann sich nämlich durchaus herausstellen, daß das, was der andere tatsächlich will, nicht ganz unvereinbar ist mit dem, was Sie wirklich wollen, obwohl Ihre Ausgangspositionen im krassen Widerspruch standen.

Doch kehren wir wieder zurück zu unserem Standortproblem. Sie möchten nach wie vor, daß der Firmensitz in New York ist, ich bestehe auf Los Angeles. Ist es möglich, daß ich – Schritt Nr. 2 – dadurch gewinne, daß ich verliere (das heißt, meinen Interessen diene, wenn ich Sie gewinnen lasse)?

Das könnte gut sein. Wenn ich ein bißchen nachdenke, kann ich zumindest zu dem Schluß kommen, daß unser Firmensitz in New York ebenso zweckmäßig wäre wie in Los Angeles. Wenn ich mich selber einmal kritisch frage, was ich eigentlich wirklich will, komme ich vielleicht zu der Erkenntnis, daß mein Widerstand gegen Ihre Idee eher aus persönlichen Gründen resultierte als aus geschäftlichen. So kann ich also jetzt sagen: «Partner, Sie hatten ‹Recht›, gründen wir unser Geschäft in New York.»

Dabei habe ich die Möglichkeit, direkt nachzugeben. Ich kann aber auch versuchen, für mich noch etwas aus der Situation herauszuholen. Das könnte ich erreichen, indem ich Ihnen nicht «Recht» gebe, sondern sage, daß ich mich Ihrem Wunsch beuge, in der Hoffnung, daß Sie sich bei nächster Gelegenheit für mein Entgegenkommen revanchieren werden. «Nun gut Partner, ich bin zwar immer noch der Meinung, daß New York nicht die richtige Entscheidung ist. Doch ich sehe, wie wichtig diese Stadt für Sie ist, also gehe ich auf diese Forderung ein. Ich hoffe aber sehr, daß Sie sich bei einer ähnlichen Situation erinnern werden, wie entgegenkommend ich in diesem Fall Ihnen gegenüber war.»

Wie auch immer ich in dieser Situation vorgehen mag, der Punkt hierbei ist, daß wir sehr wohl in unserem eigenen Interesse handeln können, wenn wir der anderen Seite genau das geben, was sie verlangt. Bitte denken Sie immer daran: Bedingungslose Kapitulation ist nicht immer eine «Niederlage». Sie kann vielmehr die beste Lösung Ihres Konfliktes sein.

Doch nehmen wir einmal an, daß die bedingungslose Kapitulation nicht die beste Reaktion auf ein bestimmtes Problem ist. Dann müssen wir ganz von vorne schrittweise vorgehen. Schritt 1: Finden Sie heraus, was die Gründe sind. Schritt 2: Überlegen Sie, ob Sie dem anderen seinen Willen lassen. Schritt 3: Suchen Sie einen anderen Weg, damit er das bekommt, was er will. Dies ist in den meisten Fällen die glücklichste Lösung aller Konflikte.

So verhandelte ich einmal im Auftrag eines Herstellers, gegen den ein Erfinder eine Klage angestrengt hatte, in der er behauptete, der Hersteller hätte seine Idee gestohlen. Dieser Erfinder hatte seine Klage wegen Verletzung des Patentrechts ohne Anwalt eingereicht, und er verlangte Schadensersatz und eine Bestrafung des Herstellers.

Nach meiner Erfahrung sind diese Do-it-yourself-Prozeßführer fast immer fanatisch. Sie sind so überzeugt davon, daß ihnen Unrecht widerfahren ist, daß sie zu den größten Opfern bereit sind (einschließlich eines kostspieligen und zeitaufwendigen Kampfes gegen das gesamte Rechtssystem und seine Vertreter), um sicherzustellen, daß «die Gerechtigkeit siegen wird». Das bedeutet für diese Leute, daß sie Recht bekommen oder sich dort doch zumindest «revanchieren» können, indem sie dafür sorgen, daß ihr Widersacher seine «gerechte Strafe» bekommt.

Zu dem Zeitpunkt, als man mich dazu holte, zog sich das Verfahren bereits über mehr als vier Jahre hin. Der Erfinder war ein Mann Ende Dreißig, ohne höheren Schulabschluß. Während seiner Zeit beim Militär hatte er einige Elektronikkurse besucht und wurde danach Erfinder. Bisher war es ihm gelungen, daß mehrer Anträge der Gegenseite, die Klage abzuweisen, zurückgewiesen wurden. Der zuständige Richter hatte eine Art Schiedsmann ernannt, der bei einem Gerichtsverfahren aktiver in das Geschehen eingreifen kann, als dies einem Richter möglich ist. Seine Aufgabe besteht darin, als Schlichter zwischen den Parteien aufzutreten. Doch er hatte entschieden, daß das Hauptverfahren eröffnet werden müsse.

Mein Auftraggeber konnte mir glaubhaft versichern, daß er sowohl juristisch als auch moralisch gesehen im Recht war. Er hatte kein Patent des Erfinders verletzt. Es war vielmehr so, daß mein Auftraggeber unabhängig und zeitlich gesehen etwas vor dem Erfinder einen zwar ähnlichen, aber doch an entscheidenden Stellen unterschiedlichen Mechanismus entwickelt hatte, der dem gleichen Zweck diente. Meine Aufgabe als Vertreter des Aushandelns von Interessen bestand nun nicht darin, die Verhandlung zu «gewinnen», indem ich meinen Gegner dazu brachte aufzugeben. Sie bestand vielmehr darin, den Streit auf eine Art und Weise beizulegen, bei der alle Beteiligten so zufrieden wie möglich waren.

Meine erste Frage lautete: Was will der Mann tatsächlich? Oder etwas genauer gefragt: Was ist es, das für ihn so wichtig ist, daß er fast seine gesamte Zeit damit verbringt, sich als Laie durch das juristische Dickicht zu kämpfen, um das Unternehmen, das ich vertrete, in die Knie zu zwingen?

Glaubte er wirklich, daß mein Auftraggeber seine Erfindung gestohlen hatte? Und wenn dem so war, hoffte er durch die gerichtlich erzwungene Lizenzgebührzahlung reich zu werden? Oder ging es ihm mehr um den moralischen «Sieg»? Wollte er das Unternehmen, von dem er glaubte, seine Idee gestohlen zu haben, dafür bestrafen? Wollte er sich vor den Anwälten beweisen, die ihm in den letzten vier Jahren das Leben so schwer gemacht hatten? Wollte er meinen Auftraggeber, und vielleicht dann weitergefaßt, die ganze Welt dazu zwingen anzuerkennen, daß er der Erfinder war, dem die Ehre gebührt? Oder wollte er sogar all das haben?

Bei meiner Suche nach der richtigen Antwort lud ich ihn zum Essen ein. Er konnte sein Erstaunen darüber kaum verbergen. Bisher hatte ihn jeder Vertreter seines Gegners wie ein Ärgernis und wie einen Minderwertigen behandelt. Wir (mein Auftraggeber und seine Vertreter) waren das große Unternehmen, die kalte und unpersönliche Gesellschaft, die es unter keinen Umständen zulassen würde, daß sich so etwas wie menschliche Regungen zwischen das Unternehmen und seine geliebte Bilanzsumme drängen. Er fühlte sich als Don Quichote, der für den kleinen Mann den Sieg erringen mußte.

Nach seiner Vorstellung waren wir die Bösen und er der Held. Leider hatte alles, was bisher seitens des Unternehmens vorgenommen worden war, zur Bekräftigung dieser Meinung beigetragen. Er wollte uns daher bestrafen, für die (tatsächliche oder angebliche) Verletzung seines Patentes ebenso wie für unser unpersönliches und kaltes Verhalten.

Bei unserem Essen versuchte ich zunächst einmal ein Gespräch in Gang zu bringen, wobei ich sorgfältig darauf achtete, daß der eigentliche Streitpunkt gar nicht angesprochen wurde. Ich wollte zunächst etwas über ihn als Person erfahren.

Was war er für ein Mensch? Was mochte er und was nicht? War er ein Sportler? Ein Naturfreund? Mochte er Gruselgeschichten? Spielte er Schach? War er verheiratet und hatte er Kinder? War er religiös? War er politisch engagiert? Was erwartete er vom Leben?

Er erzählte mir, daß er das älteste von sieben Kindern einer Arbeiterfamilie war, und daß er inzwischen selber drei Kinder hatte. Er besaß eine eigene Reparaturwerkstatt für elektrische Geräte und hatte es durchaus zu einigem Wohlstand gebracht. In seiner Freizeit widmete er sich ganz seinem Hobby, den Erfindungen. Er liebte seine Frau und seine Kinder, doch noch lieber war er in seiner Werkstatt. Er bezeichnete sich selbst als Einzelgänger, der am liebsten mit irgend etwas herumbastelte. Nach einiger Zeit vertraute er mir an, daß er wahrscheinlich schon lange aufgegeben hätte, gegen meinen Auftraggeber vorzugehen, wenn es ihm nicht so viel Spaß machen würde «auszutüfteln», welche Schritte er als nächstes unternehmen müßte, um die Angelegenheit wirkungsvoll voranzutreiben. «Es ist wie das Zerlegen eines Motors, um herauszufinden, wie er funktioniert.»

Es kam ihm im Leben am meisten darauf an, wie ich nach einiger Zeit schloß, daß man seiner Intelligenz den nötigen Respekt zollte. Er wollte nicht nur als Techniker gesehen werden, als einer, wie er selbst sagte, der eher ein geschickter Bastler ist und kein Denker. Im Verlaufe des Abend sagte er: «Leute mit einer Hochschulausbildung benehmen sich manchmal so, als wären alle anderen dumm. Der Beruf des Anwaltes kann auch nicht schwerer sein als der eines Fernsehtechnikers. Es ist einfach nur, daß man etwas anderes macht». Lächelnd fügte er noch hinzu: «Ich habe ihnen bewiesen, daß ich mit den besten Anwälten fertigwerden kann. Und die verlangen ein paar hundert Dollar pro Stunde. Sie wollten, daß die Klage abgewiesen wird. Doch sie haben verloren. Jetzt möchte ich die aber nur zu gerne einmal erleben, wenn sie einen Fernseher reparieren sollen.»

Ein anderer großer Wunsch von ihm war, daß ihm Gelegenheit gegeben würde, anspruchsvolle Arbeit zu tun, die entsprechend bezahlt würde. Er liebte seine Arbeit. Und gerade weil er seine Arbeit sehr liebte, war er so verärgert darüber, daß mein Auftraggeber ihm (angeblich) seine Idee gestohlen hatte. Er konnte es einfach nicht ertragen, daß jemand anders das Lob und die Anerkennung dafür einstecken sollte.

Anerkennung war ihm wichtiger als Geld. Tatsächlich verfügte er über beträchtliche Ersparnisse, ein Ergebnis seiner vielen Arbeit und Genügsamkeit. Es ging ihm gar nicht so sehr darum, seinen Lebensstil zu verändern oder noch mehr Geld zu horten. Er wollte vielmehr so weiterleben wie bisher, jedoch mit einer Anerkennung seiner Leistung. Diese Anerkennung sollte mehr sein als das Lob seiner Kunden, die erfreut darüber waren, daß er ihren Fernseher repariert hatte.

Ich möchte an dieser Stelle noch einmal wiederholen, daß er meiner Meinung nach «Unrecht» hatte mit seiner Klage gegen meinen Auftraggeber. Doch er war ein guter Mann, jemand, den mein Auftraggeber sich zunutze machen sollte. Und genau das war es, was er eigentlich wollte. Er suchte jemanden wie meinen Auftraggeber, der ihn anstellte und dafür bezahlte, daß er Dinge erfand. Sein Idealzustand war ein hübsches Büro (oder nur eine kleine Kammer), in dem er seine Erfindungen machen konnte, und wo ihm jemand die Last abnahm, diese Erfindungen auch selbst zu vermarkten.

Ein paar Treffen später sagte ich ihm, daß ich einen Termin mit dem Leiter der Forschungsabteilung des Unternehmens vereinbart hatte. Er war von der Idee begeistert. Nun, das Gespräch zwischen den beiden verlief sehr erfreulich, und der Leiter der Forschungsabteilung sagte anschließend, daß er den Mann sehr gerne einstellen würde, wenn diesem dadurch keine Nachteile für sein schwebendes Verfahren entstehen würden.

Der Mann nahm die Stelle an, verzichtete auf die Weiterführung des Gerichtsverfahrens und arbeitet nunmehr seit vielen Jahren zur beiderseitigen Zufriedenheit für seinen ehemaligen Prozeßgegner. Jedes Jahr zu Weihnachten bekomme ich eine Karte von ihm, auf der er stets betont, wie glücklich er über seine Arbeit ist.

Die Geschichte hat ein glückliches Ende, nicht weil ich so ein toller Kerl bin oder mich in der Psyche eines Erfinders so gut auskenne oder ein großer Menschenfreund bin, sondern weil ich mich nicht darauf einließ zu versuchen, wie die Anwälte meines Auftraggebers, Positionen auszuhandeln, sondern statt dessen herauszufinden versuchte, was der Mann tatsächlich wollte.

Kehren wir jetzt noch einmal zu unserem hypothetischen Beispiel mit dem Firmensitz zurück. Sie plädierten immer noch für New York und ich für Los Angeles. Sie haben inzwischen herausgefunden, daß ich für Los Angeles bin, weil mir das Leben dort gut gefällt. Ich wiederum entdeckte, daß Sie wegen Ihres Lehrauftrages und Ihrer Schwiegermutter New York den Vorzug geben.

Wie können Sie jetzt Ihre Idee durchsetzen und mir trotzdem das geben, was ich eigentlich möchte?

Sie haben herausgefunden, daß ich unter anderem gerne in Los Angeles wohnen würde, weil ich dort das ganze Jahr über Tennis spielen könnte. Daraufhin stellen Sie mich einfach ein paar Freunden vor, die das ganze Jahr über in New York Tennis spielen – in der Halle natürlich.

Ist der Strand wichtig für mich? Den gibt es in New York auch. Sie laden mich einfach für ein paar Tage in Ihr hübsch gelegenes Wochenendhaus ein. Vielleicht können Sie mich überzeugen, von Juni bis September die Strände in New York zu genießen, und meinen Urlaub, wenn ich dann überhaupt noch das Bedürfnis habe, in Florida oder in Kalifornien zu verbringen. Wenn ich alles zusammennehme, komme ich vielleicht sogar auf mehr Tage am Strand, wenn wir unseren Geschäftssitz in New York haben als in Los Angeles, insbesondere wenn mir die Vorteile, die ein Geschäftssitz in New York mit sich bringt, es mir erlauben, mehr Zeit am Strand zu verbringen, als das in Los Angeles (so schön es dort auch sein mag) möglich wäre.

Wenn Sie mir all das auf diese Art «verkaufen», dann haben Sie mich überredet, und unser Geschäft wird in New York eröffnet. Haben Sie jetzt die Verhandlung «gewonnen»? Ja, aber ich auch, denn wir beide profitieren davon, daß ich mich von Ihren Argumenten habe überzeugen lassen.

Ich kann es gar nicht oft genug wiederholen: Fragen Sie zuallererst nach dem Grund einer Forderung oder Haltung.«Warum» ist die wichtigste Vokabel für einen Anhänger des Aushandelns von Interessen.

Wäre ich lieber in Los Angeles wegen des Lebensstils oder aus den Gründen, die ich angegeben habe? In diesem Fall vergessen Sie einfach, was ich angeführt habe, und versuchen Sie, einen Weg zu finden, um mir das zu geben, was ich wirklich möchte: den kalifornischen Lebensstil, und vielleicht noch mehr davon in New York, als ich ihn jemals in Los Angeles hätte, wenn ich dort leben würde!

Und wie steht es mit ihren tatsächlichen Wünschen?

Wollen Sie wirklich in New York bleiben, weil Sie dort Ihren Lehrauftrag haben? Vielleicht gelingt es mir in diesem Fall Sie davon zu überzeugen, daß die Universität von Los Angeles auch immer gute Leute sucht. Ich kann versuchen, Sie mit Vertretern der Universität zusammenzubringen, und wer weiß, vielleicht ist für Sie Los Angeles schon bald das Nonplusultra.

Oder möchten Sie in New York bleiben, weil Ihre Schwiegermutter in Connecticut wohnt und Ihre Frau den Gedanken nicht ertragen kann, so weit entfernt von ihr zu leben? Laden Sie doch Ihre Schwiegermutter einfach einmal für ein paar Tage nach Los Angeles ein. Vielleicht gefällt ihr das Klima dort oder die Menschen oder beides. Wie heißt es doch so schön, wenn der Prophet nicht zum Berg kommt ...

Je mehr Phantasie Sie dabei aufbringen herauszufinden, was der andere

tatsächlich will, oder ihn zufriedenzustellen versuchen, desto wahrscheinlicher ist es, daß Sie eine Lösung des Konfliktes finden, die Ihrem Gegner
ebenso gut gefällt wie Ihnen. Und um es einmal mehr zu wiederholen, die
Kernfrage bleibt:

Was wollen die anderen und was will ich tatsächlich, und warum?

Für die Vertreter des Aushandelns von Positionen sind Verhandlungen
eine Auseinandersetzung, aus der nur eine Seite siegreich hervorgehen
kann. Bei dem Aushandeln von Interessen dagegen, ist jede Partei bemüht,
der anderen bei dem Erreichen ihrer Ziele behilflich zu sein.

11

Die Mini-Max-Strategie

Oder: Was ich geben und was ich bekommen sollte?

Im Idealfall sind alle Konfliktparteien Anhänger des Aushandelns von Interessen, und jeder ist bemüht, dem anderen entgegenzukommen, bevor dieser überhaupt seine Forderungen stellen kann. Außerdem gibt es im Idealfall jede Menge Bedürfnisse und Wünsche, auf die sich Parteien einigen können. Doch leider sieht die Wirklichkeit häufig ganz anders aus.

Nehmen wir einmal an, Sie sind ein Vertreter des Aushandelns von Interessen. Inzwischen sind Sie Experte darin geworden zu erkennen, was die anderen wirklich wollen, und außerdem beherrschen Sie auch die nächsten beiden Schritte, die für das Aushandeln von Interessen so wichtig sind: Sie wissen genau, wann Sie nachgeben müssen und finden Alternativen für die Wünsche der anderen Partei.

Doch leider funktioniert es immer noch nicht!

Nehmen wir an, Sie haben festgestellt, daß Ihre Sekretärin wirklich das möchte, was sie gesagt hat: Mehr Geld für die Zeit, die sie jetzt arbeitet — nicht nur die Möglichkeit, mehr Geld zu verdienen, indem sie auch mehr arbeitet. Nehmen wir weiter an, daß Sie es sich nicht leisten können, mehr Geld zu zahlen, oder Sie meinen, daß Sie es nicht tun sollten, und es gelingt Ihnen nicht, eine andere Lösung zu finden, die für Ihre Sekretärin annehmbar wäre.

Ein weiteres Beispiel:

Nehmen wir an, daß Sie einen ungesicherten Kredit nicht fristgerecht zurückgezahlt haben und daß die Bank Sie bereits mehrfach gemahnt hat. Sie sind zwar durchaus willens zu zahlen, doch Sie haben einfach das Geld nicht zur Verfügung.

Was jetzt?

Zuallererst begehen Sie nicht den Fehler zu glauben, daß der Konflikt nicht gelöst werden kann. So schwierig sich die Situation auch darstellen mag, oder so hartnäckig sich Ihr Gegner auch zeigt, normalerweise gibt es immer einen Weg, sich zu einigen.

Vielleicht waren Sie doch nicht so geschickt, als Sie versuchten, die wahren Bedürfnisse Ihres Gegners zu erkennen und Wege zu finden, sie zu befriedigen. Oder Ihr Gegner ist ein Vertreter des Aushandelns von Positionen, der sich ganz bereitwillig mit viel weniger zufriedengeben würde, als er Sie zunächst glauben macht.

Egal, wie Sie die Situation sehen. Verzweifeln Sie nicht! Es mag durchaus noch möglich sein, eine Lösung auszuhandeln oder das eine gegen das andere auszutauschen. Und wenn Sie die Mini-Max-Strategie anwenden, kommen Sie wahrscheinlich noch viel besser aus dem Konflikt heraus, als Sie in Ihrer ersten Verzweiflung gedacht haben.

Diese sogenannte Mini-Max-Strategie ist bei professionellen Verhandlungsführern sehr beliebt. Sie beruht auf der Annahme, daß die meisten Menschen bereit sind, etwas zu geben, wenn sie auf der anderen Seite etwas dafür bekommen oder etwas behalten dürfen.

Es stimmt zwar, daß nicht jede Partei zu einem Konflikt bereit ist, ihn zu lösen. Einige haben sogar Freude am Konflikt an sich. Doch den meisten von uns ist ganz stark daran gelegen, den Konflikt zu lösen, damit sie ihre Energie wieder anderen Dingen zuwenden können.

Das bedeutet, daß die Sekretärin, die wirklich eine Erhöhung möchte, wahrscheinlich auch mit einem kleineren Betrag zufrieden ist, insbesondere dann, wenn es Ihnen gelingt, ihr dabei zu helfen, alle oder zumindest doch einige ihrer Anliegen zu befriedigen.

Es kann heißen, daß die Bank sich bereiterklärt, von den strengen und scheinbar unumstößlichen Rückzahlungsbedingungen Ihres Kredites abzuweichen. Mit anderen Worten, wenn Sie die Zahlungen nicht wie vereinbart vornehmen können, gelingt es Ihnen vielleicht, Ihre Bank dazu zu bewegen, die Fristen zu verlängern oder die Tilgungsraten zu senken.

Mit der Mini-Max-Strategie versuchen die Parteien etwas zu finden, das sie austauschen können und das für den anderen akzeptabel ist. Es kann sein, daß dabei zwar keine der Parteien alles bekommt, was sie will. Doch jede sollte zumindest so viel erhalten, daß sie zufrieden vom Verhandlungstisch aufsteht. Verhandlungsführer, die die Mini-Max-Strategie anwenden, stellen sich immer zuerst die folgenden vier Fragen:

1. Was ist das Mindeste, auf das ich mich einlassen kann?
2. Was ist das Äußerste, das ich verlangen kann, ohne daß ich mich lächerlich mache?
3. Worauf kann ich maximal verzichten?
4. Was ist das Mindeste, das ich anbieten kann, ohne daß ich ausgelacht werde?

Kehren wir noch einmal zu der Sekretärin zurück, die eine Gehaltserhöhung möchte, damit wir diese Fragen in einen Bezug setzen können. Ich spiele dabei die Sekretärin, Sie den Chef.

Ich will tatsächlich eine Erhöhung, und nicht nur die Gelegenheit, mehr Geld zu verdienen. Nein, ich will auf jeden Fall mehr Geld für dieselbe Arbeit, und ich bin fest entschlossen zu kündigen, wenn Sie meiner Forderung nicht nachkommen.

Bevor ich Sie nun wegen der Gehaltserhöhung anspreche, sollte ich mir die vier Mini-Max-Fragen stellen:

1. Was ist das Mindeste, auf das ich mich einlassen kann?

Mit anderen Worten muß ich mir darüber klar werden, was ich gerne hätte und was ich tatsächlich benötige.

Wir kommen dadurch auf ein Konzept, das bei diesen Verhandlungen ein unabdingbares Element darstellt. Es ist die Grundlage der Mini-Max-Strategie: Die beste Alternative zu einer ausgehandelten Einigung.

Es ist schön und gut, darüber zu reden, warum ich eine Erhöhung bekommen sollte. Doch was ist, wenn es mir nicht gelingt, Sie davon zu überzeugen?

Wenn Sie meine Forderung rundheraus ablehnen und ich trotzdem bei Ihnen bleibe, habe ich dadurch meine Position Ihnen gegenüber erheblich geschwächt. Wenn Sie sich weigern und ich daraufhin kündige, inwieweit kann ich mich dann in einer anderen Stelle verbessern?

Ist es leicht, einen anderen, besser bezahlten Job zu finden? Einen, der mir genauso gut gefällt? Wird mein Weg zur Arbeit dadurch vielleicht länger? Muß ich wieder auf der untersten Stufe der Karriereleiter anfangen, wo ich doch in meiner jetzigen Stelle schon ganz schön nach oben geklettert bin?

Wenn ich, nachdem ich alle diese Möglichkeiten bedacht habe, zu dem Schluß komme, daß es für mich selbst im Fall einer Abweisung meiner Forderung besser wäre zu bleiben, sollte ich erst gar nicht versuchen zu verhandeln. Meine beste Entscheidung wäre in diesem Fall die bedingungslose Kapitulation (s. Kapitel 10). Mit anderen Worten sollte ich mit dem zufrieden sein, was ich habe, und mich nicht unnötigerweise unbeliebt machen.

Das bedeutet jedoch nicht, daß ich meine Lage nicht verbessern könnte. So kann ich Ihnen andeuten, daß meine finanziellen Fortschritte nicht so sind, wie sie meiner Meinung nach sein sollten. Daraufhin kann ich Sie fragen, wodurch meine Arbeit für Sie eventuell wertvoller werden könnte, so daß eine bessere Entschädigung gerechtfertigt wäre.

Durch diese Art des Vorgehens kommt es allerdings zu keinen Verhandlungen, da hier eine Bitte vorgetragen wird und keine Forderung. Es steht Ihnen frei, meiner Bitte zu entsprechen oder sie abzuweisen. Ich habe in dieser Situation keinerlei Druckmittel in der Hand.

Das muß nicht unbedingt nachteilig sein. Wenn Sie ein vernünftiger Arbeitgeber sind, werden Sie für meinen Wunsch Verständnis haben, meinen Lebensstandard verbessern zu wollen, und Sie sind wahrscheinlich froh darüber, daß ich Sie auf diese Art und Weise angesprochen habe. Wollen Sie Ihre Mitarbeiter nicht ausbeuten, sagen Sie mir bestimmt, wie ich für Sie wertvoller sein könnte, und werden mir anschließend die gerechte Entlohnung nicht vorenthalten. Lassen Sie mich aber noch einmal wiederholen. Durch diese Art des Vorgehens kommt es nicht zu Verhandlungen. Das ganze hat mehr Ähnlichkeit mit einem Bittgesuch.

Demgegenüber könnte ich bei meinen Überlegungen zu dem Schluß kommen, daß ich durchaus einiges in die Waagschale zu werfen habe. So stelle ich fest, daß Kolleginnen oder Kollegen in dem gleichen Job in anderen Unternehmen 30 bis 40 Prozent mehr verdienen, und daß ihre Arbeitsbedingungen mindestens ebensogut, in einigen Fällen sogar noch besser sind als meine. Außerdem gibt es ein paar Angebote, bei denen ich nicht so weit fahren müßte und die noch zusätzliche Annehmlichkeiten bieten.

Bei der Überprüfung meines Marktwertes mußte ich feststellen, daß ich meine Arbeitskraft und meine Fähigkeiten bei Ihnen vergeudet habe. Ich kann sogar zum Schluß kommen, daß ich gar keine Gehaltserhöhung mehr beantrage, sondern mich gleich nach einer neuen Stelle umsehen. Wenn ich mich entscheide zu bleiben, ist es trotzdem gut zu wissen, daß ich auf meine jetzige Arbeitsstelle nicht unbedingt angewiesen bin. Die Voraussetzungen haben sich völlig geändert: Ich bitte jetzt um keine Gehaltserhöhung, sondern verlange eine.

Wenn ich nun als Schlaukopf auftreten will (eine Haltung, die sich grundsätzlich nicht empfiehlt), kann ich in Ihr Büro rauschen und sagen: «Hören Sie, die Firma XY hat mir 800 Dollar geboten, im Vergleich zu Ihren mickrigen 500 Dollar. Ich gebe Ihnen jetzt die Chance, das Angebot zu überbieten.»

Oder, wenn ich doch taktvoller vorgehen möchte, kann ich sagen: «Chef, es hat mir wirklich Spaß gemacht, mit Ihnen zusammenzuarbeiten. Ich habe dabei viel gelernt, und außerdem komme ich mit Ihnen gut zurecht. Ich möchte gerne bei Ihnen bleiben. Doch es sind mir ein paar verlockende Angebote gemacht worden. Bevor ich mich eventuell entschließe zu kündigen, wollte ich die Angelegenheit mit Ihnen noch einmal durchsprechen. Vielleicht können wir ja eine Lösung finden.»

Wie immer ich es formuliere, die Tatsache bleibt bestehen, daß ich aus einer starken Position heraus handle, und der Verhandlungsspielraum sehr knapp bemessen ist. Ich bin kein Bittsteller, sondern ich biete meine wertvolle und gefragte Arbeitskraft demjenigen, der mir am meisten dafür zahlt.

Sie werden gemerkt haben, daß der gravierende Unterschied zwischen den beiden Situationen in der Macht besteht. Im ersten Fall bin ich Ihrer Gnade ausgeliefert, und es gibt nichts zu verhandeln. Im zweiten Fall verfüge ich über beträchtliche Macht, die daraus entsteht, daß ich eine äußerst wünschenswerte Alternative zu einer ausgehandelten Einigung gefunden habe.

Es gibt noch eine dritte Situation, in der Sie meiner Gnade ausgeliefert sind, da ich für Sie unersetzlich bin. Sie wären in einem solchen Fall gezwungen, auf alle meine Forderungen einzugehen. Dann gäbe es, so wie in der ersten Situation, auch hier nichts zu verhandeln. Ich sage Ihnen, was ich will, und Sie müssen auf meine Forderung eingehen.

Gut, ich habe also herausgefunden, was für mich die beste Alternative zu einer ausgehandelten Einigung ist. Davon ausgehend kann ich nun die minimalste, annehmbare Regelung bestimmen. Genauer gesagt, mein Minimum ist das niedrigste Angebot, das ich annehmen werde, wobei hier die Umstände außer acht bleiben.

Nehmen wir einmal an, daß ich gegenwärtig 1 Dollar pro Stunde verdiene. Ich weiß, daß ich woanders Arbeit für 1,50 Dollar bekommen kann. Da mir meine jetzige Arbeitsstelle aber gut gefällt, möchte ich sie ungern aufgeben, so daß ich bereit bin, hier etwas weniger zu verdienen als in einer anderen Firma. 1,40 Dollar die Stunde wären für mich akzeptabel.

Das ist also meine Untergrenze, mit der ich in die Verhandlungen einsteige. Das ist allerdings nicht der Betrag, den ich verlangen werde. Es ist auch nicht der Betrag, den ich gerne hätte, ebenso wenig wie die Summe, die mir meiner Meinung nach zusteht. Es ist schlichtweg das Minimum, auf das ich mich einlassen würde.

Mit anderen Worten heißt das, wenn Sie mir als letztes Angebot 1,39 Dollar nennen, ist die Sache für mich erledigt.

Sie meinen, es wäre lächerlich 1,39 Dollar mit 1,40 Dollar zu vergleichen? Nein! Und wie wäre es bei 1,3999999 Dollar zu 1,40 Dollar? Nochmals nein! Nach der Mini-Max-Strategie muß das Minimum, das ich mir vorher festgelegt habe, auf jeden Fall eingehalten werden.

Sie müssen sich aus diesem Grund vor Aufnahme der Verhandlungen Ihr absolutes Minimum festsetzen und auch bereit sein, die Verhandlungen abzubrechen, wenn Sie sich damit nicht durchsetzen können.Und was ist, wenn Sie nicht bereit sind, die Verhandlungen abzubrechen? Dann ist die Mini-Max-Strategie für Sie nicht geeignet. Wenn Sie sich keine Untergrenze gesetzt haben, fehlt Ihnen die Basis für eine Verhandlung. Sie können toben oder betteln, Sie können sogar alles bekommen, was Sie verlangen. Doch Ihr Erfolg hängt nicht von Ihrem Verhandlungsgeschick ab, denn wenn Sie nicht bereit sind, die Verhandlungen abzubrechen, verhandeln Sie nicht. Sie bluffen nur.

2. Was ist das Äußerste, das ich verlangen kann, ohne daß ich mich lächerlich mache?

Wieviel will ich? Nun, am liebsten möchte ich natürlich so viel verdienen, wie der Vorstandsvorsitzende von General Motors, 1 Million Dollar und mehr pro Jahr plus Tantieme. Doch ganz realistisch betrachtet muß ich zugeben, daß dies nicht möglich ist. Selbst Sie als mein Chef verdienen noch nicht einmal einen Bruchteil davon.

Selbstverständlich hätte ich gerne 1 Million Dollar im Jahr. Ich hätte gerne die Sterne vom Himmel, wenn Sie sie mir geben würden. Doch wenn ich das allen Ernstes von Ihnen verlangen sollte, würden Sie mich sicher für verrückt halten und gleich jemand anderen einstellen.

Doch wie finde ich ein gesundes Mittelmaß zwischen dem für mich akzeptablen Minimum und den Sternen? Mit anderen Worten, wenn mein derzeitiger Stundenlohn 1 Dollar beträgt, kann ich dann 10 Dollar verlangen? Das ist unwahrscheinlich. 4 Dollar? Auch nicht sehr wahrscheinlich. Doch wieviel dann? Welchen Betrag kann ich verlangen, ohne lächerlich zu wirken?

Normalerweise ist es natürlich sehr schwierig, einen erheblich höheren Betrag zu verlangen, ohne nicht dadurch gleichzeitig den Verhandlungsrahmen zu verändern. Wenn ich beispielsweise als Sekretärin derzeit 8 Stunden am Tag für 1 Dollar die Stunde arbeite, ist es sehr unwahrscheinlich, daß ich Sie dazu bewegen kann, mir künftig 2 Dollar pro Stunde für genau dieselbe Arbeit zu zahlen.

Das Höchste, womit ich rechnen kann, ist eine prozentuale Angleichung an die gestiegenen Lebenshaltungskosten und vielleicht noch ein bißchen mehr, um meiner erhöhten Produktivität Rechnung zu tragen. Wenn die Arbeit, die ich ausführe, sehr kompliziert ist, wird damit meine Verhandlungsposition noch etwas stärker, da die Einarbeitung eines Nachfolgers für Sie recht kostspielig werden könnte.

Nehmen wir einen derzeitigen Stundensatz von 1 Dollar plus 0,10 Dollar für die gestiegenen Lebenshaltungskosten, plus 0,20 Dollar für meine zusätzliche Produktivität, plus 0,20 Dollar für den Einarbeitungsfaktor: macht zusammen 1,50 Dollar. Das wäre eine realistische Forderung, die ich an Sie als meinen Chef stellen könnte.

Bitte bedenken Sie, daß es sich um eine 50prozentige Steigerung handelt. Vielleicht sollte ich meinen Verhandlungsspielraum noch etwas vergrößern, indem ich nochmals 10 Prozent erhöhe und insgesamt also 1,65 Dollar verlange.

Das ist eine schöne Stange Geld mehr für dieselbe Arbeit, die ich zu leisten bereit bin. Doch wir wollten ja auch die Obergrenze festlegen. Wenn alles andere unverändert bleibt, das heißt, wenn meine Pflichten auch nach der Gehaltserhöhung unverändert sind, ist der Betrag von 1,65 Dollar das Maximum, was ich verlangen kann, ohne meine Glaubwürdigkeit zu verlieren.

3. Worauf kann ich maximal verzichten?

Es wird nur selten der Fall sein, daß eine Partei mehr bekommt bei einer unverändert gebliebenen Gegenleistung. Normalerweise gibt es auf jeder Seite Veränderungen, denn sonst wäre von vornherein nur sehr wenig zu verhandeln.

Ich habe das Beispiel mit der Sekretärin, die eine Gehaltserhöhung verlangt, genommen, da ich damit am einfachsten deutlich machen kann, worauf es mir ankommt. Im Normalfall aber sind die Mini-Max-Verhandlungsführer mit einer Vielzahl von Streitpunkten konfrontiert.

So steht beispielsweise ein Lebensmittelhersteller in Verhandlungen wegen der Anschaffung von rostfreien Stahlbehältern. Der Hersteller dieser Behälter hat seine festen Preise, und der Lebensmittelhersteller konnte bisher nur den üblichen Rabatt aushandeln. Wenn er jedoch auf bestimmte Dinge bei den von ihm gewünschten Behältern verzichtet, könnte er den Preis erheblich senken. Außerdem könnte er Barzahlung vereinbaren, und auf diese Weise noch zusätzliche Nachlässe aushandeln.

Die wesentliche Frage ist hierbei, worauf der Lebensmittelhersteller maximal verzichten kann? Wenn die optimale Qualität der Behälter X ist, kann er dann noch X minus 5, minus 6 oder minus 10 akzeptieren?

Wenn hinsichtlich der Qualität die Untergrenze festgesetzt ist, in welchen anderen Bereichen läge dann noch ein Verhandlungsspielraum? Würde der Hersteller der Behälter ihm bei Barzahlung noch weiter entgegenkommen? Oder bei einem hinausgeschobenen Liefertermin? Oder für die Bereitschaft des Lebensmittelherstellers, die Behälter mit in seine Werbung einzubeziehen? Es liegt auf der Hand: Je mehr Elemente in eine Verhandlung eingeführt werden, desto größer ist die Verhandlungsspanne für beide Seiten.

Kehren wir noch einmal zu unserem Beispiel mit der Sekretärin und ihrer Gehaltserhöhung zurück, bei dem ich ja die Rolle der Sekretärin übernommen hatte. Was kann ich dabei Ihnen als Chef bieten, damit Sie bereit sind, mir mehr zu zahlen?

War ich beispielsweise unnachgiebig, was die Frage der Überstunden anbelangt? Ich könnte Ihnen dann, um meine Forderung zu «versüßen», anbieten, im Bedarfsfall bis zu drei Stunden täglich länger zu bleiben, vorausgesetzt, ich kann im selben Monat den Freizeitausgleich für die Überstunden nehmen.

Fällt mir eine Gelegenheit ein, bei der ich eine freiwillige Leistung anbieten könnte? Vielleicht habe ich mir Gedanken darüber gemacht, wie wir die Postabfertigung rationalisieren könnten, wodurch die Firma einiges einsparen kann? Ich könnte mich bereiterklären, dieses Umorganisieren zu übernehmen, und diese Bereitschaft zur Unterstützung meiner Forderung in unsere Verhandlungen einbringen.

Wie auch immer die Situation ist, die wesentlichen Fragen lauten: Was habe ich, das ich weggeben könnte? Und: Was ist das Maximum, das ich weggeben kann (oder will), im Austausch gegen das, was ich möchte?

4. Was ist das Mindeste, das ich anbieten kann,
ohne daß ich ausgelacht werde?

Die Wahrscheinlichkeit ist groß, daß ich aufgefordert werde, etwas zu geben, damit ich etwas bekomme. Das wird ganz besonders der Fall sein, wenn ich eine 50prozentige Erhöhung verlange, die mit gestiegenen Lebenshaltungskosten, erhöhter Produktivität usw. allein nicht mehr zu rechtfertigen ist.

Nun gut, was werde ich verlangen? Und was bin ich bereit zu geben?

Möchten Sie als mein Chef vielleicht, daß ich zusätzliche Verantwortung übernehme? Was ist die keinste Menge an zusätzlicher Verantwortung, auf die ich bei der Gehaltserhöhung, die im Gespräch ist, bereit bin einzugehen? Was ist das Minimum, das ich akzeptieren kann, und Ihnen dabei trotzdem noch einen Gegenwert für die Gehaltserhöhung biete?

Ich will mit dem Vorhergehenden nicht gesagt haben, daß Sie als Verhandlungspartner darauf bedacht sein sollten, soviel wie möglich für möglichst wenig zu bekommen. Zwar gehen viele Verhandlungsführer so vor, doch ich finde, daß das keine gute Art und Weise ist. Auf die Gründe dafür komme ich später zurück. Ich will damit nur sagen, daß Sie, bevor Sie in eine Verhandlung gehen, wissen müssen, was Sie bereit sind zu geben und was Sie tatsächlich geben können (wenn auch nur sehr zögernd), welche Gegenleistung Sie realistischerweise erwarten und welche Gegenleistung Sie schließlich (wenn auch nur sehr zögernd) akzeptieren können.

Wenn Sie sich über all dies im klaren sind, sind Sie auf die anstehenden Verhandlungen gut vorbereitet. Ihre Forderungen werden in einem vernünftigen Rahmen liegen, und Sie haben eine realistische Chance, daß sie erfüllt werden.

Im nächsten Kapitel werde ich Ihnen zeigen, wie Sie die Grenzen Ihres Gegners bestimmen und Ihr Angebot so strukturieren können, daß es für Ihren Verhandlungspartner äußerst attraktiv erscheint.

12

Wie bestimme ich die Grenzen meines Gegners

Sie haben also inzwischen das Minimum, auf das Sie sich einlassen, und das Maximum, auf das Sie verzichten können, bestimmt. Ihnen stellt sich als nächstes die Frage: Wie ist die Lage meines Gegners? Wie können Sie sein Minimum und Maximum bestimmen, was natürlich etwas ganz anderes sein kann, als er sagt?

Regel Nummer eins lautet dabei wie folgt:

Gehen Sie niemals davon aus, daß die andere Seite vernünftig sein wird (das heißt, sich so verhält, wie Sie es unter den gegebenen Umständen täten).
Ein Minimum oder Maximum ergibt häufig nur für die betreffende Person einen Sinn. Außenstehende können es oftmals nicht nachvollziehen.

Hierzu ein Beispiel:

In einem Gefängnis hatte ein Verbrecher Geiseln genommen. Er stellte eine Reihe von Forderungen, von der eine lautete, daß der Gouverneur persönlich ins Gefängnis kommen sollte, um mit ihm zu verhandeln. Der Gefängnisleiter war umsichtig genug, in dieser Situation einen meiner Kollegen zu rufen, der die Verhandlungen auf eine professionelle Art führen konnte. Der Gefängnisleiter handelte umsichtig, nicht nur weil Profis normalerweise Fähigkeiten besitzen, die Laien nicht haben, sondern auch weil der Gefangene dem Gefängnisleiter oder einem anderen Vertreter des Gefängnisses sicherlich mißtraut hätte. Wenn sie versucht hätten, mit dem Gefangenen zu verhandeln, hätte ihn dies eventuell nur gereizt, und er hätte womöglich seinen Ärger an den Geiseln ausgelassen.

Als erstes setzte sich mein Kollege mit dem Büro des Gouverneurs in Verbindung, weil er der Meinung war, daß der Gouverneur über die Situation unterrichtet sein sollte. Es stand ihm somit frei, persönlich in das Gefängnis zu gehen, um das Leben der Geiseln nicht zu gefährden, oder dem Verhandlungsführer Anweisungen für die Gespräche mit dem Gefangenen zu geben. Der zweite Grund, warum sich mein Kollege mit dem Gouverneur in Verbindung gesetzt hatte, bestand darin, daß er auf diese Weise dem Gefangenen gegenüber guten Gewissens behaupten konnte, im Namen des Gouverneurs zu handeln.

Nach einer ausführlichen Unterhaltung mit einem Berater des Gouverneurs begab mein Freund sich in das Gefängnis. Der Gefangene hatte das Kommando über einen Zellenblock übernommen, dessen Eingang versperrt war. Mein Kollege stellte sich an die Tür und rief den Namen des Gefangenen, der zwar nicht zu sehen war, sich jedoch sicherlich in der Nähe der Tür aufhielt. Der Gefangene weigerte sich, meinen Kollegen in den Zellenblock hereinzulassen, und bestand darauf, mit dem Gouverneur persönlich zu verhandeln. Mein Kollege erwiderte, er könne dies eventuell arrangieren, müsse dazu jedoch zunächst einmal mit dem Gefangenen sprechen. Doch der Gefangene gab nicht nach. Nur der Gouverneur würde die Erlaubnis bekommen, den Zellenblock zu betreten.

Nach dem, was ich bisher beschrieben habe, könnte der Eindruck entstanden sein, daß das absolute Minimum für den Gefangenen das persönliche Erscheinen des Gouverneurs war. Das war, zumindest nach dem, was er sagte, sein Minimum. Doch viele Leute bluffen, wenn es um ihr Minimum geht, oder können überredet werden, davon abzugehen.

In den darauffolgenden Stunden versuchte mein Kollege über die Absperrung hinweg herauszufinden, was der Gefangene tatsächlich wollte. Er benutzte die Hartnäckigkeit des Gefangenen als einen Vorwand, das Gespräch weiterzuführen. Mein Kollege sagte, daß das Büro des Gouverneurs unterrichtet sei, daß dieser jedoch zunächst weitere Einzelheiten verlangt hätte, um die Angelegenheit dann vor Ort möglichst rasch erledigen zu können.

Zunächst weigerte sich der Gefangene, irgendwelche Auskünfte zu erteilen. Doch allmählich rückte er mit den Gründen für seinen Ärger heraus. Eines dieser Ärgernisse hatte etwas mit Schmetterlingen zu tun. Der Gefangene beschwerte sich nämlich, daß er von diesen Tieren buchstäblich belagert würde. Es waren so viele, daß er Schwierigkeiten hatte, sich auf die Verhandlungen zu konzentrieren.

Mein Kollege erkannte daraus sehr bald, daß der Gefangene unter Halluzinationen litt, denn es war schlichtweg unmöglich, daß so viele Schmetterlinge in das Gefängnis hätten fliegen können, und schon gar nicht im Winter.

Als nächstes fragte mein Kollege, ob der Gefangene bereit sei, einige Geiseln freizulassen, wenn die Gefängnisleitung dafür ein Netz aufspannen würde, um die Schmetterlinge von ihm fernzuhalten. Der Gefangene erwiderte, daß er es sich überlegen würde, ob er ein paar Geiseln gehen läßt, wenn das Netz da wäre. Daraufhin wurde ein Netz über den Eingang zum Zellenblock gespannt, und der Gefangene ließ tatsächlich einige der Geiseln frei. Außerdem durfte mein Kollege jetzt den Zellenblock betreten, und die anschließenden Verhandlungen führten rasch zu einem glücklichen Ende der Geiselnahme.

Wir sehen also, daß das eigentliche Minimum des Gefangenen zu diesem Zeitpunkt der Verhandlungen nicht, wie er sagte, darin bestand, daß der Gouverneur persönlich ins Gefängnis kommt, sondern darin, daß er von seinen Halluzinationen befreit wurde.

An dieser Stelle möchte ich noch einmal die Regel Nummer eins wiederholen: Gehen Sie niemals davon aus, daß der andere vernünftig ist.

In unserem Beispiel war der Gefangene im wahrsten Sinne des Wortes unvernünftig, ein Opfer von Halluzinationen. Doch auch viele Leute, die nachweislich geistig völlig gesund sind, verhalten sich gelegentlich so, daß sie absolut unvernünftig erscheinen. Sie haben sicherlich schon einmal von Familien gehört, in denen der Vater seinen ganzen Monatslohn verspielt oder vertrunken hat. Oder vielleicht kennen Sie auch jemanden, der eine gute Stelle aufgegeben und unter Umständen damit seine gesamte berufliche Laufbahn zerstört hat, nur weil sein Vorgesetzter oder ein Kollege eine gedankenlose Bemerkung gemacht hat? Oder Sie kennen einen Fall, in dem jemand ein finanzielles Risiko einging, körperliche Verletzungen oder gar seinen Tod in Kauf nahm, nur um zu beweisen, daß er keine Angst hat.

Für die meisten von uns sind diese Verhaltensweisen völlig unerklärlich, und trotzdem gibt es immer wieder Leute, die sich so benehmen. Und Ihr Gegner in einer Verhandlung kann genau so eine Person sein. Damit kommen wir zu Regel Nummer zwei.

Gehen Sie nicht davon aus, daß die Werte Ihres Gegners die gleichen sind wie Ihre, wenn Sie in seiner Lage wären.

Das mag vielleicht nur zu selbstverständlich klingen. Doch im Verlaufe meiner Praxis habe ich immer wieder Verhandlungspartner getroffen, die zu ihrem eigenen Nachteil behauptet hatten, daß ihre Werte (oder die Werte ihrer Auftraggeber) mit meinen (oder denen meiner Auftraggeber) identisch seien.

Zur Verdeutlichung dieses Punktes nehme ich gerne eine Idee, die durch die chinesischen Wörter «mein tzu» wiedergegeben wird, was frei übersetzt soviel heißt wie «Verlust des Gesichts». Für die Chinesen ist dieser Verlust des Gesichts (das heißt Schande, Peinlichkeit, Lächerlichkeit) eine persönliche Tragödie. Als unehrenhaft angesehen, als Betrüger entlarvt, oder öffentlich als Narr dargestellt zu werden, muß unter allen Umständen vermieden werden. Viele Chinesen sehen in einer solchen Situation die einzige Lösung im Selbstmord.

Dieses Phänomen des Gesicht-Verlierens ist nicht nur bei den Chinesen bekannt. «Lieber tot als Schmach» kommt aus dem angelsächsischen Raum, und die Italiener haben ihr «delitto del onore», ihr «Ehrenverbrechen». Es ist noch gar nicht solange her, da lautete die Höchststrafe, ich wiederhole die Höchststrafe, in Italien für den Mord an der Ehefrau, die ihren Mann betrogen hatte, sieben Jahre.

Wahrscheinlich gibt es in allen Zivilisationen den Begriff der persönlichen Ehre, die wenn nicht unverletzlich, so doch zumindest sehr wichtig ist. Doch Ehre, Ansehen, «Gesicht» oder wie immer wir es nennen wollen, hat für viele eine unterschiedliche Bedeutung. Was der eine als unehrenhaft empfinden mag, ist für den anderen vielleicht eine Auszeichnung.

So halten die meisten von uns es für unehrenhaft, die Schwächen einer anderen Person auszunutzen. Diejenigen von uns, die diese Wertvorstellung teilen, wären entsetzt über einen schnellredenden Vertreter, der jede Woche Tausende von Dollar damit verdient, an Analphabeten falsche Versicherungspolicen zu verkaufen.

Andere bewundern jedoch seine Fähigkeit, potentielle Opfer zu erkennen und auszunutzen. Für diejenigen, die diese Auffassung vertreten, ist der Versicherungsmensch nur zu bewundern. Sie erinnern sich: Des einen Freud, des anderen Leid.

Stellen Sie sich einmal vor, daß zwei Männer verhaftet worden sind, weil sie gefälschte Versicherungspolicen an Analphabeten verkauft haben. Der erste Mann gehört zu der gesellschaftlichen Gruppe, die es verurteilt, die Schwächen anderer auszunutzen. Der zweite Mann gehört zu derjenigen Gruppe, die diese «Gerissenheit» bewundert.

Wie würden Ihrer Meinung nach diese beiden Männer reagieren, wenn wir sie in flagranti erwischen würden? Ich glaube, daß der erste Mann alles versuchen würde, aus der Sache herauszukommen, um sich die Schande seiner Verurteilung zu ersparen. Der zweite Mann hätte schlimmstenfalls etwas gemischte Gefühle. Es wäre ihm zwar unangenehm, daß er erwischt wurde. Doch auf der anderen Seite wäre er sicherlich stolz darauf, als Mitglied dieser cleveren Gruppe erkannt worden zu sein. Das bringt mich wieder zurück zu den Gegnern in einer Verhandlung, die zu ihrem eigenen Nachteil angenommen haben, daß ihre Wertvorstellungen mit denen der anderen Seite übereinstimmen. Hier ein Beispiel:

Ich vertrat einmal eine Gesellschaft, deren Präsident bei Tarifverhandlungen eine abwertende Bemerkung über den Gewerkschaftsführer gemacht hatte. Dies war Journalisten zu Ohren gekommen, die natürlich sofort hingingen und sie veröffentlichten. Als der Gewerkschaftsführer die betreffende Bemerkung las, war er darüber sehr aufgebracht. Folglich nannte der Verhandlungsführer für die Gewerkschaft als «unabdingbare Forderung», daß sich der Präsident der Gesellschaft öffentlich für seine Äußerung entschuldigen müsse.

Tatsache war, daß der Präsident sehr wohl erkannt hatte, daß seine Äußerung unklug war, und er war daher sofort bereit, sich in aller Form zu entschuldigen. Für den Gewerkschaftsführer und seinen Vertreter in den Verhandlungen war eine offizielle Entschuldigung aber offensichtlich etwas sehr Peinliches, und sie nahmen daher an, daß der Präsident der

Gewerkschaft sie verweigern würde. Wenn die Gewerkschaft aus der Entschuldigung nicht so eine große Sache gemacht, sondern sie vielmehr neben den eigentlichen Streitfragen akzeptiert hätte, wäre sie wahrscheinlich sehr viel besser aus den anschließenden Verhandlungen hervorgegangen. Indem sie jedoch die Sache für sehr wichtig, oder noch genauer als «unabdingbare Forderung», ansah, gab mir der Verhandlungsführer der Gewerkschaft Waffen in die Hand, die ich sonst nicht gehabt hätte. Jedes Mal, wenn der Punkt zur Sprache kam, konnte ich sagen: «Schauen Sie, ich werde hier mein Bestes tun, da ich sehe, wie wichtig die Angelegenheit für den Gewerkschaftsführer ist. Garantieren kann ich allerdings nichts. Wenn Sie aber möchten, daß ich mich in diesem Punkt für Sie verwende, müssen Sie bereit sein, mir dafür bei anderen Dingen entgegenzukommen.»

Außerdem konnte ich konkret fragen: «Wenn ich ihn dazu bringe, sich zu entschuldigen, kommen Sie mir dann in den Punkten X und Y entgegen?» Es gelang mir, für die Gesellschaft einige Zugeständnisse zu erzielen, nur weil der Gewerkschaftsführer seinen Vertreter in den Verhandlungen in eine Lage versetzt hatte, in der dieser von mir ein Zugeständnis verlangen mußte, das für meinen Auftraggeber überhaupt keins war!

Wiederholen wir noch einmal: Der Gewerkschaftsführer hatte seine Verhandlungsposition dadurch enorm geschwächt, daß er eine öffentliche Entschuldigung für eine große Erniedrigung hielt, die er dem Präsidenten zufügen wollte, weil dieser ihn durch seine unüberlegte Äußerung beleidigt hatte. Der Präsident aber hatte ganz andere Wertvorstellungen. Für ihn war eine offizielle Entschuldigung keine Schande, sondern unter den gegebenen Umständen lediglich eine vernünftige Reaktion.

Durch die Einstellung des Präsidenten konnte ich in den Verhandlungen wertvolle Zugeständnisse der Gegenseite erzielen, für eine Leistung unsererseits, die uns praktisch nichts kostete. Der Gewerkschaftsführer konnte zwar sein «Gesicht» wiedergewinnen, doch auf Kosten der von ihm vertretenen Gewerkschaftsmitglieder, deren Interessen für ihn in den Verhandlungen angeblich so wichtig waren.

Und noch ein Beispiel für unterschiedliche Werte:

Ich vertrat einmal eine Universität, die ihre Englischabteilung vergrößern wollte. Der Dekan der Universität hatte zu diesem Zweck beschlossen, drei Gastprofessuren zu schaffen, die an international bekannte Schriftsteller vergeben werden sollten. Der Dekan hatte eine lange Liste von Kandidaten zusammengestellt, die alle angeschrieben und aufgefordert wurden, sich für eine Professur zu bewerben. Um die Positionen so attraktiv wie möglich zu gestalten, bot der Dekan ein beträchtliches Gehalt, großzügige Sozialleistungen und eine Reihe anderer Anreize von der Ehrenmitgliedschaft im Fakultätsklub bis hin zu drei, ja richtig, drei Assistenten.

Nach einem Monat hatten sich erst einige wenige für die Posten beworben, und interessanterweise standen diese alle ziemlich am Ende der Liste. Die anderen hatten entweder abgelehnt oder überhaupt nicht auf die Ausschreibung reagiert.

Daraufhin holte sich der Dekan die Erlaubnis, die Anreize für die Stellen zu erhöhen. Das Gehalt wurde angehoben, die Sozialleistungen erweitert, und so weiter. Doch auch auf dieses Schreiben reagierten diejenigen entweder gar nicht oder lehnten ab, die ganz oben auf der Liste standen.

Bei diesem Stand der Dinge wurde ich hinzugezogen. Ich rief einige der Schriftsteller an, die nicht auf die Ausschreibung reagiert hatten und versuchte, ihre Gründe dafür herauszufinden. Sie fühlten sich übereinstimmend beleidigt, daß sie aufgefordert worden waren, sich zu bewerben, wobei sie dann bei einem Interesse ihrerseits möglicherweise abgelehnt worden wären.

So sagte der eine: «Was denkt sich dieser Dekan eigentlich? Soll ein Mann wie ich mit meiner Erfahrung um einen Job bitten?» Ein anderer meinte: «Ich bewerbe mich nicht bei Universitäten, sondern diese bewerben sich bei mir!»

Für den Dekan hatte das Wort «bewerben» keinen negativen Beigeschmack. Im akademischen Bereich werden Positionen in der Regel durch Ausschüsse besetzt, die «Kandidaten» auffordern, sich zu «bewerben», wobei es schon als Auszeichnung gilt, überhaupt als Kandidat in Frage zu kommen.

Auf die Schriftsteller jedoch wirkten die Wörter «auffordern» oder «bewerben» wie das rote Tuch auf den Stier. Sie verbanden damit, daß sie überprüft werden sollten und eventuell abgelehnt werden könnten. Die Situation, daß sie zunächst «aufgefordert» werden, um dann womöglich als «unwürdig» abgelehnt zu werden, war für diese Meister des Wortes einfach zu viel.

Ich schlug dem Dekan daraufhin vor, die Idee der Bewerbungen fallen zu lassen, und statt dessen lieber die drei Schriftsteller auszusuchen, die er am liebsten an seiner Fakultät gehabt hätte. Diese sollte er dann bitten, eine Gastprofessur anzunehmen. Einer nahm das Angebot gleich an. Die anderen beiden lehnten wegen anderer Verpflichtungen dankend ab. So schrieb der Dekan zwei weitere an, und schließlich waren die Positionen mit Leuten aus dem oberen Drittel der Liste des Dekans besetzt. Doch das wäre ihm nie gelungen, wenn ihm nicht der Unterschied klar geworden wäre, der zwischen den Werten der Schriftsteller («auffordern» und «bewerben» haben für sie einen negativen Beiklang) und seinen bestanden hat.

Als der Dekan anfangs die «Aufforderungen» an die potentiellen «Bewerber» herausschickte, hatte er dabei die Mini-Max-Positionen der Schriftsteller völlig falsch beurteilt. Er war der Meinung, daß die Schriftsteller stark an dem großzügigen Gehalt, den Sozialleistungen und Ähnlichem interessiert gewesen wären. Doch diese waren vielmehr stark daran interessiert, das zu vermeiden, was sie für unter ihrer Würde hielten: aufgefordert zu werden, eine Ablehnung zu riskieren.

Wie können Sie als Verhandlungsführer feststellen, welches die heiklen Punkte Ihres Gegners sind und wie sie vermieden werden können? Wie können Sie erkennen, was für Ihren Gesprächspartner tatsächlich wichtig ist? Diese Fragen führen uns zu Regel Nummer drei:

Forschen Sie nach.

Das mag Ihnen so selbstverständlich erscheinen, daß es fast überflüssig klingt. Doch ich treffe immer wieder auf Gesprächspartner, die keine Vorstellung davon haben, wie sich meine Auftraggeber in ähnlichen Situationen früher schon einmal verhalten haben.

Ist der Gläubiger, der Sie wegen einer überfälligen Zahlung bedrängt, dafür bekannt, daß er schnell vor Gericht geht? Wie hat Ihr Chef auf Forderungen nach einer Gehaltserhöhung Ihrer Kollegen reagiert? Wie hat die Lokalbaukommission entschieden, als ein ähnlicher Umbauantrag gestellt wurde, wie der, den Sie jetzt eingereicht haben? Wie haben die Gerichte bisher in Fällen, ähnlich dem Ihren, entschieden? Welche Bedingungen hatte der Gebrauchtwagenhändler Ihrem Freund für einen Wagen eingeräumt, der ungefähr so alt war wie Ihrer?

Denken Sie daran, je mehr Informationen Sie besitzen, desto leichter wird es Ihnen fallen, die Mini-Max-Positionen Ihres Gegners zu bestimmen. Wenn Sie beispielsweise von Ihrem Freund wissen, daß er in der vergangenen Woche noch 1 000 Dollar für sein Auto bekommen hat, können Sie einigermaßen sicher sein, daß der Gebrauchtwagenhändler bereit ist, für Ihren Wagen eine ähnliche Summe zu zahlen, auch wenn sein erstes Angebot bei 300 Dollar liegt.

Sie können viele Informationen dieser Art sammeln, indem Sie einfach Leute befragen, die schon einmal in ganz ähnlichen Situationen waren. Und auch Gerichtsurteile oder Entscheidungen von Behörden sind allgemein zugängig und können von jedermann nachgelesen werden. Wenn Sie nicht vor Aufnahme der Verhandlungen versuchen, soviel Informationen wie möglich zu sammeln, benachteiligen Sie sich dadurch nur selber.

Regel Nummer vier:

Stellen Sie die Fragen Ihres Gegners.

Ich bin immer wieder erstaunt, daß es Leute gibt, die zu verhandeln versuchen, indem sie sich darauf beschränken, ihre Positionen klarzustellen, und sich nie bemühen herauszufinden, was ihr Gegner will. Eine der besten Informationsquellen über das, was Ihr Widersacher will, ist dieser Widersacher selbst.

Besteht er darauf, persöhnlich mit dem Gouverneur zu reden? Warum besteht er darauf? («Wenn Sie wirklich darauf bestehen, kann ich versuchen, den Gouverneur hierher zu bringen. Doch ich möchte Ihnen zunächst sagen, daß er überhaupt nichts mit der Politik der Gefängnisleitung zu tun hat, die unabhängig alle Bestimmungen selbst festlegen kann. Wenn Sie sich also tatsächlich über die Verpflegung und die Art und Weise ärgern, in der Ihre Post zensiert wird, dann ist der Gefängnisleiter für Sie der richtige Ansprechpartner, und nicht der Gouverneur ...»)

Weigern sich die Schriftsteller, sich um die Gastprofessur zu «bewerben»? Was würden sie lieber sehen? Gibt es eine Möglichkeit, daß die Universität sie gewinnen kann? Wodurch käme ihrer Meinung nach ein ideales Verhältnis zwischen ihnen und der Universität zustande?

Verlangt die Person, die die Versicherungsgesellschaft verklagt, Schadensersatz für Verdienstausfall? Wieviel Verdienst ist ihr entgangen? Unter welchen Umständen? Wie können diese Verluste mit den Verletzungen in Zusammenhang gebracht werden, die der Antragsteller angeblich erlitten hat?

Glaubt die Sekretärin, die eine Gehaltserhöhung fordert, daß sie heute wertvoller für das Unternehmen ist als vor einem Jahr? Worin besteht diese Steigerung? Und wieviel ist ihrer Meinung nach diese Steigerung wert?

Ich möchte betonen, daß Fragen dieser Art dem Gegner nicht als eine Herausforderung gestellt werden sollten. Es sind keine rhetorischen Fragen, die im Verlaufe einer Diskussion gestellt werden. («Brutus behauptete, Cäsar zu lieben. Doch welchen Beweis seiner Liebe hat er uns gegeben?») Nein, diese Fragen sind vielmehr ernsthafte Versuche herauszufinden, was Ihr Widersacher tatsächlich möchte, und warum er glaubt, einen Anspruch darauf zu haben.

Ich kann gar nicht oft genug wiederholen, wie wichtig dieses «Warum» ist. Erst wenn es Ihnen gelungen ist, eine, oder besser noch, mehrere Antworten auf diese Frage zu bekommen, werden Sie in der Lage sein, die Interessen Ihres Gegners, und nicht seine Positionen, anzusprechen. Oder noch etwas weiter gefaßt: Nur wenn es Ihnen gelingt, die Interessen Ihres Gegners anzusprechen, können Sie eine Lösung finden, mit der Sie und er zufrieden sind.

Regel Nummer fünf:

Schweigen Sie.

Eine der schrecklichsten Waffen von professionellen Verhandlungsführern ist ihr Schweigen. Die meisten Leute hassen Schweigen und versuchen, dieses mit Reden und damit mit Informationen zu brechen. Und das ist genau das, was Sie wollen.

Ihr Gegner sagt: «Ich kann Ihnen nicht garantieren, daß ich dieses Preisangebot auch im nächsten Monat noch aufrecht erhalten kann.» Sie schweigen.

Daraufhin ihr Gegner: «Sie werden wahrscheinlich im nächsten Monat größere Mengen von diesem Posten bestellen wollen, oder?»

Sie schweigen weiter.

Ihr Gegner wieder: «Sehen Sie, das Unternehmen will die Preise in naher Zukunft drastisch erhöhen. Wenn Sie Ihre Bestellung jetzt aufgeben, kann ich Ihnen einen äußerst günstigen Preis machen. Nach Ablauf dieses Monats aber wird das nicht mehr möglich sein.»

Natürlich kennen erfahrene Verhandlungsführer den Wert des Schweigens, und ihnen ist auch klar, daß die andere Seite die Vorteile ebenfalls kennt. Weder Ihnen noch mir wird es gelingen, einem erfahrenen Verhandlungsführer Informationen dadurch zu entlocken, daß wir einfach schweigen. Er wird vielmehr sagen: «Schauen Sie, wenn Sie nur hier sitzen und keinen Ton sagen, vergeuden Sie meine Zeit. Kommen Sie doch wieder, wenn Sie etwas zu sagen haben.»

Trotzdem, Neulinge auf dem Verhandlungsparkett geben oftmals sehr viel mehr preis, als sie müßten oder wollen, nur weil sie eine Stille nicht aushalten und versuchen, diese mit Reden, und damit verbunden, mit Informationen zu brechen.

Regel Nummer sechs:

Wiederholen Sie erste Abmachungen.

Jedesmal, wenn Ihr Gegner Ihnen eine wichtige Information gibt, stellen Sie sicher, daß Sie diese auch richtig verstanden haben, indem Sie sie wiederholen und die andere Seite anschließend fragen, ob Sie es so korrekt verstanden haben. So sagt Ihr Gegner beispielsweise folgendes: «Wir können erst dann weitermachen, wenn bis zum nächsten ersten ein Drittel der Rechnung und der Rest innerhalb von drei Monaten bezahlt ist.»

Wiederholen Sie diese Aussage in etwa wie folgt: «Lassen Sie mich sicherstellen, daß ich Sie richtig verstanden habe. Sie verlangen ein Drittel des Gesamtbetrages bis zum ersten des nächsten Monats. Die restlichen zwei Drittel wollen Sie dann innerhalb von drei Monaten nach der ersten Zahlung.»

Es gibt verschiedene Gründe, erste Abmachungen zu wiederholen. Sie möchten zunächst einmal tatsächlich sicherstellen, indem Sie wiederholen, daß Sie und Ihr Widersacher dasselbe meinen. Sie prägen im Gedächtnis Ihres Widersachers die Abmachung ein, die er gerade vorgeschlagen hat. (Manche Leute vergessen nämlich, was sie gesagt haben, wenn es ihnen niemand einprägt.) Ihr Gegner erhält dadurch Gelegenheit, etwaige Unklarheiten auszuräumen. («Ich habe nicht gesagt, daß ich die Restzahlung innerhalb von drei Monaten nach der ersten Zahlung will. Ich möchte sie innerhalb von drei Monaten ab dem heutigen Tag gerechnet!»)

Indem Sie wiederholen, können Sie in Versuchung geraten, das Angebot Ihres Gegners zu verzerren. (»Sie möchten ein Drittel des überfälligen Be-

159

trages bis zum nächsten ersten und den Restbetrag in drei gleichen Monats-
raten zahlen. Danach können wir uns über die Rückzahlung des Kapital-
betrages unterhalten.»)

Sie können versucht sein, aus rein rhetorischen Gründen die Position
Ihres Gegners zu parodieren. («Das heißt mit anderen Worten, daß es
Ihnen völlig egal ist, ob ich verhungern muß, solange Sie nur Ihr Geld
innerhalb der nächsten drei Monate zurückbekommen.»)

Doch bitte widerstehen Sie dieser Versuchung! Sie sollten erste Abmachungen nicht aus rhetorischen Gründen wiederholen, oder um Ihren
Gegner zu überlisten und ihn zu etwas zu bringen, was er gar nicht beab-
sichtigt hatte. Sie wollen damit vielmehr die Grenzen einer vorläufigen Vereinbarung bestätigen und keine Grundlage für neue Unstimmigkeiten
schaffen.

Die wichtigste all dieser Regeln ist diejenige, Fragen zu stellen. Beginnen
Sie Fragen allgemeiner Art, und gehen Sie dann allmählich ins Detail. Fra-
gen Sie so lange, bis Sie alles wissen, was Sie wissen wollen, oder bis Ihr
Gegner müde geworden ist.

Der Sinn und Zweck des Fragens, den Sie bitte nie aus den Augen verlieren wollen, besteht darin, die Mini-Max-Position Ihres Gegners herauszufinden. Worauf kann er maximal verzichten? Was ist das Äußerste, das er
anbieten kann?

13

Auspacken

Oder: Wie finde ich möglichst viele Wege, um meinen Gegenpart zufriedenzustellen?

Ich habe in Kapitel 5 bereits behauptet, daß es niemals nur eine Ursache für einen Konflikt gibt. Bei jedem Streit gibt es zumindest zwei umstrittene Punkte, meistens sind es noch viel mehr.

So behauptet beispielsweise der Käufer eines Fotokopiergerätes, daß dieses «nicht gut» sei. Was meint er damit? Kommt es häufig zu Störungen? Oder sind bei einer Störung die Reparaturkosten zu hoch? Kommt der Kundendienst nicht schnell genug? Oder ist die Qualität der Fotokopien nicht zufriedenstellend?

Jede dieser Fragen ist ein Problem für sich. Und nur die erste und letzte könnte darauf hinweisen, daß das Gerät «nicht gut» ist. Doch wenn der Käufer behauptet, der Fotokopierautomat sei «nicht gut», liegt das Problem damit zunächst einmal beim Verkäufer.

Rein theoretisch könnte der Verkäufer sich der Sache nicht weiter annehmen, da der Kauf abgeschlossen ist und gegen ihn keine Regreßansprüche mehr erhoben werden können. Dem Käufer würde somit nichts anderes übrig bleiben, als seine Wunden zu lecken und zu schweigen. Es ist jedoch viel wahrscheinlicher, daß ein unzufriedener Kunde seine schlechten Erfahrungen mit der Firma XY weitererzählt, so daß der Ruf des Unternehmens darunter leidet.

Es kann unter Umständen soweit gehen, daß ein verärgerter Kunde die Firma verklagt, so daß die ganze Angelegenheit schließlich für den Verkäufer viel kostspieliger enden würde als ein Entgegenkommen seinerseits, gleich nachdem die Beschwerde vorgebracht wurde. Der verärgerte Kunde kann vor Gericht gehen (hohe Anwalts- und Gerichtskosten), bei einer staatlichen Aufsichtsbehörde eine Beschwerde einreichen (was für den Verkäufer auch sehr teuer werden kann), oder er kann sogar zu Sabotage greifen und die Firma in die Luft sprengen.

Der Verkäufer tut auf jeden Fall gut daran, eine gütliche Regelung zu suchen, selbst wenn der Käufer seiner Meinung nach «Unrecht» hat. Nun, nach den Wertvorstellungen des Verkäufers ist es sehr gut möglich, daß der Kunde sich irrt. Seiner Meinung nach funktioniert sein Gerät ebenso gut wie alle anderen vergleichbaren Geräte in derselben Preisklasse. Vielleicht muß das Gerät «gewartet» werden (wie die Firma ein Nichtfunktionieren bezeichnet), weil es viel stärker in Anspruch genommen wird, als vom Hersteller geplant, wobei der Wartungsdienst preisgünstiger und auch erheblich schneller ist als der der Konkurrenz.

Wenn der Verkäufer nun einfach «nachgibt», fühlt er sich übervorteilt. Auf jeden Fall ist es seiner Sache nicht dienlich. Wenn er sich aber beim Kunden genau erkundigt, welche Beschwerden dieser tatsächlich hat, wird er unter Umständen feststellen, daß das eigentliche Problem ganz woanders liegt. Vielleicht wurde der Käufer bei einer Gelegenheit von einem Mitarbeiter der Kundendienstabteilung unhöflich behandelt. Oder vielleicht hat ein Freund des Kunden ein ähnliches Gerät bei der Konkurrenz günstiger erworben, und der Kunde fühlt sich dadurch «übers Ohr gehauen», da er für ein vermeintlich gleichwertiges Gerät mehr bezahlt hat. Sie sehen, es gibt Gründe, die können weit entfernt von denen sein, die der Käufer eventuell dafür angibt, warum das Gerät «nicht gut» ist.

Es ist durchaus auch möglich, daß der Verkäufer bei seinem Gespräch mit dem Kunden feststellt, daß dieser mit dem Fotokopierer sehr oft Kopien von Vorder- und Rückseiten macht, worauf das Gerät zumindest bei Dauerbeanspruchung technisch nicht eingestellt ist.

Wenn der Verkäufer jetzt hingeht und die Beschwerden des Kunden sozusagen «auspackt», das heißt, wenn er versucht, sämtliche Ursachen für seine Unzufriedenheit herauszufinden, um anschließend jeden Punkt einzeln zu behandeln, wird er wahrscheinlich in der Lage sein, eine Lösung zu finden, ohne daß er seinerseits dem Kunden große Zugeständnisse machen müßte.

Der Verkäufer kann beispielsweise sicherstellen, daß der Kunde, wenn er wieder einmal die Kundendienstabteilung anruft, dort ausgesucht höflich behandelt wird. (Das sollte ohnehin sichergestellt werden, und der Verkäufer sollte dem Kunden dankbar sein, daß er ihn auf das Problem hingewiesen hat.) Wenn der Verkäufer noch etwas weiter gehen will, um seinen Kunden zufriedenzustellen, kann er sagen: «Ich werde selbstverständlich dafür sorgen, daß die Angelegenheit geregelt wird. Außerdem gebe ich ihnen meine Privatnummer. Wenn Sie jemals unhöflich behandelt werden, möchte ich Sie bitten, sich den Namen der betreffenden Person geben zu lassen und mich anschließend zu Hause anzurufen. Ich werde mich dann persönlich darum kümmern, daß so etwas nicht wieder vorkommt, denn ich möchte sichergehen, daß Sie bestmöglich betreut werden.» (Diese offensichtliche Großzügigkeit kostet den Verkäufer gar nichts. Er muß allerdings seine Kundendienstabteilung tatsächlich auf Vordermann bringen.)

Der Verkäufer kann auch versuchen, seinen Kunden davon zu überzeugen, daß das preiswerte Gerät seines Freundes technisch nicht so gut ausgerüstet ist wie seins. («Ihr Freund mag zwar für sein Geld ein gutes Gerät gekauft haben. Doch es kann nur einen Bruchteil von dem, was Ihr Foto-

162

kopierer kann. Außerdem würde es Ihrer täglichen Menge an Kopien höchstens ein oder zwei Tage standhalten.»)

Der Verkäufer könnte dem Kunden auch vorschlagen, etwas mehr Geld anzulegen und dafür dann aber ein Gerät zu haben, das für Fotokopien der Vorder- und Rückseite entsprechend ausgerüstet ist. («Wenn Sie auch in Zukunft viel auf Vorder- und Rückseite kopieren wollen, kann ich Ihnen ein Gerät bieten, das wesentlich schneller ist, eine bessere Qualität der Kopien gewährleistet und außerdem auch noch automatisch sortiert und heftet. Der Kopierer kostet Sie zwar doppelt soviel wie Ihr jetziger. Doch dafür sparen Sie auch die Hälfte der Zeit, und die Ausfallzeiten sind praktisch gleich null. Ich bin bereit, Ihr jetziges Gerät in Zahlung zu nehmen und Ihnen den vollen Kaufpreis gutzuschreiben. Sie müßten dadurch keinen Cent bar zahlen. Auch könnte das bisherige Ratenzahlungssystem beibehalten werden. Nur die Höhe der einzelnen Raten müßten wir etwas angleichen, um den Preisunterschied zwischen den beiden Geräten zu berücksichtigen.»)

Wenn der Verkäufer es versäumt hätte, die ursprüngliche Beschwerde des Kunden, der Kopierer sei «nicht gut», «auszupacken», hätte er nichts in Erfahrung gebracht und auch nichts gewonnen, sondern hätte sich vielmehr seinen Kunden zum Feind gemacht. Doch der Verkäufer ging hin und stellte den gesamten Umfang der Beschwerde fest, um ihr anschließend Punkt für Punkt nachzugehen. Auf diese Art stellte er zunächst einmal seinen Kunden zufrieden, konnte er ein teureres Gerät verkaufen und schaffte wahrscheinlich eine gute Grundlage für künftige Geschäfte.

Ich möchte Ihnen daher dringend anraten, in jeder Verhandlung die Verärgerung des Gegners «auszupacken». Das heißt, bestimmen Sie zunächst alle Punkte, durch die es zu einer Unstimmigkeit gekommen ist. Dadurch kommen Sie von einem Konflikt mit nur einem Streitpunkt zu dem vielschichtigen Konflikt.

Bevor Ihnen das nicht gelungen ist, ist das Risiko groß, daß Ihr Gegner einen «Alles-oder-Nichts-Standpunkt» bei einem einzigen Streitpunkt einnimmt. Entweder Sie haben recht oder ich. Entweder Sie «gewinnen» oder ich. Demgegenüber ist es möglich, wenn die Vielschichtigkeit eines Konfliktes erst erkannt ist, Zugeständnisse bei Punkt A mit Zugeständnissen bei Punkt B, C, D usw. zu koppeln. Und genau das ist es, worum es beim Verhandeln geht.

Diese Erkenntnis ist so wichtig, daß ich sie gerne noch einmal wiederhole:

Erst wenn die Vielschichtigkeit eines Konfliktes erkannt ist, können Zugeständnisse bei Punkt A mit Zugeständnissen bei Punkt B, C, D usw. gekoppelt werden. Und genau das ist es, worum es beim Verhandeln geht.

163

Wenn Sie von der Bedeutung dieser Erkenntnis noch nicht überzeugt sind, denken Sie noch einmal darüber nach, daß Konflikte mit einem einzigen Streitpunkt nur gelöst werden können, wenn eine oder sogar beide Parteien «verlieren». Bei einem vielschichtigen Konflikt hingegen haben die Parteien die Möglichkeit, Konzessionen auszutauschen oder sich auf sonstige Art dabei behilflich zu sein, die jeweiligen Ziele zu erreichen. Wenn dies die grundsätzliche Ausgangshaltung ist, sind Verhandlungspartner keine Gegner mehr, sondern Kollegen, die beide bemüht sind, den anderen zufriedenzustellen. Beide Seiten wollen Übereinstimmung erzielen, anstatt sich rein rhetorisch über einen einzigen Punkt der Unstimmigkeit zu streiten.

An dieser Stelle möchte ich ganz deutlich machen, daß die vorstehende Einstellung keine reine Pose sein darf, das heißt, Sie dürfen nicht nur so tun, als wollten Sie der anderen Seite entgegenkommen, wenn Sie in Wahrheit Ihren Gegner doch nur in die Ecke drängen und versuchen wollen, möglichst viel von ihm herauszubekommen. Wenn Sie erfolgreich verhandeln wollen (sei es für Sie selbst oder für einen Auftraggeber), müssen Sie erkennen, daß Sie nicht alles «gewinnen» können, zumindest nicht auf Dauer. Und wenn Sie tatsächlich alles «gewinnen» sollten, müssen Sie meistens, oder sogar immer, einen sehr hohen Preis dafür zahlen.

Der Trick bei der ganzen Sache besteht darin, daß Sie versuchen, Ihren Gesprächspartner zufriedenzustellen. Auf diese Art sind beide Seiten glücklich, und oftmals kann die Beziehung zwischen den Parteien zum beiderseitigen Vorteil weitergeführt werden.

Zur Verdeutlichung dieser Aussage lassen Sie uns noch einmal zu dem Problem mit dem Fotokopiergerät zurückkehren. Wir sehen uns auf der einen Seite an, wie das Gespräch verläuft, wenn sich die Parteien auf einen Punkt versteifen, und wie es demgegenüber aussieht, wenn sie die Vielschichtigkeit des Konfliktes erkennen.

Einseitige Vorgehensweise

Käufer: Dieses Fotokopiergerät, das Sie mir verkauft haben, ist nicht gut.

Verkäufer: Es ist genauso gut, wie alles andere auf dem Markt. Scheren Sie sich zum Teufel!

Käufer: Wenn Sie mir nicht das Geld dafür zurückgeben, verklage ich Sie.

Verkäufer: Nur zu, verklagen Sie mich ruhig. Dann verklage ich Sie wegen Verleumdung.

An diesem Punkt könnte der Käufer einfach aufgeben. In neun von zehn Fällen ist das Schlimmste, was dem Verkäufer hierbei passieren kann, daß es wieder einen ehemaligen Kunden mehr gibt, der für schlechte Reklame sorgt. Selbstverständlich ist das keine erstrebenswerte Lösung des Konfliktes, abgesehen von der Tatsache, daß der Verkäufer immer noch nicht weiß, wie unhöflich sich seine Kundendienstabteilung gelegentlich benimmt. Probleme dieser Art wirken sich zwar nur selten als Katastrophe aus. Wenn der Kunde sich aber als der eine von den zehn herausstellt, kann es sehr wohl katastrophale Auswirkungen für das Unternehmen haben. Dann entschließt sich der Kunde nämlich zur Rache und strengt entweder einen Prozeß an, beschwert sich bei einer Regierungsstelle oder denkt sich eine andere Möglichkeit aus, mit der er Sie dafür bestrafen kann, daß Sie ihn so schlecht behandelt haben.

Ich kenne einen solchen Fall zwischen einer Bank und ihrem Kunden. Der Kunde war in finanzielle Schwierigkeiten geraten und konnte seine Hypothekenzahlungen nicht rechtzeitig vornehmen. Wenn das Zahlungsziel um vierzehn Tage überschritten wird, ist es in den Vereinigten Staaten nach den gesetzlichen Bestimmungen möglich, Verzugszinsen zu verlangen. Nach dreißig Tagen ist die Bank berechtigt, Zwangsvollstreckungsmaßnahmen einzuleiten, bei denen der Kunde nur die Wahl hat, entweder die gesamte Hypothek zurückzuzahlen oder sein Haus zu verkaufen.

In der Praxis leitet eine Bank diese Zwangsvollstreckungsmaßnahmen frühestens nach sechzig Tagen ein. Doch in den meisten Fällen wird die Bank bemüht sein, zusammen mit ihrem Kunden eine Möglichkeit zu finden, die rückständigen Zahlungen auszugleichen. Wenn überhaupt, wird eine Zwangsvollstreckung erst nach neunzig Tagen eingeleitet, wobei es jedoch nur selten zur Veräußerung des Hauses kommt. Nun, auf jeden Fall verschickt die Bank nach sechzig Tagen ein rosafarbenes Stück Papier mit der Aufschrift: Letzte Aufforderung − Zwangsvollstreckung.

Der Kreditnehmer, um den es im folgenden Beispiel geht, hatte in den fünf Jahren die seine Hypothek bestand, mindestens ein Dutzend dieser «Letzten Aufforderung» bekommen. Bei den ersten paar Malen rief er den zuständigen Kreditsachbearbeiter an und bat ihn um Verständnis für seine Situation. Der versprach, auf die Einleitung der Zwangsvollstreckungsmaßnahmen zu verzichten, wenn die Zahlungen innerhalb von dreißig Tagen aufs Laufende gebracht würden.

Doch dann wechselte der zuständige Sachbearbeiter, und der neue verhielt sich dermaßen arrogant dem Kunden gegenüber, daß dieser sehr verärgert darüber war. Der Sachbearbeiter war seiner Meinung nach herablassend, unfreundlich, nicht kooperativ und sogar etwas sadistisch, so als würde er Spaß an der Notlage des Kunden empfinden. Ich möchte hier einfügen, daß es sich um rein subjektive Eindrücke des Kunden gehandelt hat. Vielleicht war der Sachbearbeiter in Wahrheit von ausgesuchter Höflichkeit.

Nachdem es dem Kunden mehrere Male gelungen war seine überfälligen

Zahlungen innerhalb von dreißig Tagen auszugleichen, bekam er eines Tages am 29. Tag (und nicht am sechzigsten) eine Mitteilung über die Zwangsvollstreckung. Er rief daraufhin sofort seine Bank an und sagte, daß es sich doch wohl um ein Versehen handeln müsse. Der zuständige Sachbearbeiter erwiderte hingegen, daß diese Mitteilung ordnungsgemäß ausgestellt war, und daß er dreißig Tage Zeit habe, seine überfälligen Zahlungen vorzunehmen. Wutentbrannt versuchte der Kunde daraufhin mit dem Vorgesetzten des Sachbearbeiters zu sprechen. Doch dieser ließ sich verleugnen.

Der Kunde setzte sich anschließend hin und schrieb einen Brief an den Vorstandsvorsitzenden der Bank, wobei er seiner Wut freien Lauf ließ. Er erkannte, daß es für ihn wahrscheinlich am günstigsten war, wenn er gleich mehrere Gründe für seine Verärgerung anführen würde. Und nach einigem Überlegen kam er zu folgendem Ergebnis:

1. Die Bank hat ihn diskriminiert, da sie ihm früher als allen anderen Kunden eine Mitteilung über die Zwangsvollstreckungsmaßnahmen zugeschickt hatte. (Für diese Behauptung fehlten ihm Beweise. Es handelte sich vielmehr um eine reine Vermutung seinerseits. Doch wenn sich seine Anschuldigung als falsch erwiesen hätte, hätte er sie immer noch zurücknehmen und sich auf andere Punkte wie Unhöflichkeit, Ignoranz usw. zurückziehen können.)

2. Die Bank will ihn zu dem Verkauf des Hauses nur zwingen, weil es einen ungewöhnlich hohen sogenannten reinen Wert, (das heißt nach Abzug aller Belastungen) nämlich von über 50 Prozent hat. Dies war darauf zurückzuführen, daß er zum einen eine sehr hohe Anzahlung geleistet hatte, und zum anderen der Marktwert des Hauses rasch gestiegen war. Wenn es der Bank gelingen sollte, ihn zu dem Verkauf zu zwingen, könnte sie ihre Forderung aus dem Erlös leicht decken.

Außerdem wäre es möglich, daß ein aufmerksamer Angestellter der Bank, (oder ein Freund von ihm), der die ganze Angelegenheit verfolgt hat und mit den Einzelheiten vertraut ist, das Haus bei einer Zwangsversteigerung für einen Bruchteil seines eigentlichen Wertes kauft, um es anschließend gleich mit einem beträchtlichen Gewinn weiterzuverkaufen. (Auch für diese Behauptung hatte er keine Beweise. Aber es war immerhin möglich, und sollte ihm das Gegenteil bewiesen werden, könnte er sich auf die anderen Punkte zurückziehen.)

3. Da die Bank die Mitteilung über die Zwangsvollstreckung vorzeitig herausgeschickt hat, wollte sie ihn damit offensichtlich schikanieren. Dadurch kam es zu starken emotionalen Belastungen, die unter anderem dazu führten, daß er sich nicht mehr auf seine Arbeit konzentrieren konnte. Wenn die Angelegenheit daher nicht umgehend und zu seiner vollsten Zufriedenheit geregelt würde, drohte er an, die Bank auf Schadensersatz zu

verklagen. (Zwar waren die Aussichten gering, daß der Kunde einen solchen Prozeß gewinnen würde. Doch der Vorsitzende wußte jetzt immerhin, daß der Kunde durchaus zu diesem Mittel greifen würde, wenn es der Bank nicht gelingen sollte, ihn zu besänftigen.)

Der Vorstandsvorsitzende reagierte auf den Brief des Kunden, indem er den Vizepräsidenten bat, mit ihm in Verbindung zu treten, um Frieden zu schließen. In dem Telefonat bestätigte der Vizepräsident zunächst einmal dem Kunden, daß die Mitteilung über eine Zwangsversteigerung tatsächlich ungerechtfertigt abgeschickt worden sei. Außerdem entschuldigte er sich für das Verhalten des zuständigen Kreditsachbearbeiters und dessen Vorgesetzten, der sich geweigert hatte, den Anruf des Kunden überhaupt entgegenzunehmen. Abschließend versprach der Vizepräsident dem Kunden noch, daß er die Kreditabteilung nachdrücklich anweisen werde, in Zukunft sorgfältiger vorzugehen, und er forderte den Kunden auf, ihn direkt anzurufen, wenn es wider Erwarten noch einmal Grund zur Beschwerde geben sollte.

Durch diese Vorgehensweise war der Kunde völlig zufriedengestellt, und die ganze Angelegenheit hätte zu den Akten gelegt werden können. Doch leider erhielt derselbe Kunde sechs Monate darauf die nächste Mitteilung über eine Zwangsvollstreckung. Wie seinerzeit aufgefordert, rief er umgehend den Vizepräsidenten an. Doch der arbeitete inzwischen nicht mehr bei der Bank. Und wer war sein Nachfolger geworden? Ausgerechnet der ehemalige Leiter der Kreditabteilung, der sich damals geweigert hatte, den Anruf des Kunden entgegenzunehmen.

Der Kunde machte nicht einmal den Versuch, mit ihm zu reden. Statt dessen versuchte er den Vorsitzenden zu erreichen, der jedoch zufällig auf Geschäftsreisen war. So sah sich der Kunde gezwungen, genau so wie in seinem ersten Schreiben angekündigt, Klage gegen die Bank einzureichen.

Wenn die Anwälte der Bank rasch reagiert hätten, wäre die Angelegenheit wahrscheinlich dadurch beizulegen gewesen, daß der Kunde eine geringfügige Zahlung auf seine Schulden geleistet hätte. Die Bank hätte sich daraufhin entschuldigt und versichert, daß Ähnliches in Zukunft nicht mehr vorkommt. Doch leider schalteten die Anwälte nicht schnell genug. Sie ließen sich auf die Klage ein, wiesen die Anschuldigungen zurück und beantragten die Einstellung des Verfahrens.

Inzwischen war ein Anwalt, der sich auf Gruppenklagen spezialisiert hatte, auf den Prozeß aufmerksam geworden. Bei dieser Art von Klage vertritt ein Anwalt eine ganze Gruppe von Personen, die gleiche oder doch zumindest sehr ähnliche Anliegen haben. Der Anwalt war bereit, gegen Erfolgshonorar zu arbeiten. Er ging also hin und erweiterte die ursprüngliche Klage des verärgerten Kunden zu einer Gruppenklage, wodurch das Engagement der Bank um das Hundertfache anstieg. Im Rahmen des Verfahrens

167

war der Anwalt berechtigt, leitende Angestellte der Bank unter Eid in dieser Sache zu vernehmen.

Es gelang dem Anwalt zwar nicht nachzuweisen, daß das Konto seines Mandanten anders geführt wurde als die übrigen Kunden der Bank, oder daß die Bank häufiger Häuser mit einem hohen reinen Wert zwangsversteigern ließ. Doch einer der Pfeile, die der Kunde aufs Geratewohl in die Luft geschossen hatte, traf genau ins Schwarze bei einem ganz wichtigen Ziel: Der Schwiegersohn eines der leitenden Angestellten der Bank hatte sich darauf verlegt, Häuser zu erwerben, bei denen die Bank die Zwangsversteigerung angefordert hatte, um sie kurze Zeit später mit einem beträchtlichen Gewinn weiterzuverkaufen.

Das alles löste die folgenden Schritte aus:

Die Bank mußte im Rahmen eines Vergleichs eine Million Dollar zahlen, von denen ein Drittel an den Anwalt für sein Erfolgshonorar ging, die restlichen zwei Drittel wurden unter den einzelnen Klägern aufgeteilt.

Gegen den leitenden Angestellten der Bank, dessen Schwiegersohn die Häuser gekauft hatte, wurde Strafantrag gestellt, denn laut Gesetz ist ein leitendes Mitglied eines Unternehmens nicht berechtigt, selbst oder über Dritte Gewinne aus Informationen zu ziehen, die ihm im Rahmen seiner Tätigkeit bekannt werden. Er wurde außerdem gezwungen, von seinem Amt zurückzutreten.

Der ehemalige Leiter der Kreditabteilung, der ja inzwischen zum Vizepräsidenten aufgestiegen war, wurde ebenso entlassen wie der zuständige Sachbearbeiter in der Kreditabteilung.

Der Bankkunde erhielt so viel aus dem Vergleich mit der Bank, daß er damit seine Hypothek vollständig tilgen konnte.

Auf diese Art und Weise kam es zu der Eskalation eines Konfliktes, dessen Ausgang für die Bank sehr kostspielig war. Dies alles hätte vermieden werden können, wenn die Bank zu Anfang nur etwas mehr Verständnis für den Kunden gezeigt und ihn höflicher behandelt hätte. Der Konflikt konnte zum einen eskalieren, weil die Angestellten der Bank zu diensteifrig waren, zum größten Teil jedoch dadurch, daß sie nur einen einzigen Punkt des Problems sahen (die verspäteten Zahlungen des Kunden), und gar nicht erst versucht haben, dem Kunden auf anderen Gebieten entgegenzukommen (wie beispielsweise durch Zugang zu einem leitenden Angestellten, mit dem er sein Problem hätte besprechen können.) Kehren wir noch einmal zu dem Konflikt mit dem Fotokopiergerät zurück, und sehen wir einmal, was dabei herauskommt, wenn wir die Vielschichtigkeit des Konfliktes berücksichtigen:

Vielschichtige Vorgehensweise

Käufer: Dieses Fotokopiergerät, das Sie mir verkauft haben, ist nicht gut.

Verkäufer: Das tut mir aber leid zu hören. Was stimmt denn nicht?

Käufer: Es fällt zu häufig aus.

Verkäufer: Ach, das tut mir aber leid. Heißt das, daß das Gerät soweit nicht mehr funktioniert, daß Teile ersetzt werden müssen oder daß es einfach nur gewartet werden muß? (Bitte beachten Sie, daß der Verkäufer die Aussage des Kunden gar nicht erst in Frage stellt. Er bereitet allerdings sozusagen den Boden dafür vor, den Kunden davon zu überzeugen, daß es Unterschiede dabei geben kann, was «ausfallen» bedeutet.)

Käufer: Kommen Sie mir nicht damit. Wenn das Gerät nicht funktioniert, heißt das für mich, daß es ausfällt. Mir ist egal, wie Sie es nennen möchten. (Bitte beachten Sie hier, daß der Kunde sich nicht auf eine Diskussion einlassen will, durch die eventuell seine Position geschwächt werden könnte. Je nachdem, wie der Verkäufer reagiert, kann diese Strategie funktionieren oder nicht. Diejenigen Verkäufer, die glauben, daß der Kunde sehr verärgert ist, werden alles versuchen, ihn zu besänftigen. Andere Verkäufer hingegen werden selber ärgerlich und weigern sich, noch weiter mit dem Kunden zu verhandeln.)

Verkäufer: Gut, ich verstehe, was Sie meinen. Wie oft passiert es, daß das Gerät ausfällt, oder wie immer Sie es nennen wollen. (Der Verkäufer verhält sich meiner Meinung nach hier ganz geschickt, indem er sich zum einen nicht aus der Fassung bringen und zum anderen sich nicht durch etwas ablenken läßt, das für seine Zwecke unwichtig ist.)

Käufer: Kann ich nicht genau sagen. Alle paar Wochen oder so.

Verkäufer: Alle paar Wochen? Das ist aber viel. (Bitte beachten Sie hier, daß der Verkäufer die Aussage des Käufers immer noch nicht in Frage gestellt hat. Tatsächlich sagt er ihm: Wenn es keine Erklärung für diesen Fehler gibt, haben Sie allerdings einen Grund für Ihre Beschwerde, und ich muß dafür sorgen, daß der Fehler behoben wird. Dadurch wird jeder Kunde besänftigt, wobei der Verkäufer bisher noch nicht zugegeben hat, daß mit dem Kopierer irgend etwas nicht in Ordnung, geschweige denn, daß er dafür verantwortlich ist.) Wieviele Kopien etwa können Sie machen, bevor das Gerät wieder ausfällt? 100 oder 1000 oder 10000 vielleicht?

Käufer:	Na, ich würde sagen, etwa alle 10000 Stück.
Verkäufer:	Da kann ich verstehen, daß Sie unzufrieden sind, ganz besonders, wenn das unter Umständen noch mitten in einem wichtigen Auftrag passiert. Doch bitte glauben Sie mir, daß eine Wartung alle 10000 Kopien für ein Gerät dieser Preisklasse noch außerordentlich günstig ist. Die Verbraucherschutzorganisation hat eine Untersuchung über Kopiergeräte angestellt und dabei herausgefunden, daß bei vergleichbaren Geräten eine Wartung nach 3000 Kopien durchaus normal ist. Das Gerät, das Sie haben, wurde sehr gut besprochen, wobei die durchschnittliche Wartung nach 7000 Kopien anfiel. Wenn Sie diese Zahlen einmal vergleichen, ist Ihre Maschine sogar um fast 50 Prozent besser!
Käufer:	Sparen Sie sich Ihr Verkaufsgeschwätz lieber für andere Kunden auf. Die Tatsache bleibt, daß das Gerät öfter ausfällt, als es das eigentlich tun sollte. (Meiner Meinung nach hat der Verkäufer dem Käufer sämtlichen Wind aus den Segeln genommen und ihm nachgewiesen, daß es keinen Grund zur Beschwerde gibt. Doch der Käufer bleibt feindselig und weist die Erklärung als «Verkaufsgeschwätz» zurück. Der Verkäufer hätte die Angelegenheit jetzt einzig und allein unter diesem Gesichtspunkt sehen, und sich zum «Sieger» erklären können. Doch ...)
Verkäufer:	Schauen Sie, ich mache Ihnen einen Vorschlag. Wenn Sie mir die Wartungsunterlagen beibringen können, aus denen hervorgeht, daß Ihr Gerät tatsächlich nur alle 10000 Kopien gewartet werden muß, kaufe ich es Ihnen zum Neuwert ab, obwohl es ja gebraucht ist. Doch bevor wir uns darüber näher unterhalten, möchte ich noch ein paar Auskünfte zu Ihrer Beschwerde. Was ist die häufigste Ursache für das Versagen? Klemmt das Papier, oder verschieben sich die Kopien? (Der Verkäufer geht hier ein Risiko ein. Wenn der Käufer tatsächlich auf das Angebot eingeht und der Verkäufer das Gerät zum Neuwert zurückkaufen muß, zahlt er dabei drauf. Er ist sich jedoch sicher, daß sein Plan funktioniert, da er glaubt, daß der Käufer in Wirklichkeit keine Rückerstattung will, sondern die Zusicherung, daß der Verkäufer mit ihm zusammenarbeiten wird, um auf diese Art sicherzustellen, daß das Gerät reibungslos funktioniert. Wenn der Käufer sein Geld zurückbekäme, müßte er losgehen, und sich ein neues Gerät kaufen. Allein dieser Einkauf würde aber wahrscheinlich schon viel (kostbare) Zeit in An-

170

	spruch nehmen. Außerdem hätte der Kunde keine Gewähr, daß er ein vergleichbares Gerät bekommt, zumal ihm die Sache mit der Verbraucherschutzorganisation sehr wohl noch im Gedächtnis ist.)
Käufer:	Ja, manchmal klemmt das Papier, und gelegentlich verschieben sich auch die Kopien. Manchmal hört die Maschine ganz auf zu laufen. Und oft kommt das Papier zerknittert heraus.
Verkäufer:	Ist das nur bei doppelseitigen Kopien der Fall, oder grundsätzlich bei allen?
Käufer:	Hauptsächlich bei den Kopien der Vorder- und Rückseite. Eventuell sogar nur dabei. (Fällt Ihnen auf, wie sich der Ton geändert hat? Der Verkäufer zeigt seine deutliche Bereitschaft zu helfen, der Käufer beschreibt nur noch die Fehler.)
Verkäufer:	Ach, es ist wirklich schade, daß ich mich nicht mit Ihnen unterhalten habe, bevor Sie das Gerät kauften. Es ist nämlich nicht darauf eingestellt, viele Kopien von Vorder- und Rückseiten zu machen. Hat Sie der Verkäufer seinerzeit nicht darauf hingewiesen?
Käufer:	Nein. Allerdings weiß ich auch nicht mehr, ob ich diese Frage überhaupt angesprochen habe. Und der Verkäufer konnte das ja nicht wissen. (Bitte beachten Sie hier, daß der Verkäufer geradezu die Schlußfolgerung herausgefordert hat, daß es ein Versäumnis des Verkäufers war, der seinerzeit die Gespräche geführt hatte. Der Verkäufer geht jetzt nicht in die Defensive, und durch seine offensichtliche Bereitschaft, die Schuld auf sich zu nehmen, erscheint er dem Käufer als reelle Person.)
Verkäufer:	Nun, es ist egal, was mein Verkäufer seinerzeit gesagt hat, ich bin auf jeden Fall nach wie vor von diesem Kopiergerät überzeugt. Doch bevor wir uns darüber weiter unterhalten, möchte ich doch gerne noch etwas mehr über Ihre Beschwerde wissen. Haben Sie mit uns einen Wartungsvertrag abgeschlossen?
Käufer:	Ja.
Verkäufer:	Aha, das heißt also, daß Sie sich nicht über die Reparaturkosten beschweren wollen. Denn die sind ja in dem Wartungsvertrag bereits enthalten, ob wir nur einmal oder zehnmal vorbeikommen müssen. So weit ich es also sehe, ist Ihr größtes Problem, daß Ihr ganzer Betrieb zum Stillstand kommt, wenn der Kopierer ausfällt.
Käufer:	Genau.

Verkäufer:	Wie schnell kommt in der Regel unser Techniker zu Ihnen? Innerhalb von vier oder von sechs Stunden?
Käufer:	Ja, so ungefähr.
Verkäufer:	Mit anderen Worten, unser Techniker kommt am selben Tag, es sei denn, Sie rufen erst nachmittags an.
Käufer:	Ja, normalerweise schon.
Verkäufer:	Ist es schon einmal vorgekommen, daß der Techniker nicht mehr vorbeigekommen ist, obwohl Sie noch am Vormittag angerufen hatten?
Käufer:	Vielleicht ein- oder zweimal. Allerdings kann ich mich konkret an kein solches Beispiel erinnern.
Verkäufer:	Und was war unsere schnellste Zeit? Sind wir jemals innerhalb von zwei, drei Stunden bei Ihnen gewesen?
Käufer:	Manchmal schon.
Verkäufer:	Würden Sie sagen, in der Hälfte der Fälle, oder bei 30 Prozent?
Käufer:	Vielleicht bei 30 Prozent der Fälle.
Verkäufer:	Nun, dann kann ich mit meinen Leuten ganz zufrieden sein. Insgesamt gesehen haben sie nach Ihrer Aussage so rasch reagiert, wie es dem Branchendurchschnitt entspricht. Wenn ein Unternehmen keine eigenen Techniker hat, müssen immer welche von außerhalb gerufen werden. Und die sind normalerweiser frühestens nach zwei Stunden zur Stelle. Doch wie steht es mit einer Reparatur nach Geschäftsschluß? Das heißt, wenn Sie uns erst nachmittags anrufen und der Techniker nicht mehr bis 17 Uhr bei Ihnen vorbeischauen kann, wären Sie dann an einem Kundendienst nach Geschäftsschluß interessiert? In dieser Art von Wartungsverträgen ist vorgesehen, daß noch im Laufe des Abends ein Techniker kommt, so daß Ihr Gerät am nächsten Morgen wieder benutzt werden kann.
Käufer	Ach nein, das kommt für mich nicht in Frage. Es wäre niemand da, der den Techniker hereinlassen könnte. (Bitte beachten Sie den freundlichen Ton, in dem das Gespräch inzwischen geführt wird. Allem Anschein nach arbeiten Verkäufer und Käufer inzwischen zusammen, um gemeinsam eine Lösung des Problems zu finden.)
Verkäufer:	Lassen Sie mich sichergehen, daß ich auch wirklich alle Punkte Ihres Problems verstanden habe, bevor ich Lösungsmöglichkeiten vorschlage. Sind die Techniker höflich und hilfsbereit?
Käufer:	Doch, die Techniker sind in Ordnung. Allerdings sitzt bei

	Ihnen jemand in der Telefonzentrale, dem bessere Manieren nicht schaden würden.
Verkäufer:	Ach, erzählen Sie doch bitte etwas mehr darüber.
Käufer:	Nun, er gibt sich gerne als «Smartie» und kann sich nie einen Kommentar verkneifen. Doch eigentlich ist er ein Trottel. Ich weiß gar nicht, wie oft es passiert, daß ich drei bis vier Minuten warten muß, bevor er überhaupt ans Telefon geht.
Verkäufer:	Gut, daß Sie mir das sagen. Ich werde der Sache selbstverständlich nachgehen. Es kann zwar gelegentlich passieren, daß Sie am Telefon etwas warten müssen. Doch drei bis vier Minuten sind auf jeden Fall zu lang. Na, und unverschämte Bemerkungen oder Kommentare sind ein Ding der Unmöglichkeit. Ich möchte gerne wissen, ob dieser Mann während der Arbeitszeit Privatgespräche führt. Wenn das nicht der Fall ist, brauche ich einfach mehr Personal in der Telefonzentrale. Übrigens, kennen Sie den Namen des Betreffenden? (Bitte beachten Sie hier, daß sich der Verkäufer zum Richter über die Beschwerden des Käufers gemacht hat. Für die einen übernimmt er die volle Verantwortung, die anderen weist er zurück. Diese Taktik ist etwas riskant, und der Gegner kann dadurch leicht verärgert werden, insbesondere wenn er erkennt, daß es eine Taktik ist. Doch in diesem Fall scheint es zu funktionieren.)
Käufer:	Nein, nach dem Namen habe ich ihn nicht gefragt.
Verkäufer:	Dann tun Sie mir doch den Gefallen, und fragen Sie ihn bei nächster Gelegenheit danach. Und dann verständigen Sie mich bitte umgehend, denn ich möchte der Sache gerne auf den Grund gehen. Haben Sie, von dieser Sache einmal abgesehen, noch andere Schwierigkeiten mit uns? (Wenn dem Käufer jetzt nichts mehr einfällt, kann es logischerweise auch keine mehr geben.)
Käufer:	Nein, im Augenblick fällt mir nichts ein. (Der Käufer ist schlau genug, sich nicht auf endgültige Aussagen einzulassen. Deshalb sein «im Augenblick nicht».)
Verkäufer:	Wenn Ihnen noch irgend etwas einfällt, möchte ich Sie bitten, es mir umgehend mitzuteilen. (Logische Folgerung hierbei: Wenn ich nichts mehr von Ihnen höre, ist alles in Ordnung.)
Käufer:	Das will ich Ihnen gerne versprechen. (Anders konnte er sich aus dieser Situation nicht herauswinden.)
Verkäufer:	Vielen Dank. Doch jetzt lassen Sie mich einmal Ihre Probleme zusammenfassen und sehen, worauf wir uns geeinigt

haben. Sie haben mir gesagt, daß Sie von dem Mann in der Telefonzentrale unhöflich behandelt werden. Ich werde der Angelegenheit selbstverständlich sofort nachgehen. Außerdem haben Sie beanstandet, daß Sie häufig und zu lange am Telefon warten müssen. Auch das werde ich abstellen. Ich habe Ihnen einen Wartungsvertrag angeboten, der Reparaturen auch nach Geschäftsschluß möglich macht. Doch Sie haben dies abgelehnt, weil niemand in Ihrer Firma ist, der den Techniker hereinlassen könnte. Sie müssen eine Menge doppelseitige Kopien machen. Doch der Kopierer, den Sie haben, ist dafür nicht geeignet. Es wäre also noch zu überlegen, wie wir dieses Problem lösen können. Außerdem funktioniert das Gerät, das Sie haben, bei der Menge, die Sie fotokopieren müssen, nur, wenn es mehr als normal gewartet wird. Das haben wir auch noch nicht geklärt. Ist das alles gewesen? (Damit suggerierend: Entweder Sie reden jetzt oder schweigen in Zukunft.)

Käufer: Ja, ich glaube, daß das die wesentlichen Punkte sind. (Der Käufer läßt sich wieder nicht festlegen, und fügt aus diesem Grund «wesentlich» hinzu. Der Verkäufer könnte jetzt versuchen, den Käufer festzunageln, indem er ihn auffordert, alle seine Gründe für eine Beschwerde zu nennen. Doch meiner Meinung nach verhält sich der Verkäufer hier sehr geschickt und läßt die Angelegenheit auf sich beruhen, da er erkannt hat, daß er den Käufer schon fast für sich gewonnen hat. Wenn er ihn in dieser Situation bedrängt, könnte das den Kunden verärgern, und alles bisher Erreichte zunichte machen. Am wichtigsten ist hierbei jedoch, daß der Verkäufer die ursprüngliche Beschwerde, bei der es angeblich nur um einen einzigen Punkt ging, «ausgepackt» hat, wobei vier Beschwerdepunkte hervorkamen. So kann er jetzt versuchen, ein Entgegenkommen seinerseits mit einem Entgegenkommen seitens des Käufers zu koppeln.)

Verkäufer: Die zwei Punkte, in denen ich Sie noch nicht zufriedenstellen konnte, betreffen die doppelseitigen Kopien und die Häufigkeit der Technikerbesuche, die bei Ihrer Vielzahl von Kopien erforderlich sind. (Sie haben mein Entgegenkommen bei den anderen beiden Punkten akzeptiert. Also sind Sie jetzt an der Reihe, sich kooperativ zu zeigen.) Es tut mir leid, aber ich befürchte, daß Ihr jetziges Gerät auch in Zukunft nicht besser funktionieren wird. Ich möchte Ihnen daher folgendes vorschlagen: Sehen Sie sich einmal nach anderen Geräten um, die bis zu 50 Prozent teurer sind, und kommen Sie anschließend wieder bei mir vorbei. Wenn es Ihnen gelingt, ein Fotokopiergerät zu finden, das besser ist als Ihr jetziges, und wenn ich Ihnen daraufhin kein Gerät anbieten kann, das noch besser ist − zu einem günstigeren Preis − bin ich bereit, Ihr Gerät zum vollen Preis zurückzukaufen, und damit ist die Sache dann erledigt. Ich möchte Sie aber auf jeden Fall kurz in unseren Ausstellungsraum bitten. Dort kann ich Ihnen einige unserer Geräte vorführen, die zwar teurer sind als Ihr jetziges, dafür aber auch erheblich mehr leisten. Ich bin sicher, daß wir ein Gerät finden, das Ihren Ansprüchen gerecht wird. Sollte ich mich täuschen, will ich gerne mein Versprechen halten, und Ihr jetziges Gerät zurückkaufen. Sie müssen sich nicht sofort entscheiden. Rufen Sie mich doch in den nächsten Tagen an, damit wir einen Termin ausmachen können.

Käufer: Nun, ehm ... Ich glaube, es ist nicht nötig, daß ich mir jetzt noch andere Geräte ansehe. Sie scheinen mir ein sehr reeller Mann zu sein, und ich bin sicher, daß wir uns einigen werden. Ich will lieber gleich einmal einen Blick auf Ihre Geräte werfen. (Der Verkäufer hatte ganz richtig vermutet, daß der Kunde überhaupt keine Lust und vor allen Dingen keine Zeit hatte, große Preis-/Leistungsvergleiche anzustellen.)

Verkäufer: Fein, gehen wir doch gleich mal herüber.

Wichtig ist hier, daß der Verkäufer es verstanden hat, einen Konflikt mit scheinbar nur einem einzigen Streitpunkt «auszupacken», so daß es anschließend bei der Vielzahl von Punkten für beide Seiten möglich war, Konzessionen zu machen.

14

Beseitigung, Symbolvergabe, Trostpflaster, Ersatz von Streitpunkten

und andere Wege zur Versöhnung

Wenn der Konflikt erst einmal analysiert und sozusagen in seine Einzelteile zerlegt ist (der vielschichtige Konflikt), ergeben sich in der Regel viele Möglichkeiten, mit denen Sie Ihren zunächst unnachgiebig erscheinenden Gegner zufriedenstellen können.

Sehen wir uns einige dieser Möglichkeiten an:

Beseitigung

Die einfachste Art, einen Konflikt zu lösen, besteht darin, das tatsächliche Ärgernis des Gegners herauszufinden, um anschließend die Ursache dafür zu beseitigen. Das ist in den meisten Fällen sehr leicht möglich und kann häufig erreicht werden, ohne daß etwas Wichtiges dafür geopfert werden müßte.

Ein Mitarbeiter möchte in eine andere Abteilung versetzt werden. Der eigentliche Grund für seinen Wunsch liegt aber in der Situation in seiner jetzigen Abteilung. Dort ist es seine Aufgabe, säumige Schuldner anzurufen, um sie zur Zahlung aufzufordern. Der Mitarbeiter ist jedoch eine schüchterne Person, dem diese Aufgabe außerordentlich zuwider ist. Seine übrige Arbeit in der Abteilung gefällt ihm sehr. Doch diese Anrufe kann er einfach nicht tätigen, und so ist er bereit, auf alle Vorteile seiner jetzigen Arbeit wegen dieses einen Punktes zu verzichten.

Wenn wir bei diesem Problem die Interessen der betroffenen Partei in den Vordergrund stellen (und nicht ihre Position), können wir den Mitarbeiter leicht zufriedenstellen, indem wir ihm die Aufgabe der Telefonanrufe abnehmen. Ein anderer Kollege wird sie sicherlich übernehmen können. Und schon ist der Mitarbeiter zufrieden. Keine Rede mehr von einer Versetzung in eine andere Abteilung. Beseitigen Sie das Ärgernis, und Sie beseitigen immer den Konflikt.

Ein anderes Beispiel für die «Beseitigung» eines Konfliktes hatten wir in der Geschichte mit dem Fotokopiergerät. Ein Grund für die Verärgerung des Kunden war, wie der Verkäufer rasch herausfand, als er das Problem «auspackte», die unfreundliche Behandlung durch den Mann in der Telefonzentrale und die Tatsache, daß der Kunde lange warten mußte, bevor jemand überhaupt ans Telefon ging. Der Verkäufer versprach, das Problem zu beseitigen, und der Kunde war zufrieden.

Symbolvergabe

Hierbei geben wir etwas, das uns nichts oder nur wenig kostet, für den Empfänger jedoch wertvoll ist. Auf diese Art kann vermieden werden, daß wir etwas geben müssen, das zwar für den Empfänger nicht wertvoller ist, uns jedoch wesentlich mehr kostet.

Ein Beispiel: In einer Autoreparaturwerkstatt ist der Werkstattleiter über die Tatsache verärgert, daß der Geselle den gleichen Stundenlohn erhält wie er. Er ist der Meinung, daß zwischen ihnen ein Unterschied bestehen müßte. So verlangt er eine Gehaltserhöhung und mehr Urlaub. Wenn der Chef jetzt keine Ahnung von dem Aushandeln von Interessen hat, nimmt er die Forderung, so wie sie gestellt wurde. Doch wenn ihm bekannt ist, daß häufig ganz andere Interessen im Spiel sein können, geht er der Sache nach und versucht herauszufinden, warum die Forderung gestellt wurde.

Dabei wird der Vorgesetzte schon bald feststellen, daß der Werkstattleiter nur eine Anerkennung möchte, die ganz anders ausfallen kann, als die von ihm gestellte Forderung nach mehr Geld und Urlaub. Es kann eine Anerkennung sein, die reinen Symbolcharakter hat, wie beispielsweise der Titel «Service-Manager», oder ein besonders großes Schließfach in den Umkleideräumen. Aller Wahrscheinlichkeit nach wird der Werkstattleiter mit nur einer Sache schon zufrieden sein, und für seinen Chef ist jede dieser Varianten billiger als die ursprüngliche Forderung.

Viele Firmen und andere Organisationen haben sogenannte Mecker-Briefkästen oder -Stunden eingeführt, die mehr oder weniger Symbolcharakter haben. Wenn gelegentlich dem einen oder anderen Vorschlag nachgegangen wird, glauben die Mitarbeiter, daß das Unternehmen tatsächlich an ihrer Meinung interessiert ist.

Selbstverständlich gibt es Unternehmen, die tatsächlich wissen möchten, was ihre Mitarbeiter denken. Dabei lassen sie den Symbolwert der Mecker-Briefkästen oder -Stunden völlig außer acht. Doch dieser Wert existiert nun einmal, das läßt sich nicht bestreiten.

Einige Organisationen benutzen Sitzungen und andere Zusammenkünfte dieser Art für einen Zweck, den die meisten Mitglieder für schändlich halten würden: Sie versuchen dadurch nämlich herauszufinden, wer die Unruhestifter sind und wie die übrigen Mitarbeiter auf sie reagieren.

Trostpflaster

Ganz ähnlich wie die Symbolvergabe ist das System des Trostpflasters. Man gibt dem Gegner etwas ohne großen Wert, um ihn damit für einen großen Verlust zu entschädigen. Das geschieht häufig, wenn eine Partei in einem Konflikt triumphiert hat, bei dem es nur um einen einzigen Streitpunkt ging. So wie Hunde, die am Ende einer Jagd mit Pansen für die entgangene Beute entschädigt werden, gibt der Sieger dem Verlierer ein Trostpflaster, damit dieser nicht ganz mit leeren Händen dasteht.

Dazu ein Beispiel:

Eine Firma hatte zahlreiche Journalisten zu einem großen Essen eingeladen, um bei dieser Gelegenheit ihr neues Produkt vorzustellen. Selbstverständlich lag es in der Absicht des Unternehmens und der Werbeagentur, die mit der Organisation betraut war, das Produkt so attraktiv wie möglich darzustellen, damit die geladenen Pressevertreter auch positiv darüber schreiben würden.

Diese «Presse-Essen» sind weit verbreitet und fallen in der Regel sehr üppig aus. Ganz streng genommen dürften Journalisten Einladungen dieser Art gar nicht annehmen, da die Absicht des Gastgebers nur zu offensichtlich ist. Nun, in der Praxis sieht das anders aus, und wenn einem Unternehmen daran liegt, in der Presse positiv erwähnt zu werden, sind diese Essen eine gute Gelegenheit, zum Ziel zu kommen. Nach der Einladung, um die es uns hier geht, passierte es dann, daß einer der Gäste einen sehr negativen Bericht über das neue Produkt verfaßte. Ein unfähiger Public-Relations-Manager hätte daraus wahrscheinlich geschlossen, daß a) der Journalist eine untypische Integrität bewiesen hat und b) tatsächlich davon überzeugt war, daß das Produkt schlecht ist. Das ist tatsächlich eine Möglichkeit, doch es gibt auch noch andere. Ein cleverer PR-Mann würde weiterforschen.

In diesem Fall handelte es sich um einen solchen, von dem ich auch die ganze Geschichte kenne. Der PR-Mann wandte sich nicht direkt an den betreffenden Journalisten, sondern an einen gemeinsamen Bekannten. Von diesem erfuhr er anschließend, daß der Journalist sich sehr über die Tatsache geärgert hatte, daß er bei der Einladung nicht an dem Tisch des Ehrengastes sitzen durfte. Das war um so schlimmer, als daß Kollegen von ihm, die er für weniger wichtig hielt, am Tisch des Präsidenten Platz gefunden hatten.

Selbstverständlich hatte weder der Journalist selbst noch der gemeinsame Bekannte klipp und klar gesagt, daß der negative Artikel auf die Verärgerung über die Sitzordnung zurückzuführen war. Doch der Schluß lag nahe, daß er wegen seiner Verärgerung nicht in der Lage war, das Produkt entsprechend zu würdigen.

Als dem PR-Mann der Grund für die Verärgerung bekannt wurde, arrangierte er ein Essen nur zwischen dem Präsidenten und dem Journalisten. Bei dem Essen wurde zunächst kein Wort über das neue Produkt verloren. Der Präsident tat ganz so, als handle es sich um ein rein gesellschaftliches Ereignis. Als dann der Journalist von selber auf das Thema zu sprechen kam, hütete sich der Präsident, den negativen Bericht auch nur zu erwähnen. Er fragte ihn statt dessen nach seiner Meinung über das Produkt und dankte ihm anschließend für seine ausführliche Stellungnahme. Auch wollte er gerne Anregungen an die zuständigen Stellen in seinem Hause weiterleiten.

Nach einiger Zeit schrieb derselbe Journalist wieder einen Bericht über das Produkt, der dieses Mal zwar auch nicht nur positiv ausfiel, bei dem jedoch das Negative des ersten Artikels fehlte. Und wieder einige Zeit späterberichtete der Journalist über das Produkt rundum positiv, ohne daß das Produkt selbst geändert worden wäre.

Ersatz von Streitpunkten

Bei dieser Art des Vorgehens nehmen wir einen Streitpunkt, der für unseren Gegner sehr wichtig ist und kommen ihm dabei entgegen, wenn er im Gegenzug bereit ist, dasselbe für uns zu tun. Das setzt natürlich voraus, daß nicht alle Streitpunkte für die beteiligten Parteien gleich wichtig sind. Aber in Wirklichkeit ist das ja auch nur ganz selten der Fall.

Und selbst bei hochkomplizierten Verhandlungen spielen Persönlichkeit und persönliche Vorlieben eine große Rolle. Vielleicht erinnern Sie sich daran, daß während des Vietnam-Krieges ein Grund der Vereinigten Staaten, sich nicht zurückzuziehen, darin lag, daß sie befürchteten, ansonsten das Gesicht zu verlieren. Das ist nicht eine bloße Vermutung, sondern die Führer unseres Landes gaben ganz offen zu, daß sie den Krieg nicht beendeten, da sie Angst hatten, sich zu blamieren!

Es gibt im täglichen Leben eine Vielzahl von Beispielen dafür, daß Leute bestimmte Dinge und Standpunkte verteidigten, die gar nicht wichtig für sie sind. Dazu drei Beispiele:

Mein Vermieter hat mir eine Mieterhöhung angekündigt. Ich muß zugestehen, daß die Erhöhung durchaus im Rahmen liegt, bin aber trotzdem nicht damit einverstanden, weil ich mich in einer anderen Sache über den Vermieter geärgert habe. Er hatte eine Beschwerde von mir einfach an seine Sekretärin weitergeleitet, anstatt sich persönlich darum zu kümmern.

Der Vorsitzende des Haus- und Grundbesitzervereins, einer meiner Nachbarn, bemüht sich, die Mitglieder dazu zu bewegen, seinen Antrag auf Änderung des Bebauungsplanes zu unterstützen. Mir ist die ganze Angelegenheit eigentlich egal, ich weiß nicht einmal, worum es genau geht. Ich stimme jedoch gegen den Antrag, weil ich den Vorsitzenden nicht leiden kann.

Ein europäisches Land, das große Mengen eines bestimmten Produktes in die Vereinigten Staaten exportiert, hat gleichzeitig Importbeschränkungen für eben dieses Erzeugnis eingeführt. Die amerikanischen Hersteller dieses Produktes versuchen jetzt durch ihre Handelsverbände, die Aufhebung dieser Beschränkungen zu bewirken. Wenn diese Handelsschranken tatsächlich aufgehoben würden, würde das Land wahrscheinlich kein einziges dieser Produkte mehr aus den Vereinigten Staaten importieren, da die Nachfrage durch das Angebot auf dem einheimischen Markt, das dazu noch preisgünstiger ist, gedeckt werden kann. Das Land besteht jedoch auf diesen (überflüssigen) Handelsschranken, um die inländischen Erzeuger zu besänftigen. Die Amerikaner dagegen bestehen auf der Beseitigung der Importbeschränkungen, obwohl sie wissen, oder zumindest wissen sollten, daß sie, wenn überhaupt, nur sehr wenig absetzen können.

Bei dem Ersatz von Streitpunkten kommt es darauf an, sich auf Punkte zu konzentrieren, bei denen es Ihnen leicht fällt, Zugeständnisse zu machen, um dafür Zugeständnisse Ihres Gegners in den Bereichen zu bekommen, die für Sie wichtig sind.

Nehmen wir deshalb einmal an, daß es sich bei dem Produkt aus unserem letzten Beispiel um Wein handelt, wobei es Anfang der 80er Jahre tatsächlich zwischen Amerika und Europa zu einer Auseinandersetzung darüber gekommen war. Als die europäischen Weine in Amerika ständig ihren Marktanteil erhöhten, Weine aus den Vereinigten Staaten aber im Gegenzug keinen Absatz in Europa fanden, forderten die amerikanischen Winzer die Regierung auf, geeignete Maßnahmen zu ergreifen, um die Importe zu stoppen, wenn die Europäer ihrerseits nicht die Importbeschränkungen für amerikanische Weine senken würden.

Es wäre nun für die Europäer sehr einfach gewesen, den Amerikanern den Wind aus den Segeln zu nehmen. Sie hätten nämlich lediglich Importbeschränkungen für ein Produkt aufheben müssen, das die einheimischen Verbraucher ohnehin nicht gekauft hätten. Hätten sie das getan, hätten sie dadurch einen Verhandlungsvorteil bei anderen Gesprächen mit den Vereinigten Staaten gehabt beispielsweise bei Auto- oder Obstimporten.

Die Europäer hatten jedoch diese Möglichkeit nicht erkannt, und so besteht dieses Problem, das im Handumdrehen hätte gelöst werden können, auch heute noch zwischen Amerika und Europa.

Ein Paradebeispiel für den Ersatz von Streitpunkten ist ein Konflikt, den ich zwischen zwei Nachbarn löste, die über die an der Grundstücksgrenze verlaufende Hecke in Streit geraten waren.

Der Nachbar, der die Hecke gepflanzt hatte, nennen wir ihn Herrn A., behauptete, daß sie nur auf seinem Grundstück stehen würde. Er fügte hinzu, daß er die Hecke braucht, um für sich sein zu können, und zum anderen als Sichtschutz zu dem seiner Meinung nach unansehnlichen Hof des Nachbarn, Herrn B. Herr B. war Hobbybastler und hatte auf seinem Hof mehrere Autowracks zum Ausschlachten stehen.

Herr B. wollte nun, daß die Hecke geschnitten würde, da er sonst beim Ausfahren aus seinem Grundstück keinen Einblick in die Straße hat und weil die Hecke ihm die Sonne nehmen würde. Außerdem erwähnte er ganz beiläufig, daß Herr A. ein Snob sei, der sein Grundstück einzäunen wolle, damit es so aussehe wie das reicher Leute.

Schon bald fand ich heraus, daß es Herrn B. nicht darum ging, daß die Sicht versperrt war oder nicht genügend Sonne auf sein Grundstück fiel, sondern vielmehr darum, daß er das Gefühl hatte, Herr A. behandele ihn von oben herab. Mit anderen Worten sagte nach Meinung von Herrn B. Herr A. mit seiner Hecke zu ihm: «Ich bin was Besseres als Sie. Ich habe es nicht einmal nötig, Sie und Ihr ganzes Grundstück anzuschauen.»

In einem persönlichen Gespräch mit Herrn B. erfuhr ich dann die eigentlichen Hintergründe. Vor etwa zehn Jahren hatte Herr B. in seiner Eigenschaft als Pfadfinderführer Herrn A. um eine Spende gebeten, die dieser jedoch abgelehnt hatte. Es ging Herrn B. also eigentlich gar nicht um die Hecke. Er wollte sich vielmehr für eine vermeintliche Niederlage rächen, die Herr A. ihm vor zehn Jahren zugefügt hatte.

Anschließend besprach ich die Angelegenheit mit Herrn A., der die Sache mit der Spende schon völlig vergessen hatte. Als er sich dann zurückbesann, stellte er fest, daß er seinerzeit die Spende nur versagt hatte, weil ihm das Geld dazu gefehlt hatte. Keinesfalls jedoch, weil er gegen Herrn B. persönlich etwas gehabt hätte oder weil er gegen Pfadfinder war.

Ich schlug daher vor, daß Herr A. seinen guten Willen bewies, indem er zeigte, (1) daß er Pfadfindern gegenüber wohlgesonnen war und (2) daß er Herrn B. durchaus respektierte. Herr A., dessen finanzielle Situation sich inzwischen erheblich verbessert hatte, hatte die glänzende Idee, einen einwöchigen Campingurlaub für ein finanzschwaches Mitglied der Gruppe von Herrn B. zu stiften. Natürlich war Herr B. von der Idee hellauf begeistert, und von Stund an war das scheinbare Streitthema «Hecke» erledigt.

15

Es ist nicht immer leicht

Doch meistens ist es möglich

Lassen Sie uns den Dingen ins Auge sehen. Die meisten von uns würden dem Verhandlungspartner ganz gerne die Bedingungen diktieren. Doch dabei dürfen wir folgendes nicht außer acht lassen: Nur die wenigsten von uns werden in diese «glückliche» Lage kommen. Wir übrigen alle, denen uns diese Gunst vorenthalten bleibt, müssen uns damit abfinden, daß wir etwas geben müssen, wenn wir etwas bekommen wollen. Ein Konflikt entsteht immer dann, wenn es unterschiedliche Meinungen zu diesem Tausch gibt. Und am besten lösen wir einen Konflikt, wenn wir über diese Meinungsverschiedenheiten verhandeln. Und das ist es, auf einen einfachen Nenner gebracht, worum es in diesem Buch geht.

Altmodische Verhandlungsführer sind nichts anderes als Feilscher. Sie nehmen bestimmte Positionen ein, streiten darüber, wer Recht hat, und einigen sich schließlich auf halbem Weg oder lassen den Konflikt weiterbestehen. Aufgeklärte Verhandlungsführer dagegen versuchen Interessen auszuhandeln und sind bemüht, dem Gesprächspartner bei dem Zustandekommen eines guten Abschlusses behilflich zu sein. Das Leben ist doch viel schöner, wenn alle immer nur Gewinner sind. Und das ist durchaus möglich, wenn sich die Verhandlungspartner kreativ bemühen, dem anderen zum Sieg zu verhelfen.

Wenn einmal nicht alle gewinnen können, ist es trotzdem meistens immer noch möglich, die Verluste so gering wie möglich zu halten. Dazu wieder ein Beispiel:

Sie sind bestohlen worden, und die Diebe haben alle Arten von Wertgegenständen mitgehen lassen. Ein paar Tage später nimmt jemand im Auftrag der Diebe Verbindung mit Ihnen auf. Es stellt sich dabei heraus, daß es Jugendliche aus der Nachbarschaft gewesen sind. Der Unterhändler bietet Ihnen nun an, daß Sie alles zurückbekommen, wenn Sie dafür auf eine Anzeige verzichten.

Es steht außer Zweifel, daß Sie durch den Einbruch eine Menge Scherereien hatten. Wären Sie jetzt bereit, die ganze Sache auf sich beruhen zu lassen, wenn Sie dafür das gesamte Diebesgut zurückbekämen? Wahrscheinlich würden Sie darauf eingehen, damit die Jugendlichen nicht in Schwierigkeiten geraten.

Gut, gehen wir jetzt einen Schritt weiter. Die Diebe sind nicht die Jugendlichen aus der Nachbarschaft, sondern einschlägig vorbestrafte Verbrecher, und der Unterhändler bietet Ihnen nicht ganze Beute, sondern nur ein paar besonders wertvolle Stücke an, wenn Sie auf eine Anzeige verzichten.

Wo würden Sie da jetzt die Grenze ziehen?

Dieses Beispiel läßt sich noch beliebig fortsetzen. Die Diebe wollen nur die Hälfte der Gegenstände zurückgeben, oder nur ein Viertel, oder gar nur einen einzigen.

Wo wäre in diesem Fall für Sie die Grenze?

Nehmen wir noch eine andere Situation:

Sie fahren mit Ihrem Freund auf einer verlassenen Autobahn. Sie haben eine Reifenpanne. Sie beginnen mit dem Reifenwechsel, als Ihr Freund feststellt, daß es irgendwo tropft. Er legt sich unter das Auto, um die undichte Stelle zu finden. Dabei stößt er versehentlich an den Wagenheber, der Wagen rutscht ab und klemmt Ihren Freund ein. Wenn es Ihnen nicht gelingt, sofort Hilfe zu holen, kann er sterben.

Sie machen sich also auf den Weg und entdecken eine Telefonzelle — Ihre einzige Chance, Hilfe herbeizuholen. Verflixt, ist das nicht die Telefonzelle aus Kapitel 2? Erinnern Sie sich?

Sie müssen also dringend telefonieren. Doch ein älterer Herr steht in der Zelle, der offensichtlich keine Eile hat, sein Gespräch zu beenden. Wie reagieren Sie jetzt:

a. Sie erwarten, daß der Herr von sich aus sieht, daß Sie in Eile sind und daraufhin sein Gespräch rücksichtsvollerweise beendet.

b. Sie versuchen ein anderes Telefon zu finden.

c. Sie wünschen, Sie wären nicht so abhängig von dem Telefon.

d. Sie klopfen ungeduldig an die Tür.

e. Sie fassen sich in Geduld, denn irgendwann einmal wird der Herr sein Gespräch ja wohl beenden.

f. Sie haben wegen Ihrer unfreundlichen Gedanken dem alten Mann gegenüber ein schlechtes Gewissen, denn schließlich kann sein Telefongespräch ebenso wichtig sein wie Ihres.

Nun, wir haben jetzt eine völlig andere Situation, nicht wahr? Ihr Freund liegt eingeklemmt unter dem Auto, und wenn es Ihnen nicht gelingt, rasch Hilfe zu holen, kann er sterben. Was tun Sie also jetzt mit dem alten Mann?

Ich habe dieses Beispiel viele Male in Seminaren über Konfliktbewältigung gebracht und dabei festgestellt, daß sich die Reaktionen der Teilnehmer auf folgende vier Punkte konzentrieren:

1. Sie bitten ihn höflich.

2. Sie bestechen ihn.

3. Sie drohen ihm.
4. Sie wenden Gewalt an.

Mit anderen Worten vertrauen die meisten auf die Gutmütigkeit des älteren Herren. Sie klopfen höflich an die Tür der Telefonzelle und erklären, warum sie so dringend telefonieren müssen.

Wenn sich der ältere Herr nun stur stellt, würden Sie zunächst einmal versuchen, ihn zu bestechen. Sie würden ihm Geld dafür anbieten, daß sie die Zelle benutzen dürfen.

Wenn er darauf nicht reagiert, würden sie ihm drohen, entweder, daß sie ihn mit Gewalt aus der Zelle holen, daß sie von einer anderen Zelle aus die Polizei rufen, vorausgesetzt, sie finden eine, oder daß sie ihn verklagen werden, wenn der Freund ernsthafte Verletzungen davonträgt.

Geht der Herr dann immer noch nicht aus der Zelle, würden alle Seminarteilnehmer, bis auf einen, ihn mit Gewalt herausholen.

So, denken Sie jetzt einmal über die Situation nach. Was würden Sie tun? Denken Sie nicht nur darüber nach, sondern schreiben Sie auf, wie Sie sich verhalten würden, bevor Sie weiterlesen.

Haben Sie es sich notiert?

Gut, gehen wir einen Schritt weiter.

Nehmen wir einmal an, die Person in der Telefonzelle war kein älterer Herr, sondern es war Charles Manson ... oder Rambo ... oder ein anderes, modernes Äquivalent zu Attila dem Hunnen.

Würden Sie sich in diesem Fall anders verhalten?

Wenn Sie jetzt eine «richtige» Antwort auf dieses Problem oder auf das mit dem Einbruch erwarten, muß ich Sie enttäuschen. Ich habe auch keine Lösung parat. Doch genau die Suche nach geeigneten Antworten ist es, worum es beim kreativen Verhandeln geht.

«Ich gewinne − du gewinnst» − das ist mein Konzept zur Konfliktsbewältigung. Jede Partei setzt all ihre Fähigkeiten und ihre Phantasie ein, um der anderen eine ganze Palette von Vorteilen aufzuzeigen, die diese alleine gar nicht erkannt hätte.

Kreatives Verhandeln ... Verhandeln, bei dem Faktoren zusammenwirken, die sich gegenseitig fördern.

Das ist ein Konzept, das mir sehr gut gefällt.

Doch das ist schon wieder ein anderes Buch.

Ratgeber Beruf

(83004)

(83011)

(83000)

(83001)

(83005)

Ratgeber Beruf

(83010)

(83008)

(83009)

(83002)

(83003)

OrellFüssli